明日へ、歴史と先人に学ぶ

馬場 賢

東京図書出版

はじめに

わが国の歴史は、二千年来「途切れること」なく滔々と流れ来ています。本書はその歴史を辿り、その時々に「時代を回した人や、国を救ってくれた人」を訪ねる旅です。

わが国には、七〜八世紀の「初めての国づくり」から始まり、信長・秀吉・家康による「日本全国の統一」、十九世紀後半の「近代国家の建設」、戦後の「焦土からの復興」など、幾つもの「時代の転換点」がありました。

そうした時代を時間をさかのぼって訪ねると、その時代に対し「覚悟と勇気」を持って決断した「魅力ある男性や女性」に出会います。同じ日本人として「酒を酌み交わし」、その時の時世を論じたり、なぜ「あのように決断」したのか語ったり、国の危機を救ってくれた人には「ありがとう」と言いたい思いにかられます。

このような感情が湧いてくるのは、彼らも彼女たちも、今の私たちと「同じ感性、同じDNA」をもつ日本人だからです。

さらに私たちは、千数百年前の万葉歌人の「喜びや哀しみ」に素直に共感できますし、奈良や京都の寺社や仏像に手を合わせる時、また伊勢神宮の参道や熊野古道を歩く時、時空を超えて千数百年前の先人と思いを共有できます。

こうした「幸せな歴史」を持っているのは我々日本人だけです。

世界に目を向けますと、十八世紀建国の米国は言うにおよばず、ヨーロッパ大陸では数回の民族大移動があり、中国でも唐、元、清など北方民族による侵攻と建国が繰り返され、何度も「民族と文化の断絶」がありました。

本書の構成は、第一部が古代で「縄文から平安時代」まで、第二部は中世・近世で「鎌倉から江戸時代」まで、第三部は近代・現代で「明治から現在」までです。

「歴史にもし」はありませんが、中世、もし北条政子がいなかったら、もし彼女が源頼朝の胸に飛び込んでいなかったら、元寇で蒙古が来襲した時の政権は「勇猛な坂東武者」の北条政権ではなかったでしょう。その場合、おそらく易々と九州上陸をゆるし、わが国は蒙古軍に蹂躙されて「天皇制も日本文化」も断絶していたと思われます。

歴史は、時代が「必要な人」の登場をうながし、その時代の中で人と人の「偶然か、宿命かの出会い」があり、彼らの「愛憎、覚悟と勇気、決断」が幾重にも重なって紡がれたものです。時代は時に、すでに役割を果たした人に、次へのバトンタッチのため「退場（死）を要請」することもあります。

こうしたダイナミックな歴史の実相を、現在に生きる私たちは正しく認識し、正しく後世に伝える責任があると思います。歴史からは、しばしば「日本とは何か、日本人とは何か」を考えさせられ、また現在の私たちが「学ぶべき事」も数多くあります。

明日へ、歴史と先人に学ぶ——目次

第二部 中世・近世、鎌倉から江戸時代まで

第三部　近代・現代、明治から現在まで

第一部　古代、縄文から平安時代まで

七世紀、日本の国づくりに携わったリーダー群像

七世紀を中心とする飛鳥時代は、わが国が「統治の仕組み」づくりに踏み出した、「日本の曙」といえる時代である。当時大陸では、五八一年に隋が中国全土を統一、隋が亡んだあと六一八年に唐がふたたび統一し、強力な「中央集権国家」を築いていた。隋、唐はしばしば朝鮮半島に進出して高句麗を攻め、半島の軍事的な緊張は高まっていた。

一方、当時のわが国の政治は、蘇我、物部、大伴氏ら豪族による「合議政治」で、税、兵、刑などもほとんど「豪族まかせ」だった。強固な統治機構を持つ隋、唐の「中央集権国家」に対し、「豪族連合国家」では、国力も劣るし国の体面上も好ましくない。

こうした危機感から、新しい国づくりに立ち上がったのが聖徳太子（厩戸皇子《うまやどのみこ》）である。太子は十七条憲法と冠位十二階を定め、また遣隋使を送り中国の文化・技術を学ぼうとした。

聖徳太子の意志は、天智天皇、その実弟の天武天皇と后の持統天皇の三代の天皇が受けつぎ、律令（刑法と行政法）、改定した官位制度、さらに土地と民の公有化、租庸調の税制などを定め、「国としての骨格」をつくった。

しかし、新制度の導入には必ず抵抗がともなう。そして、政争に負けることは「ただちに死」を意味する時代だった。このような時代を生き、わが国の「初めての国づくり」を進めたリーダーたちの事績と、彼らとかかわった人たちの「思いと生死」をたどる。

一、聖徳太子の改革着手と挫折

聖徳太子の少年時代

聖徳太子は、天皇家直系の皇太子であるとともに、父方・母方とも蘇我氏の血を引く宿縁を負って生まれた。しかしそのため、少年時代は蘇我氏の庇護のもとで「文武両道」にはげみ、仏教や海外事情にも目を開いた利発な少年として育った。蘇我氏の棟梁の馬子にとっては「期待の星」だっただろう。

五八七年におこった蘇我・物部戦争は、豪族間の抗争に終止符を打つ「国の覇権をかけた戦い」であった。

聖徳太子は十四歳で戦いに加わり、決戦前夜に四天王に「この国に戦をなくすため我々を勝たせたまえ、聞き届けていただければ四天王寺を建立して寄進する」と戦勝を祈願した。太子の胸の内には、「豪族同士の争いはこれでおしまいだ、新しい国づくりを早く始めなければ」という思いがあっただろう。

蘇我馬子はこの時、聖徳太子の「聡明さと行動力」を見て、いつのまにか「てごわい相手」に育っていることを認識したに違いない。一方太子の方も、馬子は庇護者ではあるが「馬子の政治手法は古い」と考えたはずである。

蘇我・物部戦争のあと、太子は馬子の娘、刀自古郎女《とじこのいらつめ》を妃に迎える。二人は同い年の幼なじみだった。二人の間にできた山背大兄皇子《やましろのおおえのみこ》の一族は、のちに蘇我入鹿に攻められ全員が自害して果てることになる。

聖徳太子、推古女帝の摂政として改革に着手

五八七年に太子の父の用明天皇が崩御すると、馬子は甥の崇峻天皇を擁立するが、彼が馬子に逆らったため、五九二年、馬子は崇峻天皇を殺害する。ここで、天皇の後継者候補は聖徳太子だけになった。

しかし太子がまだ若かったので、馬子は敏達天皇の后で馬子の姪でもある炊屋姫《かしきやひめ》に即位を要請する。

馬子は、姫なら「意のままになる」と考えたのだろう。炊屋姫は、甥の聖徳太子を「摂政（天皇の政務の代行者）」にする条件で引きうけた。五九三年、史上初の女帝、推古天皇の誕生である。同時に、聖徳太子も二十歳で政治の表舞台に登場した。太子をはずしたい蘇我馬子と、太子を引き込みたい炊屋姫、そこに蘇我家と天皇家の「血の確執」があった。

当時の政治は、馬子の「飛鳥の嶋の館」で有力な豪族たちが協議し、実質は馬子の意向により決められていた。太子も会合がある場合は、斑鳩の宮（現在の法隆寺のあたり）から馬を飛ばして飛鳥まで通った。

聖徳太子は摂政として、隋を手本に「律令の国づくり」を目指す。太子は六〇四年に「憲法十七条」と「冠位十二階」を定めた。太子この時三十一歳である。

憲法十七条は、国を担う「役人の守るべき道、あるべき姿」を説いている。

第一条、　和を以て貴しと為し、忤《さから》ふること無きを宗とせよ。
第三条、　詔（天子の命）を承けては必ず謹め、君をば則ち天とし、臣をば則ち地とす。

第七条、　人各々の任あり乱れざるべし。
第十一条、功過を明らかにして賞罰に当たれ。
第十三条、諸々の官に当たる者は職掌を知れ。
第十五条、私に背き公を向くが臣の道なり。
第十七条、独断でなく衆と共に論ぜよ。

この各条は、現在の官僚にも当てはまる。特に「私（省益・個人の益）ではなく公（国益・国民の益）を向くが臣の道」と説く第十五条は、今の官僚にいちばん求めたい道である。

さらに「天皇の命令に従って臣は行動すべき」と説く第三条は、「推古天皇の命に馬子も従うべきだ」と言っている。ところが、推古天皇の摂政（天皇政務の代行者）は太子なので、「太子の命に馬子も従え」ということになる。

これは馬子との関係で「緊張感をはらむ文言」である。同時に、「天皇を中心」とする国づくりへの太子の決意の表れでもある。これを馬子は「どう受けとめた」のだろうか。

一方の冠位十二階は、徳、仁、礼、信、義、智とその大・小の十二階で、この冠位を豪族たちの氏姓（家柄）によらず「能力によって授与」するという、画期的なものだった。そのうえ、冠位により異なる色の布を冠に付けさせた。中国スタイルで（日本人には馴染まず）、豪族たちの多くに、不満といらだちが鬱積したことだろう。

聖徳太子が目指したのは、シンプルながらも天皇中心の「法と人事」による「中央集権的な統治」で、同時に「豪族による合議政治」から脱するものだった。

外交の面で太子は六〇七年、小野妹子を隋に遣わし、隋の煬帝に「日出ずる処の天子、書を日没する所の天子に致す。つつがなしや」で始まる書を献じた。大国の隋に対して、卑屈になることなく「背筋をピン」と伸ばし、海のかなたの煬帝を直視する太子の姿が目に浮かぶ。

この書を見て煬帝は激怒する。「華夷秩序」を重んじる隋としては許せない事だった。わが国も、卑弥呼（三世紀）や倭の五王（五世紀）の時代には中国に朝貢している。しかし聖徳太子が中国との「対等外交」を打ち出してからは、一つの例外（足利三代将軍義満）を除いて現在まで、わが国はこの立場を貫いている。

聖徳太子の挫折と一族の滅亡

聖徳太子の新政は、予想された事ではあるが、豪族たちの反発を受け、なかなか軌道に乗らない。その理由は、豪族たち各々が「土地・民と軍事力」を持っていたためである。聖徳太子の意志とこの課題の解決は、「大化の改新以降」に引きつがれる。

手本としてきた隋も亡び、六二二年に太子は失意のうち没す。四十九歳だった。それを追うように数年を経ずして蘇我馬子と推古天皇も逝く。

それにしても摂政だった三十年近くの間、よくも太子の身が無事だったものである。おそらく酒宴の席などで豪族たちは、何度となく馬子に「太子を殺せ」とか「摂政からはずせ」と迫ったに違いない。自分に逆らえば天皇（崇峻天皇）さえ殺した馬子である。

しかし馬子は「イエスのサイン」を出さなかった。渡来系氏族で大陸の事情にも通じた馬子は、「この国の行く道」はやはり太子が進めている方向で「律令による統治だ」と考えていたはずで、その見識が太子の殺害を抑止した。

太子の死から二十年後の六四三年、馬子の孫の入鹿が「斑鳩の宮」に太子の嫡子山背大兄皇子を攻め、山背大兄の一族は女子供まで二十数名、ことごとく自害して果てた。

山背大兄の母は馬子の娘刀自古郎女で、山背大兄も「蘇我の子」だった。とはいえ、聖徳太子と山背大兄に流れる「天皇家の血」がひときわ強く、「蘇我本宗家の血」との確執が避けられなかった。ところがこの「斑鳩の宮事件」が蘇我本宗家の滅亡の引き金になる。

二、大化の改新（乙巳の変）と天智天皇の中央集権国家づくり

大化の改新への序章

「斑鳩の宮事件」の直前、天皇後継者の候補は、山背大兄皇子と古人大兄・中大兄皇子の二人の兄弟（腹違い）の三人である。

蘇我氏との血縁を見ると、山背大兄の母刀自古郎女は蘇我馬子の娘である。ところが、彼女からあと「蘇我の娘」は、太子にも山背大兄にも嫁いでいない。蘇我氏はかなり早い時期から「太子離れ」を進めていたようである。

一方の古人大兄皇子は、父は舒明天皇、母は馬子の娘法提郎女《ほていのいらつめ》で、蘇我入鹿の後押しで「大兄（皇位継承の資格者）の立場」にあった。もう一人の候補、中大兄皇子には蘇我氏との血縁は全くない。

こうした時に、入鹿による山背大兄一族の殺害事件がおきた。蘇我氏と血縁がない中大兄から見ると、「次は我が身」と考えたはずである。しかし中大兄は「座して死を待つ」ような性格ではない。それを見抜いた中臣鎌足が密かに中大兄に近づく。

鎌足の祖先は、天孫降臨のとき瓊瓊杵尊《ににぎのみこと》に従って降った誇り高い家柄である。ところが今は、渡来系の蘇我氏の「風しもに立つ」という屈辱に甘んじている。ここで鎌足は、「中大兄を担いで蘇我氏を倒そう」と考えた。

鎌足は、中大兄と蘇我氏打倒の綿密な計画を練る。蘇我入鹿の専横に反感を抱く「もの言わぬ世論」のひろがりも、二人の頭には入っていただろう。

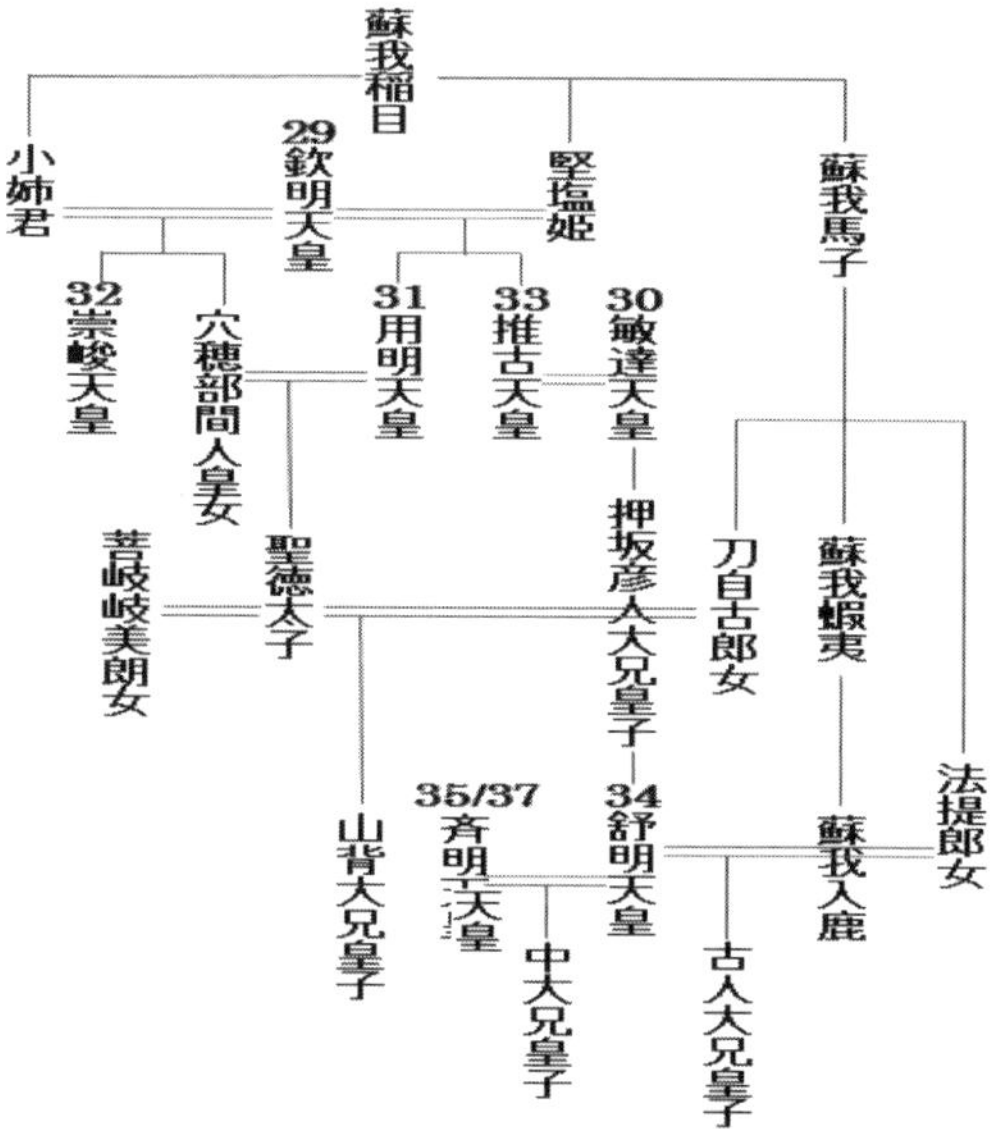

大化の改新と天智天皇の新政

六四五年六月十二日、大極殿で「架空の儀式」を催して蘇我入鹿を呼び出し、中大兄皇子ほか数名で入鹿を斬った。この時、用意した刺客の足がすくんで動けないのを見た中大兄は、自ら飛び込んで第一撃を加えたという。果断な皇子である。翌十三日には、甘樫丘の蘇我邸を襲い入鹿の父蘇我蝦夷ほかを自害に追いこんだ。ここに蘇我氏の本流は亡びる。

翌十四日、中大兄皇子が皇太子に立ち、左大臣を阿倍倉梯麻呂、右大臣を蘇我倉山田石川麻呂、内大臣を中臣鎌足とし、同時にそれ以下の首脳陣も任命した。

中大兄皇子と中臣鎌足が組みあげた「周到・迅速・果断」な計画と行動だった。この時中大兄二十歳、鎌足三十一歳、大海人皇子《おおあまのみこ》（後の天武天皇）十六歳、鸕野讃良皇女《うののさららひめみこ》（後の持統天皇）は生まれたばかりの一歳だった。

このあと中大兄は、政敵になる恐れがある者たちを謀叛のかどで次々と葬っていく。

蘇我氏を倒した三カ月後の六四五年九月、吉野に出家していた異母兄の古人大兄皇子に兵を向けて討ち、六四九年には義父の右大臣蘇我倉山田石川麻呂の邸を兵で囲んで自害させ、六五八年には前帝孝徳天皇の息子で甥でもある有間皇子を縊死させた。どれも冤罪であるが、それを知ってか知らずか、中大兄の行動は「非情・果断」だった。

大化の新政は、聖徳太子が行った「冠位制度」を受けつぎ、「公地公民・口分田制度」で土地と民を皇族・豪族から取り上げ、戸籍を作成し、それをもとに物納と用役からなる「租庸調の税制」を施行するなど、天皇家を中心とする「中央集権の国づくり」を進めようとした。

だが改革にはいつも抵抗と不満がともなう。土地と民を取り上げられた「豪族たちの不満」、戸籍で捕捉され税を課せられる「民衆の不満」など、「鉄の意志」の中大兄も豪族たちとの妥協を余儀なくされ、改革は次第に骨抜きになっていった。

中大兄皇子は六六三年、唐・新羅から百済を救済するため三万人近い軍勢と四百隻の船で朝鮮に出兵した。ところが「白村江の戦い」で唐・新羅の連合軍に大敗する。百済は、実はこの三年前に唐に亡ぼされているので、この出兵の実態は、唐に抵抗する「百済義勇軍」を助ける出兵、いわば「義の派兵」だった。

とはいえ、もし「引き分け以上」で終われたら、朝鮮半島の足場を回復（五三二年、任那日本府滅亡）できるという思惑があっただろう。朝鮮半島は「鉄の入手先」として重要だった。

このあと唐と高句麗の抗争が始まったので、唐・新羅軍がわが国に攻めてくる事はなかった。

しかし、歴史の結果を知らない当時の人たちには、唐・新羅の恐怖は大きかったはずである。中大兄は、最前線の九州博多に水城という防衛線をつくるとともに、瀬戸内海沿いの要衝に山城を築いて防備を固め、六六七年には都を攻められにくい近江の大津に移した。

六六八年、中大兄皇子は近江でようやく即位して天智天皇となる。

そのころ大海人皇子は、今や天智天皇を補佐する中心的存在で、東宮大皇弟（皇太子格）と言われ天智天皇の後継第一人者と見られていた。そのためか、天智天皇は大海人に二人の娘、大田皇女と鸕野讃良皇女を妃として与えている。

が、それと入れ代わるように、大海人皇子の「才色兼備の妃」の額田王《ぬかたのおおきみ》（大海人との間にはすでに娘十市皇女がいた）が天智天皇の後宮に入った。天智天皇の額田王への強い執心を藤原鎌足が察して仲介したらしい。

女人には不自由ないはずの天智天皇が、そこまで執心するほど額田王は「才色あふれる佳人」だったのか。この時、大海人皇子二十七歳、額田王は二十一歳、鸕野讃良皇女十三歳である。

三、壬申の乱と壮大な国家観をもった天武天皇の国づくり

壬申の乱への序章

天智天皇の実弟大海人皇子は、天皇後継の第一人者と見られていたが六六七年、天智天皇は嫡子の大友皇子を太政大臣にする。太政大臣は、天智天皇につぐナンバー2である。天智天皇はこの時、自分のあとを実子の大友皇子につがせる決心をした。

そして四年後の六七一年、天智天皇は大友皇子を中心に左右大臣を親大友派で固めた人事を行い、大海人皇子を完全に「蚊帳の外」においた。

この四年間は「皆が大友についてくるか、大海人はどう出るか」を見きわめる時間だったようで、その一方、近づく「死期との秒読み」の中での決断だった。即断即決の天智天皇らしからぬ迷いが、この四年の時間に見てとれる。

六七一年十月十七日、天智天皇は大海人皇子を呼んで「朕、疾甚だし、後事を汝に属けん」と告げるが、大海人は「皇位は皇后の倭姫に、政治は大友皇子に、私は天皇の病気回復を祈り出家する」と辞退する。

大海人はその場から内裏の仏殿に入って剃髪し、翌十八日、自家の兵器を集め官に収め、翌々十九日には左右大臣に宇治まで送られ、二十数名の供と共に馬で吉野に向かった。茫然と見送る大臣たち、彼らは「虎に翼をつけて放った」と悔しがったという。天智天皇側に「つけ入る隙」を与えない迅速で深慮な行動だった。

一行の中に、鸕野讚良皇女と彼女の実子草壁皇子十歳がいた。吉野を目指して疾駆する一行の

脳裏には、二十数年前に当時の中大兄が、吉野に出家した異母兄の古人大兄皇子に兵を向け殺害したことが思い出されたはずである。

「歴史にもし」はないが、天智天皇が病床から一声「吉野を討て」と言っていたら、後の天武朝と持統朝は存在せず、歴史は大きく変わっていた。大友皇子では「日本の国体づくり」が出来たかどうか分からない。

聡明な天智天皇には、大海人、鸕野讃良の二人が息子の大友にとって「このうえなく手ごわい相手」であるのは分かっていたはずである。「吉野を討て」と言わなかったのは、大海人が勝って国づくりをリードするなら「それもやむなし」という諦観だったのか。天智天皇は、大海人殺害を「決行しない決断」をした。六七一年、天智天皇崩御、四十六歳だった。

壬申の乱の経過と結末

明けて六七二年六月二十四日、大海人皇子は吉野を引き払い、昼夜兼行で伊賀を越え、伊勢を経て旧直轄地の美濃に入った。

その途中で、皇都近江から大海人の部下に救出された大海人の二人の息子、武市皇子と大津皇子が合流、そして旧直轄地の美濃に入った時にはすでに、近江への要衝「関ヶ原」に先遣隊が布陣を済ませるという周到さであった。

大海人が吉野を発った時、一行はわずか三十名ほどだった。ところが数日後、美濃に入った時には四万の軍勢になっていたという。このことは、道筋にあたる伊賀、伊勢、美濃の豪族たちに、あらかじめ周到な根回しができていた事を示している。

この周到さは、大化の改新の中大兄と鎌足の計画を思い出させる。こうしたい（戦略）と、そのための周到な計画（戦術）、そして決断と果断な実行、「兄弟、同じ血」である。

刃物に譬えれば、天智天皇が「切れ味鋭いカミソリ」であるのに対し、天武天皇は「骨太の太鉈」のようで対照的だが、「決断と行動」は同じように素早い。二人とも、歴代天皇の中で間違いなく傑出したリーダーである。

七月二十三日、大友皇子の敗死をもって壬申の乱は終わった。近江朝の重臣の処置は、処刑されたのは右大臣の中臣連金だけで、左大臣の蘇我赤兄と大納言の巨勢臣比等が流罪という軽さだった。大海人の「寛刑でのぞめ」という指示による。「天智天皇の非情さ」とは好対照である。

天皇集権制の強化、改革はようやく軌道に

天智朝では、改革に対する豪族たちの抵抗を受け、さすがの天智天皇も妥協せざるを得なかった。ところが壬申の乱がその「様相を一変」させる。

壬申の乱の勝利の立役者は、旧来の豪族たちでなく大海人皇子の腹心の舎人たちだった。もはや豪族たちの顔色をうかがう必要はない。

天武天皇は、兄が目指した改革の原点にもどり、天武天皇と鸕野讃良皇后を中心に、しかも左右大臣は置かず、また豪族たちも入れず、首脳陣を「皇族と王族」で固めた体制を組んだ。

そして、律令の制定、中国の唐に倣った都城の建設、国史『日本書紀』の編纂などを、推進体制（リーダーとメンバー）をきちっと決めて着手した。

天武天皇の胸の内には、大国の唐と伍してゆくうえで、律令や税制だけでなく、整然とした都

城の造営（ハード面）と、この国が「どのように建国されたか」を表す国史の編纂（ソフト面）が欠かせないとの思いがあった。

「日本国の呼称」と「天皇の称号」を定めたのも天武天皇である。また宗教面では、国家神道と国家仏教の両方をきちんと位置づけ、さらに国史の中で「天照大神を中心とする神話」の正当化をも命じた。これが八世紀における「神仏習合の定着」につながる。

天武天皇は、こうした「壮大な国家感」をもって国づくりに取り組もうとした。しかし六八六年、「国づくりの緒」についたばかりで病死する。四十三歳の若さだった。

四、夫の遺志をつぎ国づくりを進めた持統天皇

天武天皇崩御後の難局を乗り切る

天武天皇崩御の時点で、皇后の鸕野讃良皇女は次のような難しい立場にあった。

まず女であること。過去に推古天皇、斉明天皇のような女性天皇はいたが、実際の政務は、それぞれ聖徳太子と中大兄皇子が執っていた。今そのような人材はいない。

後継者は、六八一年に実子の草壁皇子を皇太子に立ててはいるが、まだ若くて病弱である。その一方、実姉大田皇女と天武天皇との子大津皇子が、天武天皇ゆずりで「文武両道」に秀で人望が厚い。さらに草壁皇子の異母兄弟や、天智天皇の皇子の従兄弟たちなど、次の天皇を狙える立場の皇子たちは十人近くもいる。

ここで鸕野讃良の打った手は、九月九日に皇后称制、自ら政務を執ることを宣言し、十月二日、

二年三カ月におよぶ天武天皇追慕の儀の実施を宣言した。追慕の儀は殯宮《もがりのみや》という習慣で、この間、彼女は天武天皇の遺骸と寝食を共にする。草壁のライバルたちも、この儀式中に異心を起こすことはできない。

殯宮で鸕野讃良は独り、夜、暗闇の中で「刮っと目を見ひらいて」この難局をどう乗り切るか思案していたはずである。

彼女は先ず、実子草壁の最大のライバル大津皇子を謀叛のかどで処刑する。天武天皇が崩御して一カ月ほどのことである。大津皇子は、夫の皇子であり実姉の息子でもある。実子草壁のため大津を排除する、この「非情で果断な決断」、さすが天智天皇の血をひく娘である。

ところが不運は重なるもので、六八九年に頼みの実子草壁が急逝する。彼女は、草壁の子、彼女には孫にあたる軽皇子（後の文武天皇）に望みを託すしかなくなる。が、軽皇子はまだ九歳、彼女は「しかたない、しばらく私がやる、制度をきちんと作って孫に引きつぐ」と決意した。

六九〇年、鵜野讃良皇女は即位して持統天皇になった。

藤原不比等の登用と大宝律令の完成

持統天皇は、夫の天武天皇が取りかかっていた国づくりの完成を使命とした。そのため持統天皇は、官位がまだ高くもない藤原不比等を抜擢した。

藤原不比等は、天智天皇に仕えた藤原鎌足の子である。ただ一説に、不比等は天智天皇の子、持統天皇の腹違いの弟の説がある。天智天皇が鎌足に下賜した女人が身ごもっていたという伝承である。だが天智天皇と鎌足を長く近くで見てきた持統天皇には、不比等の外見・性格から「父はどちらか」は分かっていたに違いない。彼女の胸の内は知りようがない。が、どちらであれ、不比等の「能力、政治手腕、忠誠心」は群をぬいていた。

孫の軽皇子へ皇位継承の望みを託した持統天皇だったが、天武天皇には太政大臣の武市皇子を筆頭に数人の皇子がいた。彼らを差しおいて「天皇になることなく病死」した草壁の子に譲位するのは「かなり無理筋」だった。しかし、不比等の奔走・献身で軽皇子が皇太子になり、軽皇子が十五歳になった六九七年、彼女は譲位して文武天皇が誕生した。

藤原不比等は、文武天皇を公私にわたって後見し、娘の宮子媛《みやこひめ》を夫人に入れる。その宮子媛が首皇子《おびとのみこ》（後の聖武天皇）を出産する。このようにして不比等の存在が宮中において重きをなしてきた。

想い出を辿る最後の旅

持統大后は七〇二年十月から十一月の間、四十五日間にわたって尾張、美濃、伊勢、伊賀と、壬申の乱の時の逆コースを旅し、帰着して間もなく十二月二十二日に崩御、五十八歳だった。

かえりみると波乱の一生であった。女の身でありながら、いつ討ち手がかかるか分からない吉野へ大海人皇子に同行した動機は何だったのか。

彼を愛していたのか、大海人皇子の可能性にかけたのか、それとも吉野に逃れる時にはすでに、天智天皇亡きあと大友皇子を倒す構想を大海人と共有していたのだろうか。

彼女は天智天皇の娘だから十分ありうる。『日本書紀』にも「大海人皇子とともに謀を定めた」との記述がある。

彼女の遺言により、持統天皇は火葬に付され夫の天武天皇の桧隈大内陵に合葬された。天武天皇の大きな棺の右側に、ちょこんと小さな骨壺が置かれているのがほほえましい。

彼女はやはり、「気が強い自分」を大きな包容力で包んでくれた天武天皇を愛していたのだと思う。吉野へ隠棲していた半年の間、二十代半ばの彼女は大海人の愛を独占した。その記憶も鮮烈に残っていただろう。

お墓に並んで入って天武天皇に「あなた、国づくりは大体できましたよ。あとは孫たちと不比等が仕上げてくれるでしょう」とつぶやいたことだろう。

持統天皇は幾多の難局を乗り切り、七〇一年に大宝律令制定にこぎ着け、藤原不比等を柱に若い天皇を支える官僚組織を作りあげた。また母としては、執念をもって直系の孫（文武天皇）に皇位をつがせ、曾孫（後の聖武天皇）の顔まで見ることができた。

天皇と皇后がトップとして政務を執ったのは、史上この二人しかいない。しかも、「初めての国づくり」という大業に挑んだのである。史上最強のカップルだった。

八世紀、日本の国の形を完成した女帝たち

わが国には七世紀末から八世紀後半にかけて、「奈良時代」を中心に五代百年ほど主に女性が統治した時代があった。持統天皇から元明、元正、光明皇后、孝謙・称徳天皇の女性がトップの時代である。

この時代は、律令統治の仕組み、藤原京・平城京の造営、歴史書や和歌集の編纂、天平文化の開花など、唐にならった「国の形が完成」した時代である。

藤原不比等という、持統、元明、文武、元正の四代の天皇を補佐した忠臣がいたとはいえ、彼女たちは皇族・官僚たちをよく働かせたうえ、自分の意見を持って真摯に、そして女性らしく「優しく、時にドライ」に統治した。

彼女たちは、わが国史上天皇が親政を行った「ほとんど最後」の天皇である。このあと政治の実権は、摂関政治の藤原氏、武士政権の平家、征夷大将軍の鎌倉、室町、徳川の幕府に移った。

一、ゴッドマザー、持統天皇（在位：六九〇〜六九七年）

持統天皇は、大化の改新の六四五年に天智天皇の第二子鸕野讃良皇女として生まれた。そして六五七年、実姉の大田皇女と共に天智天皇の実弟大海人皇子の妃になる。二人の姉妹は、また同

じ頃にそれぞれ大津皇子、草壁皇子を生んだ。

彼女は、天武天皇の遺志である「国づくり事業の完成」と孫（文武天皇）から曾孫（聖武天皇）への「皇位の継承」を、「しっかりと道筋」を敷いたうえで、強い遺志として元明天皇、元正天皇に託した。

『日本書紀』は、持統天皇を「深沈で大度」「礼を好み節倹」「母の徳あり」と記す。最大級の褒め言葉である。しかしその裏には、父天智天皇ゆずりの「非情で果断な実行力」があった。事実、天武天皇なきあと女の身でありながら、天智、天武両天皇の多くの皇子たちをまとめ、一度の反乱もおこさせていない。

まさに「ゴッドマザー、女傑」という言葉がふさわしい実力天皇である。

二、最も居たくない立場に立たされた元明天皇（在位：七〇七～七一五年）

元明天皇は、天智天皇の娘の阿部内親王で、持統天皇の嫡子草壁皇子の妃となる。したがって持統天皇は、彼女の異母姉であり姑（義母）であり、かつ時の実力第一人者という「最も身をおきたくない立場」に身をおかされた皇女である。

息子の文武天皇は、父の草壁皇子に似て病がちで、七〇七年に母である彼女に「母の即位と息子首皇子（後の聖武天皇）の将来」を託して病没する。

彼女は「いやいやながら」も、孫の首皇子に皇位をつがせるため即位した。かつて姑の持統天皇が、孫の軽皇子（文武天皇）のために果したと同じ役割を担うことになる。

政務は、藤原不比等をナンバーワンとして重用し、大宝律令を使って治めた。七〇八年、わが国初めての貨幣「和銅開珎」を鋳造し、七一〇年には藤原京から平城京へ遷都する。さらに七一二年に『古事記』を完成し、七一三年には『風土記』を完成するなど、多くの事績を残した。

『古事記』は、稗田《ひえだの》阿礼《あれ》（女性だったという説もある）が記憶していた神話と歴史を、元明天皇が太安万侶に「漢文でなく和文」で編纂するよう命じて出来たと言われている。阿礼の記憶を安万侶が文書にするだけなので、半年足らずで完成した。

しかし、一方で天武天皇が起こした大プロジェクトで『日本書紀』の編纂が進んでいるさ中、元明天皇はなぜ『古事記』の編纂を命じたのだろうか。女帝だから「和文の歴史書」が欲しかったのか。もしかしたら、『日本書紀』の編纂を指揮する藤原不比等が「藤原氏の思惑」で歴史を歪曲する気配を察し、それを牽制しようとしたのかもしれない。

元明天皇の意図は「今となっては謎」であるが彼女のおかげで、我々は今「年表風の『日本

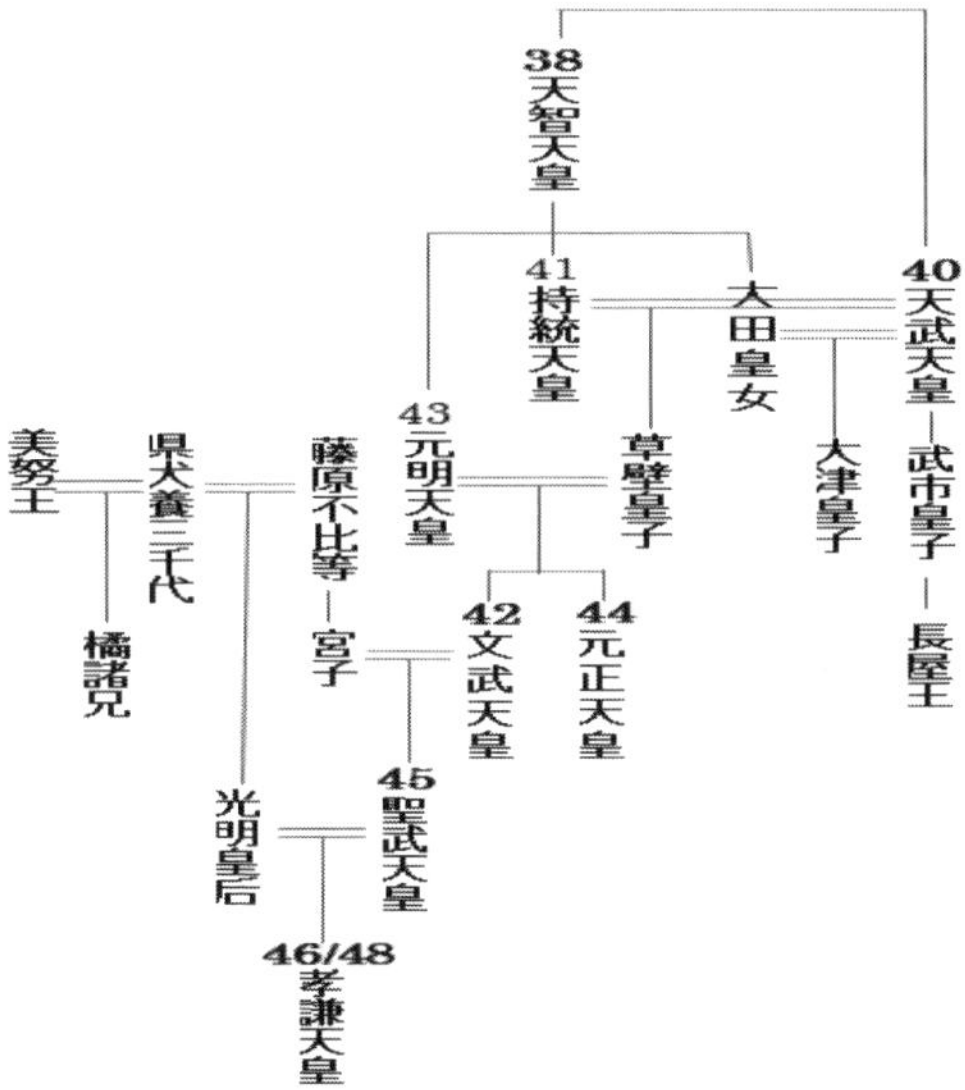

書紀』」と「物語風の『古事記』」の二つを手にできた。もちろん「物語形式の『古事記』」の方が、面白く親しみやすい。

元明天皇は七一五年、首皇子が十五歳になったのを機に「疲れた、もうこの辺でいいだろう」と言って娘の氷高皇女《ひたかのひめみこ》（元正天皇）に譲位する。

「もう疲れた」は本音だったと思う。草壁皇子の妃になったあと、姑の持統天皇には気を遣い、頼りの夫の草壁とは若くして死別、そのうえ息子の文武天皇にも先立たれて皇位をつぐことになった。天皇になったあと、持統天皇が孫の軽皇子が十五歳になって譲位したのにならい、そこまではと頑張ったのだろう。

彼女は自分を「なんと不幸せな星の下に」と恨み、これも全て「持統天皇が、息子の草壁を皇位につけるため大津皇子を謀殺した事から始まった、大津が皇位を継いでいたらこんな苦労はなかったのに、大津皇子の祟りか」と恨んでいたはずである。心身ともに限界だったのだろう。

ところでこの時の譲位は、持統天皇が文武天皇に直ちに譲ったのに対し、彼女は首皇子にではなく娘の氷高に譲位した。これには、首皇子の母が藤原不比等の娘宮子で、また妃も不比等の娘光明子だったことが関係していそうである。

これまでの百数十年間、天皇家には「蘇我の娘」が后として入るのが慣わしだった。五三九年即位の欽明天皇には堅塩姫（蘇我馬子の妹）、次の敏達天皇には推古天皇（馬子の姪）、用明天皇には穴穂部間人皇女（馬子の姪）、舒明天皇には法提郎女（馬子の娘）、聖徳太子には刀自古郎女（馬子の娘）、天智天皇には蘇我遠智娘（蘇我倉山田石川麻呂の娘）、天武天皇には持統天皇（同石川麻呂の孫）、そして草壁皇子には元明天皇（同石川麻呂の孫）、そして氷高皇女も「蘇我の娘」である。

とはいえ元明天皇は、氷高への譲位に際し、後事を娘婿の長屋王と不比等の息子の藤原房前に託したうえで、孫の首皇子には直接「光明子は忠臣藤原不比等の娘だ、普通の女のようには扱ってはいけない、大切にするように」としっかり言い残している。

たとえ「藤原の血」へのこだわりがあったにせよ、彼女は光明子の力量を認めていたし、また不比等の息子の房前ら藤原氏に頼らざるをえないのが現実だった。

三、美貌の女帝、元正天皇（在位：七一五〜七二四年）

氷高皇女は思いもよらず、母元明天皇から皇位を引きつぎ元正天皇となる。『日本書記』は、彼女を「人柄は落ち着いて慈悲深く、艶やかで美しい」と評している。正史が「艶やかで美しい」と書くほどの「美貌の女帝」だった。しかし釣り合う相手がいないとか、皇位継承の問題を引きおこす懸念などのため、生涯を独身で通した。

七一七年、藤原不比等を中心に大宝律令を増強する養老律令の編纂を始め、七二〇年にはわが国初の正史『日本書記』を完成させた。しかしこの年に不比等が亡くなる。

七二四年、首皇子が二十四歳になった時、彼女は首皇子に譲位した。聖武天皇の誕生である。譲位に際して自身は太上天皇となり、甥っ子の聖武天皇を「わが子」と呼んで「自らが後見役」であることを宣言した。聖武天皇は、母の宮子が長くうつ病だったので一度も会ったことがなく、実際は「母なし子」だった。

不比等なきあと元正天皇は、聖武天皇の后光明子の異父兄、橘諸兄《たちばなのもろえ》を重用する。七三八年に右大臣に、七四三年にはナンバーワンの左大臣に任じ国政全般を任せた。『万葉集』に五首、彼女の歌が残っているが、そのうちの二首が橘諸兄を称賛した歌で、諸兄への信頼の厚さが分かる。

元正天皇は橘諸兄より四歳年上で、諸兄の母の県犬養三千代《あがたのいぬかいみちよ》が元正天皇の弟文武天皇（当時軽皇子）の守り役だったので、氷高と諸兄は幼馴染だった。諸兄にとって彼女は「美しいお姉さん」だっただろう。

諸兄六十三歳の時、雪の日に元正天皇の屋敷の雪掻きをしたあとの宴席で「雪を課題」に詠った歌がある。

降る雪の　白髪までに　大君に　仕えまつれば　貴くもあるか

「雪のように髪が白くなるまで君にお仕えできた事は、本当にありがたい事です」の意。

人が老いるのは避けられない。ただ微笑むと、顔の筋肉が両側にキュッと引きあげられて、二十歳ほど若いころの笑顔が浮かび上がる。元正天皇は六十七歳だったが、彼女の美しい笑顔は昔ながらであったに違いない。

四、多くの国宝を残してくれた天平の子、光明皇后（七二九〜七四九年）

光明子（後の光明皇后）は、藤原不比等と県犬養三千代の間の娘で、のちに聖武天皇になる首皇子と同じ年に生まれた。不比等と三千代の夢がかなった瞬間である。三千代は人妻でありながら不比等と一緒になり、将来二人の間の娘を天皇の后にするのが夢だった。幸いにも、首皇子の誕生と同時に娘の光明子を授かったのである。

三千代が首皇子の乳母になったので、二人は子供時代を兄妹のように過ごす。不比等は表の舞台で元正天皇まで三代の女帝を補佐し、三千代も同じく三代の女帝の側にあって幼い軽皇子と首皇子、二代の皇子の養育にたずさわった。

光明子十六歳の七一六年、彼女は皇太子首皇子の妃となり、七二九年に立后して光明皇后となった。彼女は不比等の娘であり聡明で、「気弱で病がち」な聖武天皇を強力に補佐する。彼女と共に天皇を補佐したのは、彼女の異父兄、橘諸兄と元正皇太后だった。

光明皇后は聖武天皇と同様、仏教への信仰が厚く、聖武天皇と共に全国に国分寺、国分尼寺とその総本山の東大寺と大仏、さらに薬師寺や法華寺などを建立した。

七二九年の立后の時に天平と改元し、彼女はそのあと生涯を、奈良時代の中心をなす「天平と名のつく時代」を生きた。二人を中心に、平城京に「天平文化」といわれる貴族・仏教文化が花ひらく。その華やかさぶりは、次のように詠われた。

青丹よし　奈良の都は　咲く花の　匂うがごとく　今盛りなり

光明皇后は「まさに天平の子、天平の皇后」であった。

しかし一方で、この時期は天変地異、旱魃・飢饉、疫病の流行などが多く、庶民の生活は困窮を極めていた。東大寺や大仏の建立も仏への救いを求めたものである。また光明皇后は、施薬院や悲田院を設けて病人や貧困者の救済にもあたった。

聖武天皇の死後、彼女は夫の遺品を東大寺に献上した。それを我々は今「正倉院宝物」として見ることができる。光明皇后のおかげである。

光明皇后は、多くのものを今の私たちに残してくれた。が、その行為のなかに「何か一途さ、その背後に贖罪の気持ち」のようなものを感じる。

それは、大化の改新からの百年間、祖父の藤原鎌足、父の不比等、彼女の兄弟ら藤原一族がかかわった「数々の謀略の犠牲者」に対する贖罪の気持ちなのか。彼女の慈悲深い観音菩薩のような姿の中に「一抹の影」が垣間見える。

なお、東大寺と大仏の建立にあたり「東大寺の守護神」として宇佐八幡宮が勧請され、今も三月堂の近くに「手向山八幡宮」として鎮座している。天武天皇が方向づけた「神仏習合を象徴」する姿で、仏教が栄えた天平時代に、神仏が（争うのでなく）習合する思想が定着した。

世界では今も宗教間の争いが絶えないが、先人たちの「心の広さ、柔軟さ」は、異なる宗教同士でも「和をもって貴しとなす」を実践した。

七四九年、聖武天皇が体調をくずして退位した時、彼女は女帝になっていない。皇位を継承できるのは男女とも「天皇家の血筋」だけで、光明子は「藤原の子」だった。

彼女の「直筆の書」が残っている。達筆・能筆とは言えないが、男まさりの「力強く凛」とした筆運びで、彼女の「芯の強さ」がうかがえる。

五、天衣無縫、生まれながらの女帝、孝謙・称徳天皇（在位：七四九～七七〇年）

孝謙天皇は、七四九年即位したが九年後に一度退位し、六年後の七六四年に重祚して称徳天皇となった。彼女は聖武天皇と光明皇后の間に生まれた皇女である。しかし「一人っ子」だったので、子供の頃から将来「女帝になる定め」を負い、唐から帰朝した吉備真備を師として「帝王学」を学んだ。女性でありながら『漢書』や『礼記』にも親しんでいる。

七三八年二十一歳の時「女性初の皇太子」になり、七四九年に聖武天皇の体調悪化により譲位されて孝謙天皇となる。経験豊かな光明皇太后が後見し、政務の実質は藤原仲麻呂（策謀家だった）が担って「光明皇太后――仲麻呂体制」で政務が運んだ。彼女の出番はほとんどない。

七五八年、母皇太后の病状が悪化したので看病のため退位した。しかし母は二年後に逝去。

孝謙天皇のあとは、藤原仲麻呂が推挙した淳仁天皇がついだ。が、淳仁天皇は、仲麻呂の家に彼の義理の娘と一緒に住むなど仲麻呂に取りこまれ、しだいに孝謙上皇を疎んじるようになる。

この頃、病みがちの彼女は僧弓削道鏡《ゆげのどうきょう》の看病を受けていた。やがて彼女は道鏡を寵愛するようになる。学識高く教養豊かなうえ、彼女の「看病禅師（主治医）」でもある道鏡に、独身で孤独な彼女の「女の情念が揺れた」としても不思議ではない。

それを淳仁天皇が諫めると彼女は激怒し、七六二年「今の帝は祀りごとの小事を行え、国家の大事と賞罰は朕が行う」と宣言して再び天皇大権を掌握した。

こうして孝謙上皇・道鏡対淳仁天皇・仲麻呂の対立が決定的となった。七六四年、上皇が先手を取って仲麻呂を攻めて敗死させ、淳仁天皇も廃して配流した。そのうえで彼女が重祚して称徳天皇となる。機敏で大胆な行動である。

全権を掌握した称徳天皇は、七六二年道鏡を太政大臣禅師に任じ、翌年には法皇とし、さらに道鏡を後継天皇にと考えるようになる。しかし、忠臣和気清麻呂の諫止にあって思いとどまった。最後に「天皇家の血」がよみがえった。

最晩年の称徳天皇は、百日余り病の床にあって誰とも会わず、守り役だった吉備真備の娘由利一人が看病したと言われている。病の床で思ったことは何であろうか。

ここで彼女は一つの決断をする。後継者に天智天皇の孫の白壁王を指名し光仁天皇とした。彼の妃は、彼女の異母妹の井上内親王で、彼女はすでに白壁王とのあいだに他戸王《おさべおう》をもうけていた。光仁天皇のあとを他戸王がつげば、父聖武天皇の血がつながれる事になる。

しかしながら称徳天皇の死後、光仁天皇の別の妃の皇子が皇位をついで桓武天皇になる。彼女の「父聖武天皇の血」をつなぎたいという望みはついえた。

ここで天武天皇の血統は途絶え、皇位は天智天皇の男系、光仁天皇から桓武天皇へと移り、時代は「平安時代」に入っていく。

彼女は即位当初は何もできなかったが、称徳天皇になる頃から、自分の意志を強く出して果敢に行動するように変わった。成就しない事もあったが。

草壁皇子、文武天皇、聖武天皇の男性陣は、たくましかった天武天皇、持統天皇の直系らしからぬ「ひ弱で病がち」な体質だった。「大津皇子の祟りだ」と言う噂も流布している。

一方の女性陣は、皇位についた「背景・理由」はさまざまで、またみんな「やむを得ずの即位」だったが、「立場が人を作る」と言うように次第にトップらしくなり、天智・天武天皇からの宿願だった「国づくり」を成し遂げた。

とりわけ光明皇后の天平時代は、唐風でかつ仏教を敬う「天平文化」が輝いていた。おかげで現在の我々は、飛鳥、奈良で女帝たちの時代が残してくれた「寺社仏閣、仏像、工芸品」にふれることができる。

皇位の継承では、天武天皇の直系の草壁皇子から孫の文武天皇、曾孫の聖武天皇に継承するという「持統天皇の執念と遺志」を、元明天皇、元正天皇、県犬養三千代、光明皇后の女性ファミリーが「がっちり守って実現」した。まさに、女性軍団のパワーは強しである。

その一方で彼女たちの言動には、現代の女性にも通じる「一本気と気まぐれ、ちゃっかり（ドライ）」さが垣間見えてほほえましい。

この時代が作った「国の統治の形」は、奈良から平安時代を通して国家運営の基盤になる。それを運営したのは藤原不比等の子孫たちであり、平安中期の藤原道長のころが頂点で、紫式部、清少納言、和泉式部などの才媛が輩出し、華麗な王朝文化の華がひらいた。

古代、倭国の形はいつ頃どのように形成されたのか

わが国で、成文法、戸籍、税制などの「統治の仕組み」が完成したのは、七世紀から八世紀前半である。しかしながら、そこに至るまでにも「国の形は徐々」に出来ていたはずであり、それは「いつ頃、どのようにして」であったか。

弥生時代の中期、水田稲作が九州から東北までひろがった頃、全国の河川の流域や盆地など稲作に適した場所に人々は集落を作っていた。

この時代は、好い田地や凶作時には貯蔵した食糧をめぐって戦いがあった時代である。外敵に力を合わせて当たるため、各集落には「村の長」がおり、また同じ河川や盆地の集落は「運命共同体」なので、それを統べる「地域の首長」がいた。そこには、集落の構成員、村の長、地域の首長とつながる「立場の階層意識」があったはずである。

『漢書』の「地理志」は、紀元前一世紀のわが国を「夫れ楽浪海中に倭人有り、分れて百余国となる」と記している。この「百余国」が地域の首長たちが治める国であろう。

この地域首長の上に、「大王のようなトップ」が現れ、なんらかの「身分制度」によって首長たちとの間で「同盟または隷属意識」を共有するようになれば、「国の形」が現れたと見なすことができる。

それは「いつ頃、どのような形」だったのか。以下「文献資料と考古資料」からそれを探る。

一、文献資料から探る（好太王の碑文、『日本書紀』など）

中国、朝鮮の歴史書から

中国の「魏志倭人伝」によると二三九年、邪馬台国の卑弥呼が魏に朝貢し「親魏倭王」の金印を賜ったという記述があり、卑弥呼が魏の皇帝から「倭王と認知」された形になっている。

しかしながら、邪馬台国は未だ所在すら「九州説と畿内説」が論争中であるうえ、卑弥呼と「卑弥呼を共立した王たち」との身分関係も定かでなく、邪馬台国の時代に（日本国といえるような）「国家があった」と言える根拠は見いだせない。

次にわが国の記録が出てくるのは、四世紀を飛ばして五世紀初めの四一四年、高句麗の好太王の功績を顕彰した「好太王の碑文」の中である。そこに「四百年、倭国の大軍が新羅に侵攻し、新羅が高句麗に救援を請うたので好太王は五万の軍を派遣して新羅を救済した」とある。好太王の死後まだ数年の碑文であり、事実と考えてよい。

戦いの経緯、勝敗の行方は別にして、わが国が「高句麗軍五万と戦える軍勢」を動員して戦った事実は、それだけの「人員、軍船、武器、食糧」を用意したわけであり、四世紀の末にはわが国に「軍事的にも強力な国家」が形成されていたと考えられる。

一方、中国の歴史書では『宋書』「倭国伝」に、四二一年から四七八年の間に「倭の五代の王」が繰り返し朝貢したとの記述がある。特に最後に朝貢した倭王武（第二十一代雄略天皇）は上表文で「（私の祖先はわが国の）東側五十五カ国、西側六十六カ国、海を渡って九十五カ国を平定した」と誇ったと記している。

中国、朝鮮の歴史書に、わが国の四世紀の記録が少なく「空白の四世紀」と言われることもあるが、五世紀はじめの「好太王碑文」と『宋書』「倭国伝」から判断すると、四世紀のわが国では国家形成が大きく進み、四世紀末には間違いなく「しっかりした国家があった」と言ってよい。

わが国の『古事記』、『日本書紀』から

『古事記』、『日本書紀』には、三世紀末から四世紀前半にかけて、十代崇神天皇、十一代垂仁天皇、十二代景行天皇が、大和王権を九州南部から関東までひろげたと記している。

崇神天皇は、四道将軍を東海、北陸、丹波、吉備に派遣して服属させ、さらに出雲も従わせた。次の垂仁天皇は但馬を押さえ、景行天皇は皇子の日本武尊《やまとたけるのみこと》を九州の熊襲と東国の征討に派遣し、南九州から関東にまで勢力をひろげた。

この三代の天皇による王権の拡大は、大規模な武力の行使ではなく「大和王権の威」により成し遂げられたようである。

日本武尊の皇子の十四代仲哀天皇は、后の神功皇后とともに再び騒ぎだした九州の熊襲征伐に赴いた。が、仲哀天皇は出征先で崩御する。神功皇后は、住吉大社から「国内の戦より朝鮮半島(鉄や先進技術)だ」との神託を受け、三六九年に朝鮮出兵を決行する。

彼女は、男装して自ら先頭に立って新羅を攻めた。新羅は降伏し朝貢を約束し、また高句麗・百済も朝貢を誓ったという。いわゆる「三韓征伐」である。

しかしその後、高句麗と手を結んだ新羅が朝貢を怠ったばかりでなく、「高句麗の威」を借りて百済や伽耶諸国への侵攻を繰り返した。それに対し、神功皇后の皇子十五代応神天皇は三九一

年、大軍を率いて半島へ出兵、この出兵軍と高句麗、新羅との戦いの様子が「好太王碑文」に記されたと考えられる。

『古事記』、『日本書紀』の四世紀の記録の「悲運の美青年」日本武尊や「男装の麗人」神功皇后の物語への疑義はある。しかし、十代崇神天皇から十五代応神天皇までの五代百年の間に、わが国（倭国）が高句麗軍五万と戦える国になっていたのは事実である。四世紀、強力な軍事国家ともいえる「倭国が登場」したことは間違いない。

二、考古資料から探る（前方後円墳、三角縁神獣鏡など）

前方後円墳

弥生後期の三世紀半ば、わが国には祭祀で銅鐸を使う「近畿圏」と銅剣・銅矛を使う「北九州圏」の二つの文化圏があった。ただ死者の葬礼は、さまざまな形の方墳や円墳に葬っていたが、それらの形状や大きさは地域により異なっていた。

ところが三世紀後半に突然、大和盆地東南部の纒向《まきむく》（現在の天理市南部）に巨大な「前方後円型」の箸墓古墳《はしはかこふん》が現れ、このあと墳墓の様式が一変する。

箸墓古墳は、後円部の高さが三十メートル、全長二百八十メートルと小山のように大きい。そればかりかこれ以降、全国各地に箸墓古墳と「設計図を共有」する、すなわち「形が相似形」で、サイズがほぼ3分の2、2分の1、4分の1の前方後円墳が続々と現れる。

なお、纒向遺跡は三世紀後半の造成で、東西二キロ、南北一・五キロと「都城といえる規模」

をもち、高床式の建物の跡が数多く見つかっていて、さらに遺跡から発掘された土器の様式は、九州、中国から中部、東海まで広い範囲にわたる。こうしたことから、纏向は三世紀後半わが国の「政治の中心地」であり、ここに「かなり強力な王権」が現れたと考えられる。

前方後円墳の全国への伝播は、地域により「出現の時期と分布」が異なる。

箸墓古墳に隣接する大和盆地の東南部には四世紀前半、伝崇神天皇陵（二百四十二メートル）、伝景行天皇陵（三百メートル）など、六基の二百メートルを超える前方後円墳が登場し、それらの周りに大・中・小の大きさが異なる墳墓が数多く共存する。

大和盆地から大和川を下った河内地方には、四世紀末から五世紀前半にかけて、いわゆる河内王朝の伝応神天応陵（四百二十五メートル）、伝仁徳天皇陵（四百八十六メートル）、伝履中天皇陵（三百六十五メートル）など巨大な前方後円墳が現れた。二百メートルを超える前方後円墳は三十六基あるが、大和盆地から河内への大和川水系に三十一基が集中している。

西国では四世紀前半、それまでの「墳墓の地域性」を塗り替えるように同じ形の前方後円墳が広がっていった。ただしサイズは、首長クラスでも箸墓古墳に比べ、吉備は2分の1、九州は4分の1ほどで、その周りにさらに小型の墳墓が集まっている。東国への普及は四世紀後半になるが、状況は西国の場合とほぼ同じである。

この前方後円墳の「地方伝播、分布、階層性」は、三世紀後半から四世紀末にかけて「大和王権の基盤」が確立する過程を物語っている。すなわち「前方後円墳のサイズ」によって、大王、地方の首長、その従臣たちが「各々の身分」を承知・受容するようになった。

このように四世紀を通して、国の統治の中心をなす「指揮・命令系統」が、さほど強固ではないものの次第に形成されたと考えられる。「倭国の登場」である。

三角縁神獣鏡

「三角縁神獣鏡」は直径二十センチほどの青銅鏡で、背面に「神と獣」が描かれ、外縁に「三角状の突起」がある事からこう呼ばれている。出土数は五百四十面ほどある。「魏志倭人伝」に「二三九年（景初三年）に魏の皇帝が卑弥呼に銅鏡百枚を下賜した」との記述があり、「景初三年」の銘文が入った鏡もあって「卑弥呼が貰った鏡」ではないかと話題になった。

三角縁神獣鏡が作られたのは、だいたい三世紀後半から四世紀前半までの間で、分布は畿内が中心で、比較的狭い地域の古墳に「時期が近い鏡」が数多く副葬されている。

畿内から離れるにしたがい「分布はまばら」になり、全体的には西日本に多い。が、東は福島、南は宮崎まで分布する。三角縁神獣鏡の分布を俯瞰すると、前方後円墳の分布とほぼ重なる。

こうした事から鏡の授受は、大和王権と地方首長の間で「関係性の構築・維持」のために使われたらしい。しかし、この鏡の副葬は四世紀半ばには終わるので、この鏡は前方後円墳の前段階の「統治手段の一つ」だったようだ。

三、記紀から消された邪馬台国と卑弥呼の謎

「魏志倭人伝」の邪馬台国の記述は、卑弥呼を「親魏倭王」に任じたことに加え、卑弥呼の生活や住居の様子、当時の倭人の風習や風景、さらに卑弥呼の死後に再び国が乱れたので卑弥呼の養

女台与《とよ》を立てて国が治まったなど、とても具体的である。したがって、邪馬台国（大和国かもしれない）と卑弥呼（日御子かもしれない）が実在したことは間違いない。

ただ、邪馬台国の場所については「九州説と大和説」があるが、なにか「有力な考古資料」が発見されない限り、決着は難しい。

①記紀は、なぜ邪馬台国と卑弥呼を歴史から抹消したのか

邪馬台国と卑弥呼についての「最大の謎」は、「どこにあったか」ではなく、『古事記』も『日本書紀』も「邪馬台国と卑弥呼をなぜ無視」したかという点にある。

邪馬台国の台与が晋に朝貢したのが二六六年で、その数十年後には第十代崇神天皇が、四道将軍を派遣して大和王権の勢力をひろげた。この数十年の間に邪馬台国は姿を消した。その経緯を『日本書紀』は記さず、「邪馬台国など存在しない」という立場をとっている。

実は完全無視ではなく、『日本書紀』の神功皇后三十九年の註として「魏志によると、景初三年六月、倭の女王が使いを帯方郡に送り、魏への朝貢を申しでて、洛陽に至ったという」と記している。固有名詞を出さず「さらっと行為の事実」だけを記した。この註の意図は分からないが、『日本書紀』の編者は、明らかに邪馬台国と卑弥呼の存在を知っていた。

にもかかわらず「意図的・確信犯的」に邪馬台国と卑弥呼を消した理由はなにか。記載すると大和王権に「都合が悪いこと」があったのだろうか。

邪馬台国と大和王権の間に、『日本書紀』が記さない「大きな抗争・戦い」があったのか。

邪馬台国は大和王権にとって「対抗勢力か祖筋にあたる勢力か」のどちらかであるが、どちら

であっても天孫降臨以来の「一系の王朝のストーリー」に傷がつく。『日本書紀』編纂の指揮は藤原不比等がとったが、彼の祖先は天孫降臨の時、瓊瓊杵尊に従った五神の一人である。

『日本書紀』のこの歴史の捏造部には、間違いなく不比等が関わっている。が、真相は「闇の中」、不比等とその関係者しか知らない。

②箸墓古墳、文献資料と考古資料の大きな矛盾

もうひとつの謎は、「卑弥呼の墓」との説がある「箸墓古墳」についてである。

箸墓古墳は、飛鳥の纏向の東西二キロ、南北一キロ半の大きな遺跡の一角にあり、大和王権の礎を築いた十代崇神天皇と十三代景行天皇の墳墓に隣接している。この偉大な二人の天皇の墳墓より「ひとまわり大きく、一世代古い」。しかも、それより後の前方後円墳のテンプレートとなった頂点に立つ墳墓である。その埋葬者は、崇神天皇よりワンランク上だとすると、該当するのは初代の神武天皇（橿原に墳墓がある）か卑弥呼くらいしかいない。

ところが『日本書紀』は、箸墓古墳の埋葬者を七代孝霊天皇の皇女の倭迹迹日百襲姫命《やまとととひももそひめ》であるとする。彼女は三輪山の大物主神《おおものぬしのかみ》の妻であるが、腰をおろした拍子にうっかり「女陰《ほと》を箸で突いて逝去」したため、彼女の墳墓が箸墓と言われるようになったと伝える。女性としては恥ずかしい死に方であり、「そこまで書くのか」と、編者の悪意が感じられる所である。

箸墓古墳は、考古資料から見ると、後世の墳墓の基準になったという「突出した高い位置」にあるのに、それから四百年後に書かれた文献資料では「貶められた低い位置」にある。

前者は考古学的な事実であり、後者は間違いなく『日本書紀』による歴史の捏造である。

埋葬者が女性、それも神に近い（巫女的な）女性、しかし称揚したくない女性という点で、箸墓古墳の埋葬者に卑弥呼が重なってくる。が、真相は分からない。

箸墓古墳の発掘調査ができれば良いのだが、それは（他の天皇陵と同様）許されない。

古代のわが国の「国の形」は、中国、朝鮮、『日本書紀』などの文献資料からも、前方後円墳や三角縁神獣鏡の考古資料からも、三世紀末、十代崇神天皇と前方後円墳が登場する頃から形成され始め、四世紀末には朝鮮半島に大軍を派遣できるまでの国になっていたと考えられる。

統治において「指揮命令を通す位階」の制度は、はじめは「当事者間の意志」に基づく「三角縁神獣鏡の授受」という形だったが、前方後円墳の普及に伴い「墳墓の大きさ」で決めるという制度的なものに替わってきた。

そのあと五世紀の後半からは、朝廷内の地位や貢献度によって、臣、連、伴造、国造、県主などの「地位が直接授与」されはじめ、七世紀の聖徳太子からあとは「冠位十二階、二十六階」などの具体的な官位制度に移っていった。

我々日本人は、いつどこから来たのか

一、相ついで日本列島へ渡来する人たち

日本列島への最初の渡来人（約三万～一万二千年前）

我々人類の先祖は約十五万年前、第四氷河期の終わりにアフリカを出発し、アラビア半島を通って北上するグループと中央アジアに向かうグループに分かれ、後者はさらにヒマラヤ・チベット高原の南北を両側に分かれて進んだ。そして十万年近い時間をかけて四万～五万年前、ヨーロッパ、東ロシア、中国に達した。

最後の「ウルム氷河期」が七万～一万年前にあり、地表は分厚い氷河で覆われていた。そのため、海水面は現在より百メートルほど低く、北海道は樺太とつながり、また北海道・本州・九州・四国は一つの島で朝鮮半島ともつながっていた。

我々日本人の最も古い先祖は、三万年ほど前に樺太と朝鮮半島を通って、南北から日本列島に渡ってきた。彼らが日本列島の「旧石器時代人」で日本民族の元祖である。

人の細胞の中に、ミトコンドリアDNAという菌のようなものがある。これは人の「母から娘」に伝えられるので、それを遡れば先祖のルーツを探すことができる。男性もそれを持っているが、精子は受精とともに消滅するので遡及はできない。

その変化を遡ると、現在の全人類は三十四人の母親の子孫であり、さらに遡ると約二十万年前のアフリカの「たった一人の女性」に行きつく。

日本人の先祖を遡ると、バイカル湖周辺から来たユーラシア系、中国・朝鮮半島からのモンゴロイド系、南方スンダ大陸（現在のマレー半島からインドネシアの諸島の地域にあった）から来た海洋系の三つの系列がある。当時この中では、北方から暮らしやすさを求めて北海道、東北に南下したユーラシア系の人たちがいちばん多かった。

縄文人、その生活と縄文文化（約一万二千〜二千六百年前）

氷河期が終わって地球が温暖化すると、世界的に「定住して農耕」する生活様式がひろがり、七千年ほど前に大河の流域に「世界四大文明」がおこった。

日本列島は、海面が上昇したのでほぼ現在の形になっていた。日本列島の場合は、豊かな自然と四季、季節ごとの「山の幸、海の幸」に恵まれ、「定住するが農耕はしない」という、世界では特異な生活様式が約一万年、戦いもなく平穏につづいた。

貝塚の発掘から分かった当時の人々の食生活は想像以上に豊かで、猪や鹿の哺乳類が六十種、キジや鴨の鳥類が三十五種、鮭やタイの魚類が七十種、貝類が三百五十種、栗、栃、筍や蕨などの植物が五十五種と、現在以上に豊かである。

調理も「焼く」だけから穀物などを「煮る」のが加わり、「食糧保管と煮る」ため、いわゆる縄文式土器が誕生した。この土器の特徴からこの時代の人々を縄文人と言う。

縄文中期の今から四千〜五千年前、東北の三内丸山の女性たちは、瑪瑙《めのう》や翡翠のネックレス、イヤリング、かんざしなどで身を飾っていた。「女性のおしゃれ」は、生活と心の「平穏と豊かさの証し」である。

自然と共に生きる生活の中で、自然への感謝と畏敬、山・川・滝・巨樹などに神を見る感性、生き物への感謝の気持ちが育まれた。この縄文人のDNAは、今日まで「日本人の精神基盤」として受けつがれている。この縄文人が、日本民族の「第一基層」を形成する。

一方この間のヨーロッパや中国は、麦畑や牧場をつくるため「自然を破壊」し、好立地や食料、労働力（奴隷）をめぐる「戦いが絶えない日々」だった。

弥生人の渡来（約二千六百～千七百年前）

約二千六百年前から、大陸から弥生人が「水田稲作の技術」をたずさえ渡ってくる。弥生人の呼称は、彼らが使っていた土器が一八八四年に東京弥生町で初めて発見された事による。

水田稲作は、約七千年前に揚子江下流で始まった。ただそれをわが国に、どういう人たち（民族）が、どういう経路（朝鮮半島経由か直接か）で、どんな速度で持ち込んだかは定かでない。

でも彼らは、大陸の戦乱を逃れてきた人々であることは間違いない。この時期の中国は、五百年の間「春秋・戦国の動乱」がつづき、そのあと紀元前二二一年に秦が各国を滅ぼして「中国全土の統一」を果たした。そうした中で、戦いに敗れた王族一族が、あるいは戦禍に見舞われた集落の全員が、数百人単位で渡来してきたと考えられる。

九州に渡来した弥生人は、先住の縄文人と「争いつつも同化」しながら、瀬戸内海を通って畿内に進出する。稲作に適した西日本の風土と彼らの高度な技術によって、弥生人は急速に人口と勢力範囲をひろげた。稲作に不向きな関東から東北への進出はやや遅れるが、それでも二千二百年ほど前には青森（水田跡が弘前で発見）まで至っている。

弥生人は、わが国の美しく豊かな自然の中で、先住の縄文人と同じ感性を抱くようになる。開墾して稲田を拓くが周囲の里山の水源を尊び、野草や果実、小動物などの山の幸に感謝し、稲田にくる鳥類や昆虫などと共生した。この習俗は現在まで続いている。

この弥生人が、日本民族の「第二基層」を形成する。

しかしながら、「定住して農耕」する生活の定着と「人口の増加」にともない、好い土地と貯蔵した食料をめぐる「戦いがある時代」に突入した。

ところで日本人の顔には、現在でも「縄文顔と弥生顔」が残っている。その比率はおおよそ三対七で、彼ら彼女たちの顔には次のような特徴がある。

縄文顔は、眉は太く濃く、目は大きく二重で、唇は厚く、鼻は高い。顔に凹凸があり彫が深い。

弥生顔は、眉は細く薄く、目は細く一重で、唇は薄い。顔全体はなめらかで平坦である。

好感度が高い美人女優の中にも容易に「この二つのタイプ」を見いだせる。

縄文人と弥生人は、古モンゴロイドと新モンゴロイドにほぼ重なり、前者がシベリアで「極寒の氷河時代」をすごす間に、寒さへの防御のため後者の顔になったらしい。

両者の混血は進んでいるはずだが、それでも三対七くらいの比率で今なお二つの相貌があるのは興味深い。これは結婚が戦前までは、同じ市町村の中で「親が決めるか見合い結婚」が主だった事によるのだろう。現在でも、東日本の人と西日本の人が結婚する比率は一〇％程度らしい。

引き続き渡来する人々（千八百〜千二百年前）

大陸では、二世紀末の漢の滅亡から七世紀半ばに唐が全国統一するまでの間、魏呉蜀の三国の攻防、五胡十六国・南北朝の争乱、隋の統一と滅亡など「国の興亡と内乱」がつづき、それを逃れて次々と大陸の人々が日本に渡来した。

国境の無い時代、海を隔てた日本列島は安全で暮らしやすい新天地だっただろう。彼らは「高度な知識と技術」を持ちこみ、七〜八世紀の日本の国づくりに貢献した。

九世紀に編纂された『新撰姓氏録』という、当時の有力氏族千百八十二家の出自を記録した文書があるが、その約三分の一が渡来した一族である。

内訳は、漢（中国）から百六十三氏族、百済から百四、高句麗から四十一、新羅から九、任那から九でその他が四十八氏族である。これらの渡来人が日本民族の「第三基層」を形成する。

また七〜八世紀の約二百年間、朝鮮半島北部からロシア沿海部に「渤海国」がおこり、周囲の国との交易で栄えた。渤海国との間では、裏日本の秋田、酒田、金沢などで民間レベルの交流も盛んだった。彼らの血も日本海側には入っている。

二、遺伝子から見た日本民族の系譜

ミトコンドリアＤＮＡから現在の日本人ルーツを辿ると、九グループ（九人の母）に行きつく。

バイカル湖周辺からの二グループが現在の日本人の約四〇％を占め、シベリア東部と満州北部の二グループが一〇％で、以上の約五〇％が北方系である。南方系は約四〇％で、中国の中南部からの三グループが占める。

世界の全人類は三十四人の母親の子孫であり、そのうちの九人が日本人の母である。ヨーロッパ人の母は二人と少ない。

日本民族はしばしば「単一民族」と言われるが、はるかＤＮＡを辿ると日本列島は「多様な民族のるつぼ」だった。彼らが長い年月のあいだに「混血・融合」し、他民族の侵略もない中でゆっくりと熟成して「記憶、生活様式、文化、価値観」を共有するに至った。

クールジャパンといわれる、日本人には「ごく当たり前」だが外国人には「かっこいい」と映る習慣、文化、商品がある。これらも多様な民族のＤＮＡの融合の結果だろう。

なお、現在の日本人、中国人、韓国人約三百人のＤＮＡの相関度を見ると、日本人と韓国人の間にはある程度の相関はあるが、中国人との間にはほとんどない。

中国では、唐、元、清と三回も北方民族が侵入して建国した歴史があり、そのため大陸から日本に稲作をもたらした弥生人と、現在の中国人とは異なるＤＮＡの民族になっている。確かに「顔かたち」は似てはいるが、日本人と現在の中国人は「異なるＤＮＡの民族」である。

日本美人のルーツを辿る

日本美人といえば先ず秋田美人、それに京美人と博多美人を加えて三大美人、さらに加賀美人、新潟美人、出雲美人が名高い「ご当地美人」である。

いずれも日本海側、しかも北から南へ一県おきである。これが偶然でないとすれば、地域の特性、大陸との関係、日本人の由来などと関係があるのではないか。そうした視点で、ご当地美人が裏日本で輩出した理由を探った。結果として次の三つが考えられる。

一、ご当地美人が裏日本で輩出した理由

裏日本の短い日照時間と良い水

「色白は七難をかくす」という。裏日本の女性は、「肌が白く、しっとりとしてきめ細かい」ので、これが美人の印象を強くしている。これには、裏日本特有の気候と自然がかかわっている。

裏日本は、冬はほとんど曇天で雪におおわれ、年間の日照時間が短い。そのため、肌を傷める紫外線をあびる機会が少なく、そのうえ湿度が高く肌にやさしい。「空っ風」が吹き荒れる関東平野とは大違いである。

青森から秋田、山形、新潟では、つい五十年前ごろまで、農作業をする女性が覆面（ハンコタ

ンナという）をする習慣があった。由来に定説はないが、潮風対策だったらしい。これが結果的に「紫外線を防ぎ保湿」して肌をまもった。

ところで「良い水を飲んで体内から若返る」というのは美容上の常識らしい。裏日本は良い水にも恵まれている。里の家屋の近くまでブナやシイなどに覆われたなだらかな山が迫り、ミネラル豊富な水を与えてくれる。

良い水は、洗顔しても飲んでも肌にいい。人の体の六〇％は水、ミネラル豊富な水が体内を循環すると「肌のうるおい」が増す。

秋田には「美人地帯」と言われる地域がある。秋田市から雄物川沿いにさかのぼる、大曲、角館、横手、湯沢の「雄物川系美人」と、その北の米代川沿いの能代、大館の「米代川系美人」である。また、青森の津軽地方、山形の酒田から最上川をさかのぼる庄内地方も状況は似ている。いずれも「良い水の川」に沿って山間部まで美人地帯が分布する。

美人で名高い小野小町は、雄物川上流の湯沢の出身と伝えられている。

京都には豪雪はないが、三方を山に囲まれた「水ガメの上」にあって水は豊かである。「鴨川の水で産湯」を使った京美人という言葉もある。

大陸との関係で混血が多い地域だった

「ハーフ（混血）は美人が多い」と言われる。世界の美人産地として名高い黒海に面したウクライナ、カリブ海に面するベネズエラ、インド北西部は、いずれも民族の混血地帯である。

人の遺伝子には、優性（出やすい）遺伝子と劣性（出にくい）遺伝子があり、親の顔・体形や性格は子に「優性遺伝子が優先」して伝わる。これを「優性遺伝の法則」という。

　顔にかかわる優性遺伝子は、(うりざね顔より)「丸顔」が、肌・髪・目の色は「濃い色」が、髪は(直毛より)くせ毛が、(切れ長な眼より)大きく丸い眼が、そして二重まぶた、長い睫毛、高い鼻などが優性で出やすい。

　日本人と白人が混血すると「濃い色が優性」なので、肌の色、髪や眼の色など全体の印象は「日本人っぽさ」を保ちつつ、白人の優性遺伝子によって「目は二重で大きく、まつ毛は長く、鼻は高く」なり、さらに白人特有の「彫の深さ」などエキゾチックな雰囲気も加わって、日本人の目には「美人度がアップ」する。

　反対に金髪の白人女性は、どの人種と混血しても「金髪と色白がくすむ」ので金髪美人の印象はうすらぐ。実際、金髪の白人女性は年々減っているらしい。

　しかし一般的には、混血は他の人種の「優れた優性遺伝子」を取りこむのでミスユニバースのような高いレベルの美人を生む可能性を秘めている。

　日本民族は「単一民族」と言われるが、実際は「三層の文化背景」をもつ民族が混血してできた。民族的には、ユーラシアの血が入った第一基層の縄文人に、大陸から渡来した第二基層の弥生人が加わり、さらに引きつづき大陸から第三基層となる渡来人が加わった。

「ご当地美人の産地」はいずれも日本海側にあって、さらに秋田には男鹿半島、新潟には佐渡島、加賀には能登半島、京都には丹後半島、出雲には隠岐の島、博多には壱岐対馬など、大陸の人たちが、渡来または漂着しやすい地形になっている。

　京都の場合は丹後からだけでなく、神話以来の出雲からと、加賀から北国街道を通って来るルートもある。

この地形の条件から渡来人との混血の機会は、関東や東海地方に比べて格段に裏日本側に、特に島や半島がある場所に多かった。これが、裏日本に一県おきに「ご当地美人」が登場する大きな要因である。

富と文化が集積する所に美人が集まる

江戸時代に「日本海側の港々」から、瀬戸内海を通って商都大坂や京の都と交易する「北前船西廻り」という水運コースがあった。

積み荷は、上り舟が地域特産の農産物や海産物（ニシン、鰯、なまこ、昆布など干物）、漆器、鉄器などの工芸品で、下り舟は着物、扇子、刀剣など京都の工芸品と酒、蠟燭、塩など大坂に全国から集まった特産物である。この交易にともない、京大坂の文化も地方に伝わった。

「北前船」は単なる運送業でなく、自分で商品を「買い付けて売り切る」ので、莫大な利益をあげた。そのため、能代、秋田、酒田、新潟、直江津、七尾、小浜、境湊などの港には豪商が現れ、その周辺に関連する産業が栄えた。

この北前船西廻りコースの交易は、千数百年前の飛鳥、奈良時代からあり、さらに裏日本は、はるか縄文時代から江戸時代まで、大陸との間の「人と文化交流の表玄関」だった歴史がある。

こうして裏日本の主要な港町には、豪商の富と京・大坂の文化が集まった。富と文化が集積する所に美人が集まる。美人から生まれた子の「美男度・美女度」は高い。一千年以上にわたるこの蓄積が、日本海側の主要な港町に「ご当地美人」を生んだと考えられる。

博多と京都は北前船の寄港地ではないが、大陸との最大の交易都市と日本の都という点で、富と文化が集まった。「中洲」「祇園先斗町」といった美人が集まっている街もある。

二、秋田美人にはさらなる謎がある

秋田には、裏日本の他の地域にはない「秋田だけのさらなる謎（特色）」がある。

まず秋田女性の肌の白色度は、日本女性の平均が約二〇％であるのに対し、白人並みの四〇％と白さが際立っている。しかも白さの純色度（鮮やかさ度）では西欧人に勝っているらしい。そのうえ肌の角質が薄く、血行が透けるような「透明感がある肌」である。

また秋田人は、背が高くスラッとしている。秋田県の女子中高生の平均身長は全国一位らしい。透けるような白い肌に少し大柄が相まって、さらに「美人度がアップ」している。

どうも秋田の女性は、ユーラシア系の血を濃く受けついでいるようだ。

もう一つの謎は、秋田、青森に点在する「環状列石」というストーンサークルで、これは直径十〜三十メートルの石柱の環で縄文後期に祭祀用に作られた。

ところがほぼ同じ時期、スコットランドでも先住民が同じようなサークルを作っている。ユーラシア大陸の東と西の「民族の吹き溜まり」のような島に、ほぼ同じ時期に同じものが作られた。遠い昔に「共有する記憶」があったのだろうか。

秋田のストーンサークルとほぼ同じ地域に、マタギという独特の方法で狩猟をする人たちがいた。彼らは山に入ると「独自の山言葉」を使い、さらに「古来の狩猟法」を（宗教的といえるほど）厳格にまもった。二千年前の弥生時代から農業主体の生活にうつる中で、このような「特殊な言葉と方法」で狩猟する集団は、一体どこから来たのか。もしかしたら「縄文人の言葉と狩猟方法」を伝えているのだろうか。

秋田周辺には、三内丸山遺跡など数多くの縄文遺跡があって縄文色が強い。「秋田の謎」の由来は「縄文の血」に、そこに濃く流れるユーラシア系の遺伝子に関係がありそうだ。日本人の縄文系と弥生系の比率は約三対七であるが、秋田では逆転し七対三と縄文の血が濃い。

秋田、新潟、加賀、京都、出雲、博多の「ご当地美人」の背景には、まず裏日本の気候による「肌の美しさ」があり、それに「混血が加わり」、そして港々の「富と文化」が彼女たちを育んだ。

交易の要衝である港は、内陸へ通じる河川と「目印や緊急避難所」になる半島や島がある場所が望ましい。そのような場所に「ご当地美人」が生まれた。

日本語完成への先人たちの努力

日本語は「どの言語族」に属するのか、似ている点があるアルタイ語（トルコ語、蒙古語、満州語、朝鮮語）ほか多くの研究がなされたが答えは見つからず、どうやら日本語は世界の言語の中で「独自で独立した言語」らしい。

だとすると、日本語（話し言葉）の源流は「日本の中、縄文時代」にあることになる。

一方で現在の日本語（書き言葉）は、中国が起源の「漢字」と先人が七〜九世紀に工夫して創った「平がなと片カナ」から成り立っている。その後も日本語は進化をつづけ、表現力と表情が豊かでコミュニケーション力にも優れた、素晴らしい言語になった。

日本語をここまで高めてくれた「先人たちの努力」を、縄文時代から明治まで辿る。

一、縄文の人たちはどんな言葉を話していたのか

日本語の源流は縄文人の言葉にある

スペイン語とイタリア語は「一目で分かる」ほどの兄弟言語であり、それらと英語、フランス語、ドイツ語も近親関係にあることは誰にでもわかる。

この西欧の兄弟・近親言語が「語族の源流」から分かれたのは大体三千〜五千年前と言われて

いる。言語の痕跡は、数千年を経ても「明らかに近親」と分かるほど残っている。

だとすると、世界のどこにも日本語が属する言語がない以上、「日本語の源流」は日本の中に、弥生時代をはるかに超えて「縄文中期以前」にあることになる。

代表的な縄文中期の遺跡に、五千五百〜四千年前の「三内丸山遺跡」がある。約四十ヘクタール（東京ドーム八個分）の土地に五百人ほどが暮らしていた。集会場らしい大型の建物をはじめ、見張り台、一般住居、高床式の倉庫のほか、お墓やごみ捨て場もある。

彼らの食生活は想像以上に豊かで、「狩猟・採集」のほかに、集落の周りで「栗や豆などの栽培」もしていた。また遺跡からは、イヤリングやネックレスなど女性のアクセサリーやタイプが異なる土器も発掘され、彼らは広く日本海側の各地と交易をしていた事が分かっている。

このような「社会生活や交易」を行っているからには、当然「話し言葉」はあり、しかも地域の間である程度は言葉が通じたと考えられる。

ところでわが国には、弥生時代という「社会と技術の大きな転換点」があった。縄文時代は一万二千年ほど前から二千六百年前までつづき、そこから弥生時代になって九百年間、三世紀ころまでつづいた。弥生人は大陸から何度かにわたり渡来してきたが、この弥生人の渡来で「言語の断絶や交替」は起こらなかったのだろうか。

幸いなことに、弥生人は「征服者」ではなく、反対に大陸から「亡命または新天地」を求めて来た人たちだった。おそらく、縄文人と「共生・混血」しながら、長い年月の間に「縄文文化と日本語」に同化したと思われる。日本の美しい四季と豊かな自然の恵みも、縄文人との共生を促したことだろう。

もし弥生人の言葉が、日本語に大きな影響を及ぼしていたなら、大陸のどこかに日本語の痕跡があるはずだが、それはない。したがって日本語の源流は、間違いなく「縄文人が話していた言葉」の中にある。

我々は縄文人の言葉を理解できるだろうか

縄文時代は勿論、弥生時代でさえ「どんな言葉」を話していたかの記録は全く残っていない。現存する最も古い公式文書は、六〇七年に聖徳太子が定めた「十七条憲法」で、次はその冒頭の二行である。

夏四月丙寅朔戊辰、皇太子親肇作憲法十七條
「夏四月丙寅朔の戊辰の日に、皇太子、親《みずか》ら肇《はじ》めて憲法十七條を作る」
一曰、以和爲貴、無忤爲宗。
「一に曰く、和を以て貴しと為し、忤《さから》ふること無きを宗《むね》とせよ」

原文（太字部）は「漢文風」で、聖徳太子が「どういう読み方（発音）」をしたかは分からない。また「漢文風」ではあるが「正しい漢文」ではなく「日本風の漢文」らしい。
結局、日本語で書かれた最も古い文書は、七世紀後半から八世紀初めに「万葉がな」で編纂された『古事記』と『万葉集』まで待たねばならない。
ただ「万葉がな」の最も古い資料は、埼玉県の「稲荷山古墳」で発見された五世紀の刀剣に刻まれた「八代の系譜の百十五文字の人名（言葉ではない）」がある。『万葉集』の三百年前に「漢字の音」を使って先祖の名前を彫刻した。先人の「記録への模索」がすでに始まっている。五世紀は、強力な軍事国家というべき倭国が登場した時期である。

次の和歌は、著名な女性万葉歌人「額田王」が六六一年、大和朝廷が百済救援に出兵する途中、伊予の熟田津で出陣を鼓舞して詠んだものである。

熟田津尓　船乗世武登　月待者　潮毛可奈比沼　今者許藝乞菜

「にきたつに　船のり**せむと**　月待て**ば**　潮**もかなひぬ**　今**はこぎいでな**」

この和歌の太字部がいわゆる「万葉がな」で、（単語以外の）助詞などに「漢字の音」を当てて表した。「船、月、待つ」の単語（名詞と動詞）には「漢字」をそのままの意味で使い、「訓読み（日本語読み）」で発音する。

この千五百年前の「額田王の言葉」を、現在の我々は容易に理解できる。

「言語の変化の慣性」は三千〜五千年と大きい。だとすると、万葉時代の人たちは、彼らから千五百年ほど前に縄文人が話していた言葉が分かったはずである。それればかりか現在の我々でも、三千年前の縄文人の言葉が分かる可能性はある。

現在でも日本各地の方言で、日常会話で「よく使う単語や語尾」はかなり違っている。それらの点を習いさえすれば、我々も縄文人と会話できるかもしれない。特に縄文色が濃い秋田の人たちは。「想像の域内」の話だが、夢はある。

二、日本語完成への先人たちの努力

想いを文章で伝えたい欲求

古代メソポタミアでは四千年も前に、粘土や石版に「楔形文字」で文章を書いていた。「言葉ではなく文字」で、人が友人や恋人に「手紙や歌」を送りたい思いや、組織のリーダーが部下や国民に「想いや意志」を伝える必要性は、古代といえどもあったはずである。「書き言葉」があって初めて「完成した言語」になる。

このような欲求から、我々の先輩は「漢字」を使って試行錯誤を続け、平安時代には『源氏物語』や『枕草子』に見られる「表情豊かな日本語」を完成させた。

アジアでは、朝鮮とベトナムが「漢字文化圏」に属していた。それなのに、この両国は漢字を(使いこなせず)捨てて、朝鮮は十五世紀半ばに「ハングル文字」で言葉の音の表記に、ベトナムも同様、第二次世界大戦後に「ローマ字」を使った音の表記にうつった。

だが我々の先輩たちは、漢字を捨てなかった。彼らが漢文に初めて触れたのは、紀元前後のことである。その後、漢字を使った「日本語の文書」が初めて現れるのが八世紀の『古事記』で、その間、七百年の「文書がない歴史」がある。

おそらく先人はこの七百年「日本語と漢文の間」で格闘をつづけ、ようやく漢字を活かした日本語文の『古事記』『万葉集』に辿りついた。今から千三百年も前のことである。

ハングルの文章は、日本語で例えると「全て平がな」で書いた文章で、中国語の文章は「全ての平がなを削除」した文章である。それに比べ日本語文のなんと「見やすく豊かな」ことか。

画期的だった漢字の日本語読みと仮名の創造

次の和歌は、前掲の万葉歌人額田王が百済救済の出陣に際して詠んだ歌である。

熟田津尓　**船乗**世武登　**月待**者　**潮**毛可奈比沼　**今**者許藝乞菜

「**にきたつ**に　**ふなのり**せむと　**つきまて**ば　**しほ**もかなひぬ　**いま**はこぎいでな」

太字の「田、船、乗、月」は、この漢字に「同じ意味の日本語」を当てはめ「た、ふね、のる、つき」と発音（訓読み）した。これらの中国語の読みは「dian, chuang, cheng, yue」であるが、これを「た、ふね、のる、つき」と発音する。これに現在の我々は「何の違和感」も抱かないが、英語で例えると、「mountain」を「やま」と読ますのに等しい。先人の「奇想天外」な発想であり工夫である。

「世武登」の部分は漢字の「せむと」という音だけを利用（音読み）して日本語の助詞「せむと」を表した。これがいわゆる「万葉がな」で、主に形容詞、副詞、助詞に使われた。

先人は、漢字の読み方を勝手に「日本語読み」にかえ、そのうえ漢字を単なる道具として「漢字の音だけ」を利用した。中国に気を遣う国ならできない「大胆な芸当（工夫）」である。

万葉がなで書かれた『万葉集』には百名近い女性の和歌があり、十首以上を詠んだ女性も額田王など八名いる。「万葉がな」で歌を詠むためには、名詞・動詞などの単語は「漢字の日本語の意味」の知識（英単語を覚えるのと同じ）が求められ、形容詞や助詞に対しては「漢字の発音」を知っていないといけない。

現在の我々が「外国語の英語」を学ぶように、彼女たちも「漢語・漢文」を学んでいた。当時の上流階級の女性たちの知的レベルの高さに驚かされる。わが国では古代から、社会における「女性の立場」が高かった。当時の世界のどこにもない事である。

ところで「万葉がな」では当初、例えば「あ」には「阿、安、英、足」などを、「か」には「可、何、加、架、香」などを、人それぞれが選んで使っていた。

しかしこれでは、書き手は「どの漢字を使おうか」と迷うし、読み手も「どの音のつもりなのか」と、少々面倒である。そこで「安の草書体」を「あ」に、「以の草書体」を「い」にと定型化を進め、ここに「平がな」が誕生した。

もう一つの仮名、「片カナ」は仏教界から生まれた。

奈良時代（七一四〜七九四年）は、聖武天皇、光明皇后を中心に貴族層の仏教への信仰が厚く、仏教が最も栄えた時代である。

それに伴い、多くの僧たちが「経典の勉学」に励んだ。その際、漢字の一部、例えば「阿→ア、加→カ、散→サ、多→タ、奈→ナ」を使って、経典に「読み方や自分の理解」などをメモ書きしていた。これが「片カナ」の始まりである。

片カナは、経典を勉強するための工夫だったが、その後『今昔物語』など文章の書きおろしにも使われはじめる。また、片カナは「漢字に近い」ことから「より正式な文字」と見なされ、戦前まで「法律や公式文書」に使われていた。

片カナは現在、外国の「人名・地名」や「日本語化した外国語（スポーツ、スクールなど）」に使われ、日本語を「より見やすく豊かに」してくれている。

明治人の日本語近代化への努力

明治になってわが国は、国家近代化のため意欲的に西欧の文物や文化の摂取に取り組んだ。ところが、西欧の「政治、経済、制度、学術、技術、思想」には、今までわが国にはなかった「新しい概念」の言葉が数多くふくまれていた。

我々の先輩は、そうした「新しい概念」を基本的には「二つの漢字の組み合わせ」で表現しようとした。前記の「政治、経済、制度、学術、技術、思想」もそのような新造語で、明治十年代までに一万語以上の新しい語彙が創られたという。

現在我々は、これらの単語を「何の違和感」もなく使っている。「二文字の漢字」の組み合わせで見事に西欧の新しい概念を表現した。日本で創られたこれらの語彙は中国に逆輸入され、現在の中国語の中にも定着し、新聞・雑誌の単語の半数以上を「こうした日本製」が占める。

この見事な翻訳ができたのは、江戸時代の武士階級の「漢字への深い造詣」があってこそである。武士の子弟たちは、十歳前から『論語』や「四書五経」などの漢文を学んでいる。

三、表情豊かで効率が良い日本語

他国の言語に比べ日本語文は、多くの点で優れている。

①内容を把握しやすい

漢字は「表意文字」である。そのため、日本語文は「視覚的に把握」でき、漢字のななめ読みでもほぼ意味を把握できる。例えば「憲法」と英語の「constitution」の違いである。

②文書がコンパクトである

文書量が「少なく・コンパクト」である。例えば「山」と英語の「mountain」の違いである。コンパクトという点では、同じ文章なら中国語の方が「送りがなが無い」だけコンパクトである。しかし送りがなが無いため「意味が曖昧」になり、そのため「多くの補足」の説明が必要になって、結局文章が長くなる。中国人の会話が「早口でいっぱい、つい大声」でしゃべるのは、「中国語の不備」に原因がある。

③表現力が豊かである

「かな」があるおかげで、「かな」を使った副詞、形容詞、助詞などで「多彩で表情豊か」な表現ができる。「さわやか、きりっと、しっとり、たおやか」などや「さらさら、ぬるぬる」などの擬態語にぴったりの表現は、他の言語にはない。

これは、四季ごとに美しく移りゆく自然の中で、縄文以来の日本人が身につけた感性である。

④聞いて美しい

二〇一一年、由紀さおりの日本語アルバムが米国のジャズヒットチャートで一位を獲得し、米国で六回公演を行い好評だった。

彼女のハイレベルな「歌唱力、容姿と雰囲気」の結果であるが、参加者からは「英語より日本語の歌」の方が良かったという声が多くあったという。

日本語は「発音の区切り」に必ず母音が入る。母音は聞いて心地よく、美しい。特に歌の場合はそれが顕著になる。イタリア語も同様に母音が多く良い歌が多い。

和歌に見る古《いにしえ》の素敵な女性たち

世界の三大美人は、クレオパトラ、楊貴妃、トロイのヘレン（日本では小野小町）であるが、彼女たちが「どんな女性」だったかは、伝承で知るのみである。

ところがわが国には、千数百年前の人たちの「魂の言葉」というべき和歌が数多く残っている。最初に編纂された和歌集は八世紀前半の『万葉集』で、この中には天皇から貴族、地方の役人、農民から防人まで、女性をふくむ様々な層の人たちの歌が四千五百首も収められている。

和歌は人が「その時々の想い」を三十一文字の中に込めたもので、我々は千数百年の時をこえて「彼や彼女たちの想い」を共有し、彼らの「センス、知性、人柄」に生々しく触れることができる。これは「世界でも稀有」のことで、我々の「貴重な文化資産」である。

そこで、古のタイプが異なる三人の女性の和歌から、彼女たちの魅力に触れてみたい。

一、額田王、才色兼備の魅惑の女性

額田王は近江の王族の娘で、娘時代に斉明女帝の宮廷に入った。近江の出なので、おそらく「大陸系の血」が入った利発な少女で、斉明女帝に可愛がられた。

斉明帝には二人の皇子、兄、中大兄皇子（後の天智天皇）と弟、大海人皇子（後の天武天皇）

がいた。彼らは母斉明女帝のもとをしばしば訪れる。額田王は、自分に向かう中大兄の「刺すような眼」と、大海人の「包み込むような眼」の双方を意識したはずである。

やがて額田王は弟の大海人の妃になる。おそらく大海人が彼女に声をかけたのだろう。ひょっとすると、中大兄の眼から逃げるため、情熱的な額田王の方から大海人の胸に飛び込んだのかもしれない。しかし後に彼女は、兄の中大兄に求められて彼の愛人になる。

天智・天武の両天皇は、タイプは異なるが「第一級のリーダー」で、七世紀後半の「日本の国づくり」に大きな足跡を残した。このような二人の男性に愛された額田王は、「才色兼備」の魅惑的な女性であったに違いない。彼女の各年代の歌から彼女の魅力に迫ってみる。

①十代にしてこの艶っぽさ

額田王が十代の最後、娘十市皇女を生んだ頃、一夜酒宴の席で詠んだもの。

ぬばたまの　闇も濡れけん　君あれば　わが屋戸かさね　あかとき知らず

「貴方がそばに居れば、(激しく燃えて) 真っ暗な闇も濡れてしまうでしょう。(でも朝には貴方は帰るので) 朝など来ないよう明かり窓を閉めておきましょう」の意。

何か演歌の名曲の一節を連想させ、十代後半の女性が描いた世界とは思えない。

「ぬばたまの」は「闇または夜」にかかる枕言葉。「ぬばたまの」の濡れたような語感が、次の「闇も濡れけん」の言葉と相まって、若い男女の「生々しい性愛」の情景をイメージさせる。

この時期、額田は娘十市皇女をもうけ、大海人の妃も彼女だけで、女の幸せの絶頂にあった。

②二十代でこの凛々しさ

額田王が二十代後半の歌、すでに中大兄皇子の愛人である。日本は唐・新羅連合軍から百済を救うため朝鮮に出兵するが、彼女も斉明女帝に同行、途中で伊予熟田津の港に集結。そこからの出陣に当たり、中大兄の意向を受けて詠んだ歌。

熟田津《にきたつ》に　船のりせむと　月待てば　潮もかなひぬ　今は漕ぎ出でな

「熟田津を船出しようと舟子も勇んでいる。月も出た潮も良い、さあ今漕ぎ出そうぞ」の意。「潮**も**かなひぬ」の「**も**」は全ての準備が整ったことを示し「今は漕ぎ出で**な**」の「**な**」は、こぶしを挙げて「いざ出陣」と鼓舞している姿をイメージさせる。彼女は「仮名ひと文字」にさえ特別な情景とか情感を乗せている。

前の歌から十年ほど後の歌であるが、この歌には「大人の女性」に見事に変身した額田の姿がある。時の第一人者に愛され、こうした重要な「公の役割」を与えられ、それを凛としてこなす姿に「自分の価値」を自覚した女性《にょしょう》の姿が見られる。

③三十代でこのみずみずしさ

額田王三十代半ばの歌。一日、天智天皇の勅で王族、廷臣、女官たち総出で琵琶湖湖畔の蒲生に、男は狩猟、女性は薬草取りに行った時、酒宴の席で詠んだ歌。

草原で「薬草取り」をしていた額田王を大海人皇子が見つけ遠くから手を振った。

「そんなに袖を振って（愛情表現の意）、人（天智天皇）が見ていますよ」の意。

これに対して大海人が、

茜《あかね》さす　紫野行き　標野《しめの》行き　野守は見ずや　君が袖振る

「紫野行き　標野行き」と心が弾んだように繰り返すところが、胸おどらす少女のようである。

これに対して大海人が、

紫草の　にほへる妹を　憎くあらば　人妻ゆゑに　我恋ひめやも

「人妻になってしまったお前だから余計に恋しいんだ」と洒落っぽく返した。

この歌は天智天皇が主催した夜の酒席で詠まれたものだが、酒席とはいえ現在の夫で時の最高権力者の前でのこうしたやりとりに、まだ互いに心を通わす「二人の大人の世界」と彼女の衰えぬ「みずみずしい情感」を感じる。

彼女の歌からは、十代、二十代、三十代の「年代にふさわしい輝き」を備えた額田王の姿が「映画の一コマ」のように浮かんでくる。

同時に、二十代の「公務を凛としてこなす姿」と三十代の「少女のような清新さ」、さらに十代にしてのあの「生々しい女の情感」、これらの間のギャップは驚きであり、中大兄と大海人皇子が魅かれたわけがわかる。

数多くの歴史画を描かれた内田青虹さんが「額田王の肖像」も描かれている。薬草が入った籠を持った横顔なので三十代半ばの「紫野の歌」の場面と思われる。落ち着いた中にも「みずみずしい情感」が漂う、額田王らしい姿である。是非ネット上で確認願いたい。

二、大伯皇女、はかなげな悲劇の女性

大伯皇女《おおくのひめみこ》は、大海人皇子と中大兄皇子の長女大田皇女の間に生まれた皇女で、弟に大津皇子がいた。二人が幼少のころ母の大田皇女は早逝したので、二人は寄りそい「固い姉弟愛」で結ばれて育った。

長じるにおよび姉大伯は、伊勢の斎宮（天皇の代理として伊勢神宮に仕える皇女）に任じられ伊勢にくだる。弟大津は文武両道に秀で、「父天武天皇ゆずり」のおおらかな好青年に育った。

しかし六八六年、父の天武天皇が崩御すると、大津皇子は天武天皇の妃、鸕野讃良皇女（大田皇女の実妹、後の持統天皇）から「謀反の罪」を負わされ自死させられる。二十四歳だった。

次の三首は「冤罪死を覚悟」した大津が伊勢の姉に逢いに行ったあと、帰る弟を大伯が見送り、弟の死のあと大和に上り、弟の葬られた二上山を仰いだ時に詠われたものである。

①大和に帰る大津を見送る歌

わが背子を　大和へやると　さ夜更けて　あかとき露に　わが立ち濡れし

「弟が大和に帰って行く（これが最後の別れだろう）夜が更ける中、弟を見送り、私は暁まで露にびっしょり濡れながら立ち尽くしていた」の意。

姉弟は前夜一体何を語らい、短い時間を「どうすごした」のだろうか。そして別れのとき、弟の姿が見えなくなっても、いつまでも立ち尽くして見送る大伯の姿が目に浮かぶ。

②大津の死後、大伯皇女が大和へ上る際の歌

見まく欲《ほ》り　我がする君も　あらなくに　なにしか来けむ　馬疲るるに

「私が会いたい君はもういないのに、何をしに来たのだろう、馬が疲れるだけなのに」の意。彼女が任じられていた伊勢の斎宮は、天皇が替わると交替するので、任を解かれての帰京である。本来なら次の天皇は弟大津皇子のはずで「早く会いたい、語りたい」と心躍る気持ちの旅のはずが、弟はもうこの世にはなく、ぽっかり「心に穴」があいた無力感。「馬が疲れるだけ」という高貴な姫に似つかわしくない言葉が、切実な無力感を生々しく伝える。

③弟が眠る二上山をのぞんで詠んだ歌

うつそみの　人なる我や　明日よりは　二上山を　弟背《いろせ》と我が見む

「現世に留まっている私は、明日からは二上山を我が弟と見よう」の意。

三首とも、姉が弟を思うものだが、姉弟愛の情を超えた「男女の情」をも感じる。

大伯皇女は、額田王のような「いわゆる著名な歌人」ではない。この三首は、悲しみのどん底で自分の気持ちを率直に言葉にしたものである。その素直さが、かえって悲しげで私たちの胸を打つ。

三、和泉式部、恋多き情熱の歌人

和泉式部は九七八年に下級貴族の娘に生まれ、十八歳のころ父の部下の橘道貞と結婚した。彼女は藤原道長の時代を生き、紫式部、清少納言とともに王朝三才女と称される。

父の影響もあって小さいころから漢詩、和歌に親しみ、長じるにおよび「湧き上がる情念」がこもった歌の力で男たちを魅了し、結果として二十人以上の男性を遍歴することになる。

①十代にして「女の業」を見ていたかのような歌

冥《くら》きより　冥き道にぞ　入りぬべき　遙かに照らせ　山の端《は》の月

「煩悩に満ちた私、行く道を山の端の月よ照らしておくれ」の意。

十代後半ですでに「このような世界、女の業の世界」が見えていたのだろうか。その一方で、新婚時代に任地に赴任した夫を思う「新妻らしい歌」も残している。

最初の額田王も十代で「女の情念」の世界を詠った。才ある女性は早熟なのか。

②弾正宮との恋の炎に身を焼く歌

和泉が二十代前半、夫がある身でありながら冷泉天皇の第三皇子の弾正宮と恋に落ちた。

人の身も　恋にはかえつ　夏虫の　あらはに燃ゆと　見えぬばかりぞ

「折角この世に生まれてきたこの身を、恋の炎で焼いて身を滅ぼしてしまった。（父から勘当され、夫からは離縁され）まるで炎の中で燃えつきる夏虫のように」の意。

とおり一遍の恋愛表現をこえた「激情的で奔放」な言葉である。ところが弾正宮は、はやり病で急逝し大恋愛は一年余りで終わる。宮二十六歳、和泉二十四歳のときだった。

③弾正宮の同母弟師宮敦道親王との恋愛歌

ある日、弾正宮の実弟師宮《そちのみや》から和泉のもとに「一枝の橘」が届いた。橘は「昔の人の袖の香り」、すなわち死んだ兄の弾正宮を暗喩している。それに対して和泉が返した歌。

薫る香《か》に　よそふるよりは　ほととぎす　聞かばや同じ　声やしたると

「橘の香り（兄君）にこと寄せられるより、（人の声を運ぶという）ほととぎすの声、あなたが兄君と同じお声なのか聞きたいわ」の意。

「あなたの声を聞きたい」という「大胆で心にくい誘い」である。師宮は兄が熱愛した評判の和泉に、和泉は自分が愛した人の弟に、心が動くものがあったのだろう。これを機に二人は大恋愛に身をおくが、約四年にして師宮もまた病で亡くなってしまう。二十七歳だった。次の歌は亡き師宮を偲んだ歌。和泉は出家を考えていたらしい。

捨て果てむと　思ふさへこそ　かなしけれ　君に馴れにし　我が身とおもへば

「宮さまに愛され、宮さまに馴れ親しんだこの私の体、出家して捨ててしまうなんて悲しくてできないわ」の意。

「君に馴れたこの体」がいとおしいと言う「リアルでエロチック」な表現である。和泉式部の歌はどれも、表情が豊かであるとともに「はっとする大胆さ、奔放さ」がある。しかも彼女の歌には「彼女の息吹、彼女の体温」が感じられる。

最初の歌、夜の「冥く冷たい道」を歩む若い生身の和泉、次の「夏虫のように恋に体を焼きつくす」という激情の和泉、「元愛人の弟に対し声が聞きたい」とにじり寄る魔性の和泉、「君に馴れたこの体がいとおしい」と身もだえる和泉。

どの歌も、体の中から抑えきれず湧き出たような歌、その歌が和泉という女性の存在と共に迫ってくる。

こうした所が「平安王朝一の歌人」とうたわれ、また多くの男たちを魅了した理由であろう。同時代の紫式部は、和泉を「素行は良くないが、歌ははっとする言葉があって見事。思わず口から歌が溢れでるタイプ、ただ本格派の歌人の風格はない」とやや辛口に評している。「思わずあふれ出る情念」が男性には魅力だが、紫式部には「少々はしたない」と見えたらしい。

百人一首に「あらざらむ　この世のほかの　思ひ出に　今ひとたびの　逢うこともがな」という和泉の晩年の歌が収められている。この歌を詠んだ数年後に彼女は亡くなった。「この世の思い出に今一度あいたいなあ」と詠んだ時、和泉の頭には若いころの「数々の性愛の場面」が、走馬灯のように巡っていたことだろう。

額田王、大伯皇女、和泉式部、彼女たちの思い（和歌）に接すると、一千年以上前のタイプが異なる三人の女性が浮かんでくるようである。たった三十一文字に思いを凝縮させ、心象風景を見事に描く和歌は、古代人の心に一体どのようにして降り立ったのだろうか。

わが国で最も古い三十一文字形式の歌、素戔男尊《すさのおのみこと》が詠んだ、和歌の起源と言われる歌がある。

やくも立つ　出雲八重垣　つまごみに　八重垣つくる　その八重垣を

素戔男尊が「新婚の妻を守るため、幾重もの垣根をめぐらした宮殿をつくる」の意。すでに神話の時代から和歌があったことになっている。

いにしえより、わが国には「言霊《ことだま》信仰」というのがあった。言葉には「不思議な力、霊力」が宿っていて、口に出した言葉は本当になると考えられてきた。

次の歌は、柿本人麻呂が言霊信仰の存在を明言したものである。

しきしまの　やまとの国は　言霊の　たすくる国ぞ　真幸《まさき》くありこそ

「このやまとの国は、言霊が助けてくれる国なので、幸い多かれ（まさきくありこそ）と強く唱えよう、そうすれば幸いが実現する」の意。

和歌はおそらく、言霊信仰がベースにあって、何かを口に出すのなら「調子のいい七五調で簡潔（三十一文字）に」という事から定着したのではないだろうか。だから古代の和歌の題材は、男女の恋、家族への思い、亡き人への追悼など「願い・祈り」に通じるものが多い。

言霊信仰に基づく「願い・祈りの言葉」の和歌は神聖で、だから和歌の前では誰もが平等と考えた。それで『万葉集』には、天皇から庶民までの歌が貴賤を問わず採りあげられたのだろう。

この伝統は、今も「宮中の歌会始め」の儀式として残っている。国の元首にあたる天皇・皇后両陛下と一般庶民が同席して和歌を披露しあうという会は、他国にはない。

平安朝、日本風文化が花開く

奈良時代の天平文化は、遣唐使が唐から持ち帰った「唐風の文化」であるとともに、聖武天皇と光明皇后が深く帰依した「仏教文化」でもあった。

しかし第五十代桓武天皇は七九四年、天平文化が栄えた平城京を捨て平安京に都をうつした。この遷都には、東大寺や興福寺など強大な仏教勢力と「距離をおく狙い」があった。桓武天皇は平安京でも、大きな仏教勢力は都からはなれた比叡山や高野山に押し込めた。

それから百年後、菅原道真の建議で「遣唐使が廃止」される。見識ある菅原道真の目には「唐から学ぶものはもう無い」と映ったのだろう。それとともに、平安朝の日本風文化が「唐に匹敵」するレベルにまで達する予感があったに違いない。

実際、大陸との接触を絶ったあと、「小説、日記、随筆」など世界に類がない分野の文学が、それも主に女性たちの手で開かれた。当時、世界の文学といえば「歴史書か宗教書」だった。また書・画においても、中国の流儀とは一線を画し「和歌と平がな」をベースにした「日本独自の分野」が登場する。

文化の花が開くためには、世の中が平和であるとともに、文化を育てるスポンサーの存在が欠かせない。十五世紀、イタリアのルネッサンスの背後には、フィレンツェのメディチ家の財力があったが、平安朝の文化を支えたのは、藤原道長を頂点とする「藤原氏一族」の財力である。

一、平安朝を支えた藤原氏とは

藤原氏のＤＮＡ

藤原氏が朝廷の中枢に権力基盤を築いたのは、藤原不比等の時代である。

不比等は、持統、文武、元明、元正の四代の天皇を助けて、大宝律令の制定、『古事記』や『日本書紀』の編纂、平城京の造営などを行ったうえ、宮子、光明子の二人の娘を文武天皇と聖武天皇の后とし、朝廷内の地位を確かなものにした。

そのあと不比等の子孫たちは、代々朝廷内の要職を占め、平安時代の後期に「平家が台頭」するまで天皇家と国を支えた。

それでも藤原氏は、決して「天皇の地位」を狙うことはなかった。それは藤原氏の先祖が、天皇家の祖、瓊瓊杵尊が天上界から降臨した際、共に随って降った五神の一人であるという「家柄の矜持」によるのだろう。

藤原氏は財力の面では、全国に点在する「一族の荘園」によって抜きんでた力を持っていた。藤原氏の荘園は、国司の立ち入りを拒む「不入の権（年貢免除）」を持っていたので、多くの豪族たちは自分の荘園を藤原氏に寄進（名義変更）して「年貢の節約」をはかった。藤原氏としては「新田開発や荘園管理」などしなくても年貢が入る仕組みである。

また平安時代は、後期に保元の乱（一一五六年）と平治の乱（一一六〇年）が起こるまでの三百年間、「政争や犯罪」で死刑になった人はゼロという「世界でも類いまれな平和」な時代だった。中央で藤原氏に対抗できる勢力はなく、地方でも「大きな軍が動く戦い」はなかった。

藤原氏の出自が「祭祀を司る家系」であることも関係している。

　平安王朝の文化は、こうした平和と藤原氏の財力によって貴族社会で花ひらく。さらに「遣唐使が廃止」されたため「日本独自の文化」の花もひらいた。

　その一方で庶民の暮らしは、天変地異や伝染病、飢饉などで苦しかったはずだが定かではない。ただ「大きな戦い」がなかったことは庶民にも幸いだったと言える。

外戚政治と中宮サロン

藤原氏の権力基盤は「外戚政治と摂関政治」によるところが大きい。

　自分の娘を天皇の后・中宮として入内させ、皇子が生まれたら東宮（皇太子）として次の天皇にする。そこで天皇の母方の祖父の立場から、天皇の政務を代行する「摂政」になる事で安定した「権力基盤」を保った。

　藤原道長は、一条天皇に長女の彰子を入内させ中宮（皇后）とし、次の三条天皇には次女の妍子を、彰子が生んだ後一条天皇には四女の威子を入内させ「一家立三后」（一家で三人の皇后を出す）を実現した。さらに六女の嬉子も後

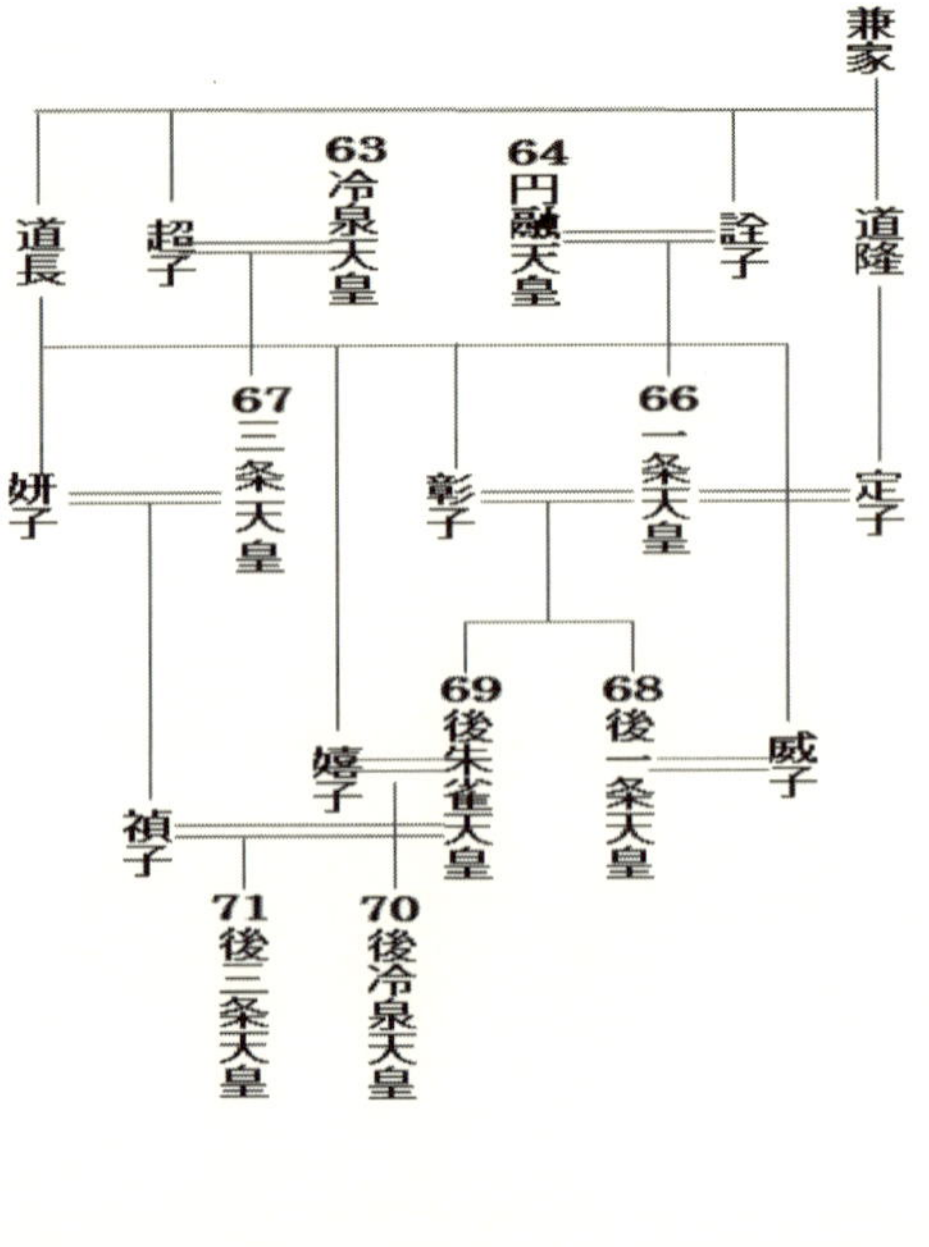

朱雀天皇に親王時代に入侍させている。

一〇一八年道長は、後一条天皇に四女の威子を入内させた「一家立三后」の祝いの宴席で、次の有名な歌を詠んだ。

この世をば　わが世とぞ思ふ　望月の　欠けたることも　なしと思へば

道長の兄の道隆も、娘の定子を一条天皇の中宮に入れており、さらに道長の父の兼家は二人の娘、詮子と超子を入内させ、一条天皇と三条天皇の外祖父になっている。

「藤原の娘」たちは、将来天皇の中宮になる定めのもと、幼いころから「和漢の書や詩歌、琴や書（習字）」を習い、高い教養を身につけた。さらに中宮の周りには、比較的裕福な受領階級（現在の県知事クラス）の娘たちが侍り、彼女たちの教養も高かった。例えば彼女たちは、『古今和歌集』（九〇五年奏上）の千百余首を全て諳んじていたと言われる。

一条天皇の中宮定子の侍女のなかに清少納言がおり、中宮彰子には紫式部や和泉式部が仕えていた。中宮を中心とする「上流女性のサロン」である。天皇もサロンに足を運び、「優雅な会話と時間」を楽しんだ。天皇に足を運んでもらうのが藤原氏の狙いだった。

二、女流文学や書画など、日本風文化が花ひらく

女流文学が花ひらく、なぜこの時期に

この時期、文学的才能が豊かな女性たちが輩出した。『枕草子』を著した清少納言、『源氏物

語』の紫式部、『蜻蛉日記』の藤原道綱の母、『更級日記』の菅原孝標の女、『和泉式部日記』の和泉式部、そして作者不詳だが「女性の手」によると思われる『堤中納言物語』など。

この時期、このような女流文学の花が開いた背景に何があったのか。まず、藤原の娘たちの「中宮サロン」とその背後の「大スポンサー藤原氏」の存在の影響が大きい。

しかしいちばん大きなきっかけは、この時期に「平がな交じりの日本文」の書式が完成したことである。「平がな」は、漢字を崩した草書体なので「草書体の漢字と平がな（草書体）」を使って、見た目も美しい日本文がさらさらと書けるようになった。

それで女性たちは、日常生活で目にしたことや感じたことを、気軽に「随筆や日記、多くの和歌」に書くようになる。そして大河小説『源氏物語』が生まれた。

当時の書物は古今東西を問わず、歴史書、宗教の経典や教義、詩集のたぐいが主で、筆者は主に男性だった。ところが平安朝では女性たちが、小説、随筆、日記などの「新しい文学分野」を生み出したのである。わが国は古代から女系社会だったので、上流女性の社会的地位と教養、知的レベルは「世界に類がない」ほど高かった。狩猟民族の血を引く、男性優位の西欧や中国では考えられない事である。

清少納言の『枕草子』からは、彼女が仕えた「中宮定子のサロン」の女性たちの明るい笑い声が聞こえてくるようだ。「いとをかし（いいね！）」が視点の女子会の会話である。

紫式部の『源氏物語』からは、当時の女性たちの喜怒哀楽、女性たちの「リアルな姿」が浮かんでくる。「あはれ（哀しい）」が視点の女性像である。

清少納言と紫式部は、互いに「その存在」は知っていた（清少納言に対する式部の辛口の批評がある）が、直接顔を合わせたことはない。清少納言が仕えた定子の死で彼女は一〇〇一年に宮中を去っており、紫式部が道長の要請で出仕したのはその五〜六年後のことである。

日本風の書・画の出現

当時の中国の書画といえば、「書」は漢詩を雄渾な筆づかいで書いたものが、「画」は峨々たる山並みに隠者や仙人を描いたものが典型である。

ところが日本風書画は、詠嘆調の漢詩ではなく「情感豊かな和歌」と、雄渾な漢字ではなく「流麗なかな交じり文」が基調になっている。

九〇五年に醍醐天皇の命で編纂された最初の勅撰和歌集『古今和歌集』は、平安朝の日本風の「文化と感性の基盤」の役割をになった。当時の知識人は、男性も女性も『古今和歌集』に収められた千百余首を諳んじていたという。

美しい日本の風景や催事を和歌に詠み、それを流麗な「平がな交じりの草書体」で書き、それを絵に描く。百人一首にある能因法師の次の歌に接すると、色鮮やかな光景が目に浮かんで、思わず絵にしたい思いに駆られる。

嵐吹く　三室の山の　もみぢ葉は　龍田の川の　錦なりけり

「日本風書画の特徴」は、日本の美しい風景の中で、書と画を組み合わせ、時にはそこで暮らす人たちを取りこみ、「書、画、人の営み」を一体化した点にある。先人は中国の書画とは全く異なる様式を創りだした。

日本書画の「画を描く素材」は、巻物、屏風・襖、掛け軸、扇子など「人々の暮らしの中」にあるものが多い。一方「画の題材」は、和歌のほか、源氏などの物語、寺社の縁起、名所・旧跡、四季の催事などで、そこに多くの場合、「暮らしている人たち」が描かれている。

『源氏物語絵巻』などの絵巻物も日本風を代表する様式である。『源氏物語』の名場面を、時に庭の草花などを配して描き、そして詞書《ことばがき》と言われる「場面の説明」が、美しいかな交じり文で添えてある。源氏もふくめ四大絵巻物とされる『信貴山縁起絵巻』『伴大納言絵巻』『鳥獣人物戯画』も平安時代に描かれた。

漢詩・漢文については「公用文が漢文」だったので、男性は漢詩・漢文への造詣も深く、最初の漢詩の勅撰漢詩集『凌雲集』は、古今集より百年近く前、八一四年に編纂されている。

ただ「中宮サロン」に集う女性たちには漢詩の素養が深い女性も多く、清少納言も紫式部も、彼女たちが仕えた中宮の定子、彰子も漢詩の素養があった。

三、世界に比類ない大河小説、『源氏物語』

中国には多くの歴史書があり、ギリシャ、ローマ時代にも歴史書の類は多い。しかし「フィクションの世界」を構想して物語る小説では、『源氏物語』は世界最古であり、しかも千二百ページ近い大作である。シェイクスピアより六百年早く、トルストイよりも八百年も早い。

『源氏物語』はそのうえ、壮大な構想、多彩な登場人物、ドラマティックな物語の展開など「量・質の両面」でも抜きんでていて、これを超える小説は未だ無いと言えるほどである。

しかも千年もの間、読みつがれ、現在もなお読まれている、これもまた「ドラマティックな奇跡」というほかない。

光輝く貴公子光源氏と数十名の女性がかかわる「性愛という普遍のテーマ」が、時空を超えて人々を魅了するのだろう。そこで光源氏の足跡を辿ってみる。

光源氏、過ち多い青春時代

光源氏は、時の帝の桐壺帝と帝が寵愛する桐壺の更衣とのあいだに生まれた。しかし母桐壺の更衣は彼が三歳の時に亡くなる。そして彼が十歳の時、「母と瓜二つ」と言われる藤壺が父桐壺帝に入内する。この時、藤壺十五歳、源氏は彼女に最初は「母の面影」を見ていた。が、長じるにつれ「初恋の人」にかわり、やがて義母への「かなわぬ思い」に悶々とするようになる。

源氏十二歳の時、左大臣家の一人娘の葵の上と結婚する。これは左大臣家に源氏をバックアップさせようという父桐壺帝の配慮だった。

この時葵の上は十六歳、気ぐらい高い彼女は「なん

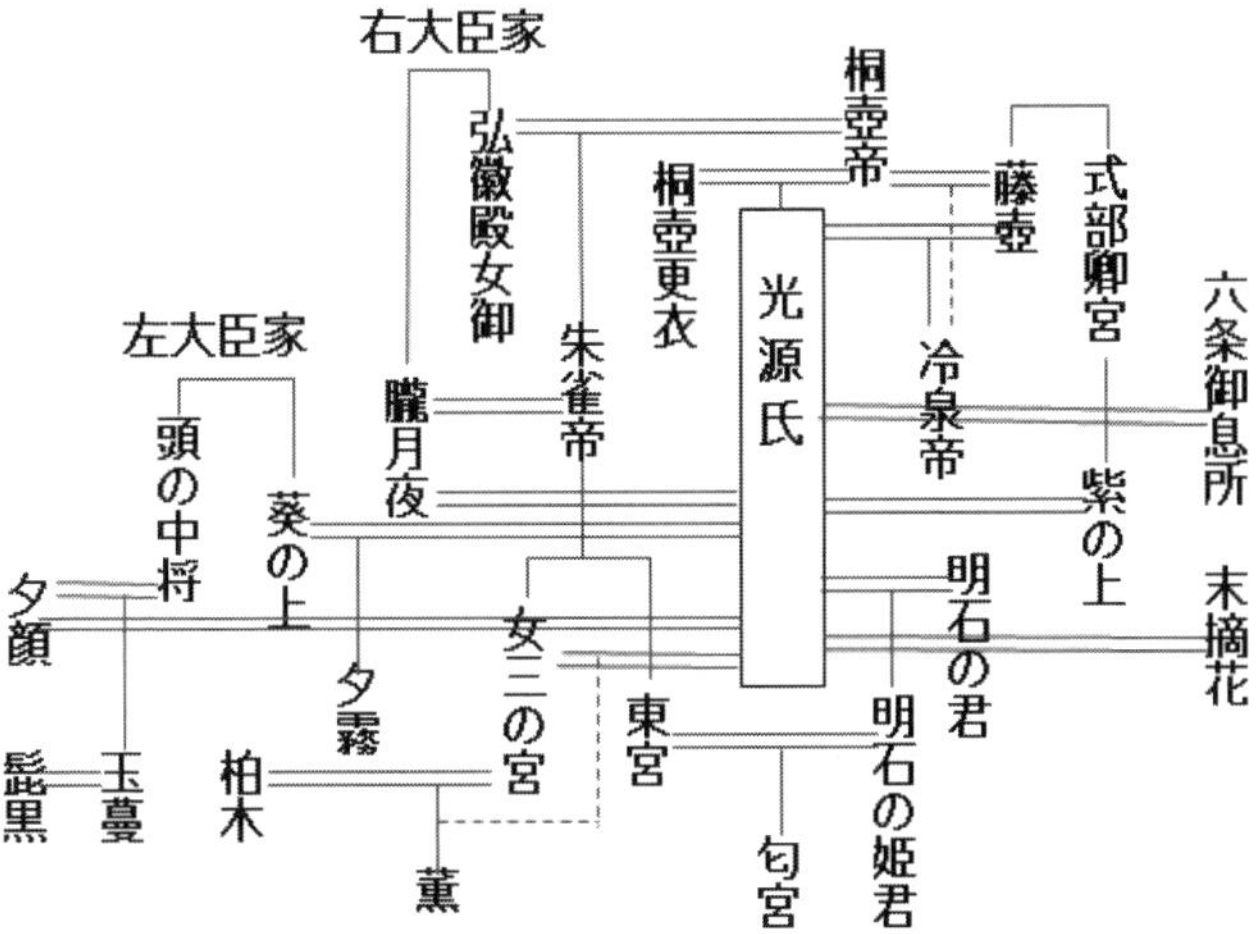

でこんな年下の子と、恥ずかしいわ」という気持ちもあって、二人の仲はうまくいかない。のちに二人が心を開いて、息子夕霧を授かるまでには十年の歳月が必要だった。

藤壺と葵の上の二人との間の悩みもあってか、源氏は十七歳の頃から「女性通い」が激しくなり、六条御息所、空蟬、夕顔と相ついで情を交わす。

六条御息所は源氏より七歳年上だったが、家柄、美貌、教養に秀でた貴婦人で、源氏はそこに藤壺への思いを重ねたのかもしれない。

一方で御息所は、プライドも忘れて十七歳の美少年源氏にのめりこむ。それが源氏には重荷になり、しだいに足が遠のいた。

源氏十八歳の春、寺籠もりから帰る途中に「藤壺の面影」を宿す美少女に出くわす。彼女の保護者が裕福でなかったので、強引に引き取って養女とした。当時十歳の紫の上である。やはり彼女は憧れの人、藤壺の姪だった。源氏は彼女を「自分好み」に養育することにした。彼女は長じて源氏の正室格として、生涯を源氏のために尽くした。

同じ年の夏、源氏は藤壺が病気療養で里帰りしていると聞いて実家に押しかけ、王命婦という女房の手引きで遂に思いを遂げた。夢心地の源氏であったものの、藤壺は源氏の子を宿してしまい男子を出産する。

桐壺帝は、源氏と藤壺を前にして「源氏によく似た子だな、でも不思議はないか、父が同じで母同士も似ているのだから」という。藤壺は罪の意識にさいなまれ「二度と源氏とは会わない」と決心した。このことが露見すれば、「この子と源氏の立場」が危ないと考えた。

それなのに源氏はしつこく藤壺を訪ねる。とうとう彼女は出家を決心し、源氏に対して「決別を宣言」、このことを永遠に封印した。「墓まで抱いていく」の決意である。

藤壺は源氏を愛していたのか、桐壺帝は真相に気づいていたのか、これらは「二人の胸の内」だけにあり、紫式部も記さず、誰にもわからない。

源氏二十歳の春、桜の宴の夜、酔い覚ましに夜風に当たっていると、廊下を一人の美しい女性が歌を口ずさみながら近づいてきた。源氏は彼女を近くの部屋に引き込んで契ってしまう。彼女は右大臣家の六の姫の朧月夜十七歳で、間もなく東宮（後の朱雀帝、源氏の兄）の妃として入内する身だった。右大臣家は、源氏の正妻葵の上の左大臣家の政敵であり、危ない関係である。

須磨、明石の不遇の時代

源氏二十二歳の時、正室葵の上が男子夕霧を出産した。しかし産後の回復が悪く、葵の上が臥せっていると六条御息所の生霊が現れ、葵の上を絞め殺してしまう。御息所の生霊は前にも一度、源氏の愛人夕顔を殺している。

御息所は、源氏にのめり込み、源氏の相手の女性を憎み、自分でも気づかないうちに「魂が生霊」となって抜け出し、（源氏本人ではなく）相手の女性を殺してしまう。御息所の目が醒めて、葵の上の病回復の祈禱で焚いていた「芥子《けし》の匂い」が髪から消えないと、髪を洗い続ける姿が痛ましい。彼女はこの直後、全ての煩悩を断つため、娘を連れて伊勢に去った。

同じ年、源氏は紫の上と新枕を交わす。紫の上十四歳、源氏のもとに連れて来られて四年後のことだった。親と思っていた源氏から「そのような事」をされ、彼女はショックで翌朝おき上がれない。紫式部は、それを見た源氏に「かわいい」と言わせる。式部の「男はどうしようもない馬鹿だ」と言う声が聞こえるようだが、彼女も人が悪い。

その一方で源氏は、奔放で気やすく居られる朧月夜と「相性が良い」らしく、その後も密会を重ねていた。源氏二十五歳の夏、朧月夜と一夜をすごした夜、ひどい風雨になって夜明けまで退出できず、源氏は右大臣に見つかってしまう。謀反とも言われかねない事態である。

それで源氏は官位を全て辞し、右大臣家の追及を逃れ須磨へ隠棲した。ただ二人は「余ほど相性が良い」のか、四十代になっても男女の関係を続けている。

源氏が逃れた須磨・明石の地方官に、受領の明石の入道がいた。彼は中央で出世はできなかったが、娘の明石の君は高貴な方に嫁がせたいと、都の姫たちに劣らない教養や習い事を身につけさせていた。そこに源氏が現れた。源氏二十七歳、明石の君十八歳である。

明石の入道は、明石の君に源氏とのつきあいを進めるが「身分が違う」と取り合わない。ところがある日、明石の君が琴を弾いていた時、庭から源氏が琴に横笛を合わせた。これをきっかけに二人の距離はちぢまり、やがて女の子をさずかった。後に中宮となる姫である。

位人臣を極めた壮年時代

源氏二十八歳の時、兄の朱雀帝に呼び戻され都に戻った。次の年二十九歳の春、兄朱雀帝が譲位して冷泉帝が即位し、源氏は内大臣として冷泉帝を後見することになる。冷泉帝は、源氏と藤壺の間にできた不義の子である。

源氏三十二歳の時、冷泉帝は「源氏が実の父」であることを知り、それからは源氏を厚遇した。この三十代が源氏の全盛期だった。

源氏三十五歳の時、六条院に大邸宅を造って主だった夫人と子供たちを住まわせることにした。この六条院には「春夏秋冬の四つの町」をもうけ、各町の庭はそれぞれの季節にあわせて趣向をこらした。各々の町が大邸宅といえる大きさである。

「春の町」には源氏と正室格の紫の上が住み、「夏」には末摘花と源氏の正妻だった葵の上の子の夕霧が、「秋」には冷泉帝の中宮梅壺が、「冬」には明石の君が住んだ。

末摘花は、源氏が十八歳の時に情を通じた女性で、「赤鼻の醜女」だったが、純真で学があり、源氏も時おり彼女を訪れていた。そんな関係から「夏の町」に引きとって、「息子夕霧の先生役」にして一緒に住まわせた。

源氏は、末摘花となら夕霧も「問題は起こさない」と思ったのか。その一方で源氏は、紫の上には夕霧を絶対近づけなかった。自分と「女性の好み」が似ている事を懸念したのだろう。

明石の君は二十六歳の時、「冬の町」に移り住んだ。娘は正室格の紫の上の養女になり、再会するのは四年後、その姫が今上帝の中宮として入内する時である。その時、明石の君は初めて紫の上と顔を合わせた。

明石の君には「私の娘を取り上げた女、でも中宮にまで育ててくれた」という恨みと感謝の念が、紫の上には「明石の女、源氏と子までなした、が、娘を私に奪われた」という嫉妬と憐憫の情があった。しかし表面上は、淡々と互いに「詫びと謝意」を交わす。その後、明石の君は娘の中宮に侍して宮中に入り、母として幸せな時間をすごした。

この同じ年に源氏は、亡き夕顔の娘が生きていた事を知り養女として六条院に引きとった。玉蔓二十一歳であるが源氏の娘ではなく、左大臣家の葵の上の兄（源氏の義兄）、頭の中将と夕顔の間にできた娘である。夕顔に似た魅力的な女性で、若い公達たちは夢中になる。源氏の心も揺れるが、養い親の立場から踏みとどまっていた。ところがある夜、彼女は髭黒の大将という武骨な貴族に拉致されてしまう。源氏はやむなく結婚を許す。しかし彼女は大将に熱愛され、幸せな夫婦生活をおくった。

源氏三十九歳の時、冷泉帝から准太上天皇（天皇に次ぐ地位）を賜り、位人臣をきわめた。しかしその間に、源氏が面影を追いつづけた「永遠の女性」藤壺はこの世を去り、また十代の源氏に鮮烈な記憶を残した六条御息所も亡くなっていた。

源氏にも翳りさす四十代

源氏四十歳の時、退位していた兄朱雀帝が死期を悟り、溺愛する娘の女三の宮を源氏に正室として降嫁させたいと告げる。女三の宮は十四歳、朱雀帝は幼い娘が心配で彼女の先ゆきを弟の源氏に託した。親子以上の年の差、が、源氏は彼女が藤壺の姪だったので受けた。

前の正室葵の上が亡きあと、二十年以上、正室格で源氏を支えた紫の上も藤壺の姪であり、女三の宮とは従姉妹同士になる。しかし女三の宮は、前帝の皇女なので第一夫人の座を譲らなければいけない。紫の上三十二歳、彼女は苦悩する。そして出家をしようとするが源氏は断固として許さない。

源氏四十七歳の時、紫の上の病状が思わしくなく彼女を六条院から旧源氏邸の二条院に移す。源氏が紫の上の看病で六条院に不在がちの間に、前から女三の宮に心を寄せていた柏木（義兄頭の中将の息子）が、彼女の寝室に忍び込み無理やり思いをとげてしまった。それで彼女はみごもり男子を生んだ。

源氏は「不義の子（薫）をわが子」として抱くことになる。かつて藤壺との間の「不義の子を父の手」に抱かせた報いを受けることになった。

女三の宮は、自ら髪を切って出家し、その後は平安な時間を過ごした。

源氏五十一歳の秋、三十年以上も連れ添った「糟糠の妻」ともいうべき紫の上が亡くなった。紫の上四十三歳だった。

父桐壺帝の中宮藤壺に「母の面影」を見て恋をし、藤壺と瓜二つの少女紫の上を養育して妻とし、最後に女三の宮に「若き日の藤壺」を見て正室としたが、女三の宮には出家して去られ、いま紫の上と永別となった。思えば源氏の生涯は「藤壺の面影」を追い求めた一生だった。

紫の上からすると「私はなんだったの、藤壺さまの影だったの」との思いだろう。彼女が幸せだったかどうか「彼女の胸の内」は分からない。

追記　紫式部は、なぜあのような『源氏物語』が書けたのか

紫式部というと「真面目で学がある女性」のイメージが強い。実際に幼いころ、父の藤原為時が弟に漢文を教えるのを聞いていて、彼女の方が弟より上達が早く、「この子が男だったら」と父を嘆かせたという。

また、『源氏物語』の愛読者だった一条天皇が「この子（紫式部）は『日本書紀（漢文）』に詳しい」と言ったため、彼女は「日本書紀の局」とあだ名されたと『紫式部日記』でぼやいている。

さらに紫式部は、中古三十六歌仙の一人でもあり、「小倉百人一首」に次の歌が入っている。

めぐりあひて　見しやそれとも　わかぬまに　雲がくれにし　夜半の月かな

このように、ひときわ真面目（そう）な彼女に、なぜ『源氏物語』のような「さまざまな男女の性愛」のフィクションが描けたのだろうか。

晩婚だったが、紫式部に結婚生活の経験はある。彼女が二十歳代後半の九九七年、藤原宣孝と結婚した。父の友人で年は二十歳ほど上、「相当の遊び人」だったらしい。三年で死別するがその三年間、彼女は宣孝に可愛がられ「大人の女」に変身したのだろう。その直後の一〇〇〇年頃から『源氏物語』を書き始めている。

もう一つ、時の権力者藤原道長の影響がありそうだ。一〇〇五年、紫式部は道長に呼び出され、彼の娘中宮彰子の教育係として仕えることになった。道長は、一条天皇の関心を彰子のサロンに向けるため、式部に『源氏物語』の執筆を急がせ、高価な紙の用意など執筆の便宜をはかった。

その頃の『紫式部日記』に「道長さまが、私の部屋から執筆した源氏を勝手に持ち去るとか、道長さまから誘いがあったが、今日はうまく断った」など、二人の男女の距離が近く「互いに憎からず」と思っているふうな記述がある。

当時のことだから、二人の間に「男女の関係があった」と考えるのが自然だろう。

紫式部が生きる現実世界で「権力第一人者の道長」と、小説の中で「位人臣をきわめた源氏」、彼女は、権力闘争への姿勢や闘い方を「道長の振る舞い」から学んだに違いない。

また道長との寝物語で、彼から女性たちの話を聞かされただろうし、積極的に聞き出したかもしれない。「現実世界の光源氏＝道長」との寝物語から、小説の世界の「光源氏の女性遍歴」を構想したとも考えられる。

それにしても紫式部には未だ分からない所、「謎」がある。

光源氏にかかわった女性でほぼ無傷だったのは、奔放な朧月夜と髭黒の大将にさらわれた玉蔓の二人だけで、葵の上、末摘花、明石の君、女三の宮らは、源氏に対してそれぞれに「屈折した恨み」を秘めて生きた。とりわけ、藤壺、六条御息所、紫の上の三人は、紫式部に物語のなかで「煉獄の苦しみ」を味わわされた。

紫式部もどこかで、そうした「男女の地獄」を見たのだろうか。『紫式部日記』にそのような記述はなく、またそうした伝聞も残っていない。

第二部　中世・近世、鎌倉から江戸時代まで

中世への扉を開いた北条政子

源頼朝は一一九二年、朝廷から征夷大将軍に任じられて鎌倉幕府をひらき、正当な武家政権として統治をまかされた。とはいっても、鎌倉幕府の勢力範囲はまだ東国にかぎられ、その中にも朝廷や貴族、寺社などの荘園が数多く点在していた。

このように、荘園制の貴族社会から封建制の武家社会へと、両者が「共存、競合」しながら動いていた鎌倉時代のはじめ、一二二一年におこった「承久の変」がこの流れを一気に加速させた。まるで武家社会への、中世への「扉が突然、開いた」ような劇的な展開だった。それを引きおこした立役者は、一人の女性、北条政子である。歴史は一人の人間の「覚悟と決断」で大きく動くものである。しかも、幕末まで六百年近くつづく武家社会への扉を開いたのが女性だった。

一、承久の変、中世への劇的な転換点

承久の変の発端

承久の変は、後鳥羽上皇が一二二一年、鎌倉幕府の執権、北条義時追討の院宣を発して挙兵し、あっけなく敗れた事件である。

後鳥羽上皇は、文武両道にすぐれた「異色の天皇」で、諸国の膨大な荘園からあがる年貢を財

源に軍事力の増強に努めていた。一方、多くの荘園に幕府の御家人や地頭が置かれるようになってから、年貢の納入をめぐり上皇と幕府の間で紛争が絶えなかった。

そのころ鎌倉幕府では、一二一九年に三代将軍の源実朝が鶴岡八幡宮で暗殺され、実朝には子が無かったので頼朝の嫡流は絶えていた。

この機会をとらえて後鳥羽上皇は、幕府から実権を取り戻すべく、幕府の執権、北条義時追討の院宣を発した。院宣は幕府の有力御家人たちにも出され、御家人のあいだに動揺が走った。勅命に逆らうことは、この時代はもとより幕末までも「あり得ない」ことだった。

北条政子の名演説と承久の変の結末

この時、亡き源頼朝の妻北条政子が、次の演説をして御家人たちに決起をうながした。

「これは私の最後の言葉です。

頼朝殿が平家一門の朝敵を滅ぼし、ここ関東にわれわれの幕府を開いた。それ以来、皆の官位は上がり収入も増えた。

それもこれも全ては頼朝殿のお陰である。その恩は山よりも高く海よりも深い。しかし今その恩を忘れ天皇や上皇をたぶらかす者が現れ、朝廷より理不尽な幕府討伐命令が出された。

『名こそ惜しむ者』は朝廷側についた者どもを早々に討ち取り、三代に亘る源氏将軍の恩に報いなさい。

さあ、もしこの中に朝廷側につこうと言う者がいるのなら、今すぐ名乗り出なさい」

これに奮起した御家人たちは京へ進軍し、最終的には二十万にも増えた兵で上皇方を一蹴する。

その結果、後鳥羽上皇は隠岐の島に流され、その他に、二人の上皇と後鳥羽上皇の二人の皇子も各々配流された。さらに、朝廷に味方した御家人や公卿たちの多くが処刑され、彼らの所領三千カ所が没収され幕府方の御家人に与えられた。

ここに、幕府の勢力はほぼ全国に及ぶことになる。これらの処置を主導したのは、北条政子の実弟、執権北条義時とその嫡男泰時である。

後鳥羽上皇は、いままで幕府の中で反北条の反乱が何度もあったので、反北条の御家人たちが必ず立つと読んでいた。しかし政子の演説で筋書きが狂った。

政子は演説で、朝廷は「北条義時の追討」を命じたのを、「理不尽にも幕府討伐命令」を出したと置きかえ、さらに「頼朝の恩」を持ち出して頼朝時代の「恩恵に思いを至らせ」、また「上皇を討て」ではなく「上皇をたぶらかす者どもを討て」と朝廷に逆らうハードルを下げるなど、実に巧妙に御家人たちを鼓舞している。

ただし、後鳥羽上皇の本音は「鎌倉幕府の討伐」であり、また政子も本音では「朝廷への反逆」を畏れていた。本音をしっかり押さえたうえで組み立てられた名演説である。「熱い思いと緻密な論理性」、北条政子の政治家としての能力は高い。

しかしながら、厳しい決断を迫られていた御家人たちを真に動かしたのは、彼女の名演説もあるが、日ごろ見てきた彼女の「力量、実績、人柄」によるところが大きい。

日本史上、勅命に真っ向から逆らったのは、後にも先にもこの承久の変の政子だけである。「建前より本音」で行動する女性だからできたのだろう。

中世への転換点

「一所懸命」という言葉があるが、これは武士たちが「自分の土地を命を懸けて守る」ことを意味する。その土地は、彼らの先祖が開拓農民として開いた土地である。

関東の武士たちは、はじめて源頼朝によりその所有地を認められ、その見返りとして頼朝への忠誠心を抱いた。この「土地の安堵とその見返りの忠誠」、これが「封建制の基盤」である。北条政子の演説は、御家人たちに「安堵された土地を守るべきではないか」、朝廷の中央集権の「昔に戻して良いのか」と訴えたものだった。

忠誠心を土台にした封建制を経験した国は強い。国の足腰がしっかりしている。西欧では、英国など「ナイト制度」がある国がそれに当たる。お隣の中国、韓国は封建制を経験していない。

ところで頼朝が鎌倉幕府をひらいた時、成文法としては朝廷の大宝律令の流れをくむ「律令」があった。しかし幕府はそれは使わず、武士成立以来の「実践道徳」で裁いてきた。

しかし承久の変のあと、幕府の勢力が西国まで広がるにつれ、もめ事の件数が増え、発生は全国規模になる。これを公平・公正に裁くために「成文法」が不可欠になってきた。

そこで一二三二年、執権北条泰時が中心になって、頼朝以来の先例と武家社会の慣習・道徳をもとに、武士政権のための法令を「御成敗式目」として定めた。「律令」が唐の制度の日本化版であるのに対し、「御成敗式目」はわが国の「慣習・道徳を制度化」したもので、日本人には受け入れやすいものだった。

ここにきて、鎌倉幕府の「統治の範囲」はほぼ全国におよび、統治のための「御成敗式目」も定まった。中世の武家政権の始まりである。

この「御成敗式目」は、鎌倉幕府の滅亡後も室町幕府へ、さらに戦国諸大名の法令や徳川幕府の「武家諸法度」に受けつがれ、幕末まで六百余年つづく「日本型封建社会」の柱であり続けた。承久の変を機に、中世の封建制への扉は確かに開いたが、室町から戦国初期までは「下剋上」という言葉があったように「忠誠心の欠如」も見られ、また朝廷、貴族、寺社などの荘園も、畿内を中心に残っていた。

しかし、時代が下るにつれ「荘園制から封建制」への移行は引きつづき進み、戦国時代を経て江戸時代には完全な封建体制になる。

二、もし、北条政子がいなかったら

源頼朝挙兵、もし北条政子が頼朝の胸に飛び込んでなかったら

北条政子は、伊豆に配流された源頼朝の監視役、北条時政の長女として生まれた。父時政が大番役として京都に赴任していた間に、政子は頼朝と恋仲になる。

時は「平家にあらずんば人にあらず」の時代で、時政は帰任後それを知って激怒し、ただちに政子を伊豆の国目代（平家の代官）の山木兼隆に嫁がせることにした。ところが政子は、婚礼前夜に館を抜けだし、暗夜大雨の中を走り、頼朝が待つ伊豆山神社に飛びこんだと伝えられている。

一一八〇年、頼朝は平家打倒の挙兵をしたが、頼朝は配流の身で家来はいなかった。もし政子の実家の「北条氏の後ろ盾」がなかったら、歴史に頼朝の挙兵は無かったはずである。

さらにもし、承久の変で「政子の演説」がなかったら、北条氏は朝敵として亡び、政権は後鳥

羽上皇に戻って武家社会の到来は遅れていただろう。

蒙古来襲、もし坂東武者の北条政権でなかったら

この承久の変から約五十年後、「元寇といわれる蒙古の来襲」があった。一二七四年の文永の役と一二八一年の弘安の役の二回である。

文永の役では、蒙古軍四万の軍勢に博多は蹂躪され大宰府まで攻めこまれた。が、坂東武士団は徹底抗戦し、全軍の上陸を許さなかった。そこに台風がきて元軍は退却する。

その七年後、弘安の役では十四万の大軍で来寇し、今度はわが国を占領・植民地化するつもりで蒙古軍は「農具や馬具」なども持ってきていた。

それに対して日本側は、若き執権北条時宗の指揮のもと、博多湾一帯を防塁でかため蒙古軍の上陸を許さず、海上に足止めした。そこに七月三十日夜、九州に接近した台風で蒙古軍は壊滅する。この季節、一カ月も九州の海に浮かんでいれば台風の一つや二つにはぶつかる。鎌倉武士団の「戦う決意と踏ん張り」が勝利をもたらした。

各地のお寺や神社は「天佑を求め」て懸命に祈禱した。彼らは「祈禱がかなって神風が吹いた」と主張した。が、あっさり全軍を上陸させていたら神風（台風）が吹いても関係はなく、蒙古軍は殺戮をつづけながら、京へむけて進軍していただろう。

もしこの時の政権が、勇猛な坂東武者の北条政権でなく、貴族化した平家の政権だったら、または朝廷中心の貴族の政権だったら、易々と九州への上陸を許し、瀬戸内から畿内、東海、北陸まで蹂躪されていたに違いない。

その場合、わが国は蒙古の植民地になり、そのあと数百年間は蒙古人と彼らとの混血が社会を支配し、間違いなく日本の「伝統、文化、技術、天皇家」は断絶していた。

「歴史にもし」はないが、北条政子という「一人の女性の覚悟と決断」が歴史を変え、わが国を救った。その先人の行動の上に現在がある。

なおこれ以降、中国では「日本は不征国（攻めてはならない国）」というのが歴代王朝の申し送り事項になった。日本には、海をはさんだ「地理的な有利さ」と「強い武士団」がいるので、うかつに攻めると禍をきたすという教訓である。

北条政子はもうひとつ、武家の家は「武家の妻が守る」という慣習への道を開いた。武家の家にとって「安堵された所領」は命をかけても守らないといけない。ところが武家の男たちは、戦いや仕事のため家を離れることが多い。

その留守中を武家の妻たちは、残っている男たちも率いて仕切り、時には鎧を着て家を守るようになる。武家のトップに立つ政子の毅然とした姿が、それを広く知らしめた。

「妻が家を守る」という慣習は、広く長く日本女性に受けつがれ、現在までも続いている。

庶民の活力あふれる室町時代

室町時代というと、思い浮かぶのは「応仁の乱、足利義満・義政、金閣・銀閣、悪女の日野富子」くらいで、我々の印象は「薄く断片的」である。

ところが実際は、「社会・経済の面」で貨幣の普及と市場経済の勃興により、手工業、商業、流通、金融など「今に通じる流通の諸機能」が芽生えた時代である。

さらに「文化面」では、茶道、華道、連歌、俳諧、能、狂言といった「日本的文化の花」がひらいた時代であり、そのうえ庶民の活力が、自治、土一揆、海外飛躍など「史上最も高まった時代」でもあった。

この「躍動の原動力」は貨幣の普及で、初めて貨幣を手にした人々は、各々の立場で「ドリームの追求」に奔走し、その活力が室町時代に「社会・経済の構造的な変革」をもたらした。

この変革に、室町幕府はほとんど関わってなく、また「国家レベルのリーダー」もいない。変革の「主役は庶民」であり、しかも社会的な女性の活躍もこの時代から始まっている。

一、経済、社会、文化の構造的変革

土地領有形態の変化にともなう豪商の登場

奈良、平安時代から江戸時代まで、社会・経済の基盤は「農地＝農民＝米」であった。そのため土地の支配・領有の形態が、その時代の「社会・経済の状況」を決めてきた。

その中で、室町時代におこった変化は何だったのか。

平安時代の貴族、寺社による荘園制の土地支配は、鎌倉から室町時代にかけ農村で「武士の台頭」が進むにつれ荘園側は弱体化し、それにともない武士が、荘園の「年貢徴収を代行」するようになる。荘園側にとっては「危ない兆し」である。

一方室町時代には、中国から輸入した銅銭が普及し、地方で武士などが集めた年貢を一括購入し、中央の荘園主へ「代銭納（お金で納入）」する商人が登場した。彼らは、年貢の中間マージンのほか、中央（京都の物価は高い）と地方の米価の価格差益、中央の工芸品や輸入品の地方への販売などで莫大な利益をあげた。豪商の登場である。

彼らはまた、地方の酒、紙、油などの特産品を買い上げたので、地方にも「貨幣の普及と資産家の登場」をもたらした。

現在に通じる流通機能の芽生え

室町時代の中央の都京都は、天皇家と貴族、足利幕府と有力守護職、その家臣団が居て、「一大消費地」を形成していた。

この中央の消費ニーズに対して、地方の農村も米以外に地方特有の農産品を栽培し、さらに酒、油、紙、蠟燭などの加工品や、陶器、漆器などの手工業品を作るようになり、それら産品の集積地（河川、港湾など交通至便の地）に都市が現れる。

こうして、京都という「消費の核」と「貨幣の普及」が起爆材になって、京都と地方の経済ネットワークができてきた。

そこでのプレイヤーとして、地方産品を生産する者、集め・一時保管する者、買い取り・販売する者、輸送する者、売買代金を決済する者、必要な資金を貸し付ける者などが登場し、現在でいう「製造、流通、販売、金融」の機能が芽生えてきた。

なお京都は、絹織物、奢侈工芸品、武器など高度な技術産品の生産地でもあった。

生産技術の進歩と生産力の向上

室町時代、経済と庶民の活力は「食、衣、建築（住）、水運（流通）」の分野に技術革新をもたらし、生産力は大幅に伸び、日本の社会・経済の構造は「質と量の両面」で大きく進化した。

①農業生産量の大きな伸長

「食の基本、農業」において、いままでの農地は「自然の水」が利用できる、河川の近くや扇状地、湧水地の周りだった。

しかしこの時代、「測量とトンネル・ダム工事」の技術が進んで上流の川や湖から広い平坦地に水が引けるようになり、農地面積（新田）が一挙にひろがった。その結果、農業生産量が大幅に増え、鎌倉時代の末に五百万人だった人口が、戦国時代の末には三倍の千五百万人までになるほどだった。人口の増加は「活力の源泉」である。

②木綿の普及

「庶民の衣」においても大きな変化があった。それまでは「庶民の衣は麻」で、その栽培、製糸、織布は主に「家庭の女性の仕事」だった。

ところが室町時代には全国に木綿が普及する。木綿の場合は、栽培、製糸、織布の「地域的な分業」で衣服が作られる。そのため、女性が「家族の衣」から解放され、「女性活躍の場」がひろがった。彼女たちの活躍が「室町時代の活力」の一因でもある。

③土木、建築技術の進歩

この時代、全国的に「都市と城郭の建設」が盛んになったため「土木・建築の技術」に大きな進歩があった。

土木においては「巨石の切り出し、運搬、石積み」の技術がひろまり、建築では「大のこぎりと台かんな」が登場して、製材の「挽きと削り」が能率よくできるようになった。それまでは、板の「挽きも削り」も斧で行っていた。

④造船技術の進歩と水上輸送力の向上

物資の輸送面では、五百石、千石積みの大型船を「木綿製の帆」で帆走する技術が普及する。

これにより「積載量と速度」が大幅に増え、海上輸送力が革新的といえるほど伸びた。また地方都市に物資を集める「河川の輸送」も、下りは船頭が船を操るが、上りは川岸を人が引く方法がひろまり、航行のため「水路」と綱を引く「堤防、河岸道」の整備が進んだ。

こうした「技術と生産性」の革新が、室町時代の経済、社会、文化の構造的な変革の背景にあった。これらの技術革新は全て「庶民の創意、工夫」によるものである。

室町ルネッサンス　日本的様式美が花ひらく

室町時代はまた、「日本的な様式美」を備えた、茶道、華道、能・狂言、連歌・俳諧、書院造り、石庭、懐石料理など、現在に通じる日本的文化が花ひらいた時代である。書院造りの住まいの形と畳での生活や一日三食の食生活も、室町時代に始まったと言われる。

この背景には、いままでの「貴族文化」を下敷きにして、庶民・豪商の「活力と財力」、武士の「質実、剛健」の気風、禅宗の「座禅、求道」の精神性など、新たに登場した文化の重層的な融合があった。

その特徴は、形の完成度を重んじる「様式美」と冗長を排する「引き算の文化」にある。引き算文化の代表は「枯山水の石庭」で、樹木、花、水を引き去って「岩と白砂」だけで宇宙観を表現した。また、水墨画における「空白」の絶妙な配置や俳句のたった十七文字での表現なども「引き算の文化」の流れに属する。

この室町時代に芽生えた「様式美と引き算の文化」は、江戸時代を経て現在まで受けつがれ、「日本文化の根幹」をなすに至った。

なお室町時代には、北山文化と東山文化という二つの文化の山があった。北山文化は、十四世紀終わりの足利義満の時代で、彼が建てた金閣寺が有名である。東山文化は十五世紀の終わりの足利義政の時代で、銀閣寺に代表される「風雅、侘びさびを基調」とする文化である。

義満、義政の二人とも、将軍の権威に胡坐はかいているが、国と民を治めることへの関心はうすく、自分の趣味の世界にお金を浪費した。それが、北山、東山という「世間と隔絶した文化」を生み、逆に「政治への無作為」が庶民の活力を生んだとも言える。

この時代でもうひとつ忘れてならないのは、中央の京から日本全国へ「京の文化」がひろまった事である。応仁の乱の戦乱で、京の公卿衆は日々の「住まいと食事」にも難儀し、地方の資産家を頼って地方に下った。そこで彼らは、『源氏物語』など文学や和歌、茶道・華道、連歌・俳諧などを伝えた。

日本全国に現在「小京都と言われる街」があるが、それは彼らがそこで「生きた証し」である。

二、庶民の力の高揚、躍動

室町時代は、村や町、業種組合における「自由・自治」、それをベースにした「土一揆」、倭寇と日明貿易など「海外への飛躍」、生産・販売の場での「女性の活躍」など、日本の歴史上、庶民の力が最も高揚し躍動した時代だった。

村、町の共同体、業種組合における自治の高まり

室町時代は、朝廷、幕府、守護大名などの支配層が権勢をほこっている一方、貨幣経済の進展で庶民の力が強まり、「村や町の共同体や業種組合」などで、庶民の「自由、自治」が史上最も高まった時期である。

①村落共同体の惣中

惣中（村の農家の共同体の呼び名）は、本来は治水や灌漑の工事、祭礼、他村との争い事などに対処するものだった。

ところがこの時代、領主や代官から年貢の徴収を請負うようになり、さらには検断権（裁判権）も獲得するようになる。現代用語で言えば「行政権、警察権、裁判権」の獲得という画期的なことである。

ただし自治の範囲は、「支配層と惣中の力関係」により異なっていた。支配層には守護職、御家人、国人など力の大小があり、惣中にも百姓だけか、地侍衆が参加しているかなどで力の違いがあった。この惣中の複数の連合が「一揆の中心」になる。

②町の共同体の両側町

町の共同体は、道をはさむ両側の店舗の「両側町が単位」で、屋地子という「間口の幅に掛ける税」の徴収や商売権の管理、祭礼などの年中行事を行っていた。京都の祇園祭りは室町前期に始まり、両側町が出す山鉾は現在まで受けつがれているものもある。

両側町の共同体が集まって上部組織を作り、自治都市になる場合もあった。堺や油商の根拠地の大山崎がそれである。

③業種組合の座

業種組合を「座」という。座には「手工業座」と「商業座」があり、大きな油、塩、材木座から細かい火鉢、銅細工、檜皮葺などあらゆる業種にわたっていた。非人・乞食の座もあった。

座の狙いは、製造、流通、販売での「独占権、独占利益の確保」にある。利権維持のため、座同士の縄張り争いや連携、また領主など上部権力との結託など、熾烈な抗争が展開された。

④現在にも通じる自治組織の運営

自治組織のメンバーは、原則として家持ち、店持ちなど「一定の資格要件」は必要だったが、「座役（会費）」を納めていれば「原則平等」である。ただ、日本人らしく「年齢や入座順」には一定の配慮をしたようである。

実際の運営は、選ばれた「執行部」が知恵を出し合って合議し、「一揆に参加するか」など重要な事案の場合は構成員全員を集めて話し合った。

また共同体は「座中法度」とか「なになに式目」などの規約を定めており、規約違反や座役の未納などの場合は共同体から除名される。

このように、室町時代の人たちも現在の我々と同じように会を運営している。「知恵と工夫」の水準は現在となんら変わらない。

土一揆と徳政令

①土一揆の実態

室町時代は、民衆が蜂起する土一揆が史上最も広範囲に数多く発生した時代である。

土一揆は、農村の惣中連合体が一斉に蜂起して土倉（質屋）に押し寄せ、「借金の証文と質ぐさ」を取り戻す行為である。

土一揆というと、暴徒の略奪、破壊、為政者の弾圧という「血なまぐさく凄惨」な光景が目に浮かぶが、通常はそうでなく「高度に組織的」に行われた。

もちろん「数の力の威嚇」が本質にあるが、蔵を開けて手当たりしだい略奪、破壊するようなことはしない。「話し合い」が基本で「どの期間（いつ）に、どういう金銭条件」で証文と質ぐさを返すかを合意し、その条件を双方が守った。

受け取りの混乱を避けるため「女をもって（女性が）白昼（昼間）に取る（取りに来させる）べし」とした場合もあった。

この借金破棄の対象は主に農民であるが、共同体の惣中や手工業者から貴族まで全ての層に及んでいた。「借金の怖さへの免疫」の無さが現れている。

国の基盤である惣中も財政的に苦しかったらしい。不作時の年貢の補完や求心力を維持する催し、上位権力への賄賂など「結構、物いり」だった。

②土一揆の最初の事例

「日本開白《かいびゃく》以来、土民蜂起これ初めなり」と記録されている、土一揆の最初の事例を紹介する。

一四二八年八月、近江の坂本と大津の馬借の蜂起をきっかけに、それが京都、大和に波及し、さらに伊賀、伊勢、河内、堺などまでひろがった。

大和の場合の合意の条件は、「動産の質」は元金の三分の一で返却すること、五年以上の証文は「無料で破棄」、年貢米の担保は全て破棄、と決めている。この条件を高札で明示した。

こうした取り決めが、幕府などの強制ではなく「民のレベル」で、それも最初の一揆で行われた。日本人の「民度の高さ」には驚かされる。

③徳政一揆

土一揆において、幕府がそれを引き取ってまたは一揆側から要求されて、公に「徳政の実施を宣言」する場合がある。これが「徳政一揆」と言われるものである。

しかし、なぜ「借金の値切り＝徳政（徳のある政治）」なのか。

それは、この時代の経済、社会の基盤がまだ「米＝農地＝農民」で、「米」は農民がいなくては生産できない。それで、幕府・領主は年貢の維持のため、土倉は「金貸しの商売」をつづけるため、農民は「また借りること」もあるので、農民（借り手）がなにがしかのお金を払って「証文と質ぐさ」を取り戻すというように、三者の「痛み分け」にしたのである。

市場経済が未熟な段階における「矛盾の修正、解消」の行為だった。

海外への飛躍、倭寇と日明、日朝貿易

室町時代はまた、史上（現代は除くが）最も活発に、民間、守護大名、政府（幕府）の各層が

「海外に飛躍した時代」でもある。

①倭寇の跳梁

南北朝時代から室町初期にかけて、朝鮮半島から中国海岸部を「はるか南方」まで荒らしまわる倭寇と呼ばれた、海賊のような集団がいた。

倭寇には、数百艙の大規模のものと、数艘で十人くらいの小規模のものの二つのタイプがあった。前者は松浦党に代表される海賊的な組織武士団で、中国、朝鮮の河をさかのぼり内陸まで荒らしまわっていた。後者は島に農地が少なく窮乏にあえぐ壱岐、対馬の住民たちである。

略奪物は、米などの「生活必需品」と「人」で、人は奴隷として薩摩、大隅、日向などに売買された。奴隷の略取と殺戮は主に松浦党などの武士団が行い、壱岐、対馬の住民は対岸の朝鮮で主に食料を奪っていた。

この時期に倭寇が跳梁した理由は、南北朝対立による中央の混乱、南朝側武士団の感情の鬱屈、元寇で中国、高麗に侵略された恨みなどがあった。が、根底には「室町時代の奔放な活力」があったと考えられる。

倭寇の活動は、室町時代の中ごろから九州、瀬戸内の守護大名が力をつけるにともない、次の「日明、日朝貿易」に組み込まれ減っていく。

②日明、日朝貿易

当時、明国と李氏朝鮮は共に「海禁（鎖国）政策」をとっていたが、わが国との間では「勘合貿易（勘合符を公布し制限して許可）」を開いていた。これは倭寇対策でもあった。

日明貿易は、主に「銅、硫黄などの原材料」を輸出して「加工品」を輸入する形だった。ただ、京都の刀剣や扇などの手工芸品は、明国も欲した貴重品で、刀剣の輸出は室町時代を通じて数十万本におよんでいた。

明国からの最も重要な輸入品は、室町時代の流通貨幣だった銅銭である。そのほかは絹織物、陶磁器、薬、書画などの高価な奢侈品が多い。

日朝貿易の輸入品は、主に「食料と綿布などの原材料」で、特に壱岐、対馬では穀類の輸入が死活問題だった。輸出は主に「手工芸品」であるが、捕虜・奴隷の送還も行っており、老若男女を問わず一人当たり綿布十匹と相当な高額で取引されていた。

明国と朝鮮は、「勘合貿易」を許す代わりに、西国の守護大名、領主たちに倭寇の取り締まりを求めた。そのため室町時代の中ごろからは、倭寇の住民たちも「勘合貿易の体制」に加わるようになり、倭寇は減少に転じる。

経済社会の変化がもたらした女性の活躍

わが国では、古代から平安・鎌倉時代まで「招婿（婿とり）婚」が主流で、女性の実家が「生活面、経済面」の両方で婿の面倒をみた。そのため女性は、「実家名＋名前」で呼ばれた。北条の政子、日野の富子などである。

しかし室町時代になり、新田開発が進んで「土地持ち百姓」が増えるにともない、女性の立場が変化する。妻や娘も、農業や副業の「重要な働き手」として「嫁入り」するように変わってきた。

本来の稲作のほかに、麦、蕎麦などの裏作、また魚介類の干物や素麺、機織り、製油、製紙など副業において、女性の手が求められ「女性の活躍の場」がひろがった。

『七十一番職人歌合』という、室町時代のさまざまな働く人の姿を描いた絵がある。七十一の職が描かれていて、そのうち二十の職が女性で、また「物売り」はほとんどが女性である。「客商売は女性」が上手というのは、昔も今も変わらない。

今も変わらぬという点でもう一つ、当時の「狂言や草紙」に描かれた女性の姿がある。

例えば、「ダメ旦那」と女房に尻を叩かれつづけた男が「何の因果でこんな女と」とぼやく話や、反対に、実父と旦那が田圃をめぐって喧嘩になった時、女房は旦那に加勢して実父に大怪我をさせたりしている。実の父と旦那では「旦那の方が大切」という側面が見える。

また「本妻と妾」の争いに疲れた男が「出家する決心」をすると、妻と妾の双方の家に「月十五日ずつ泊まる」こと（妻と妾がドライに対等というのが可笑しい）で折り合ったとか、祭礼のあとの酒もりで、女房たちが男たちとは別グループで酒を楽しむ（女子会）など、今も変わらぬ「たくましい女房姿」が描かれている。

三、室町の活力の陰り

貨幣経済の光と影

京都や地方都市の主要なプレイヤーは「莫大な富」を稼いだが、彼らだけでなく農産品、加工品、手工業品の生産者にも「成功への機会、ドリーム」があった。各産品の製造業者は、同業組合の「座」を作り、利益を独占して成功者となった者も多い。これが「光の側面」である。

その一方で、お金に浮かれて借金をする者が増え、土倉という「金貸し、質屋」が強大な富をなすに至る。借り手は、農民から守護職、貴族まで広範囲にわたった。

「影の側面」は、国の基盤である農民が「土地や今期の収穫」を担保に借金を増やしたことで、払えない場合は、農作を放棄し「流人や乞食」になるほかない。彼らができる仕事は「人が嫌がる仕事」、死人や汚物の処理、屠殺、皮革処理などしかない。

結果として、経済的、社会的に「大きな格差」が生じることになった。

天下統一、中央統治の仕組みの確立に伴う変貌

信長、秀吉から家康の時代へと「中央統治の体制」が出来あがるにつれて、室町時代の特徴だった点は次のように変わっていった。

惣中が室町時代に獲得した自治権（行政、警察、裁判）は戦国大名たちに奪われ、また信長、秀吉は「関所」を廃し、「楽市、楽座」で座も禁止する。さらに信長は一揆を弾圧し、特に一向宗（浄土真宗）の加賀、伊勢長島、摂津石山の一揆は徹底的に弾圧した。

秀吉は「検地」で惣中が持っていた「隠し田」を召しあげ、「刀狩り」で農民から武器を取り上げた。また家康は「鎖国令」で海外活動を禁止する。

こうして、室町時代に特徴的だった「庶民の活力」は次第に抑圧されていった。しかし、室町時代に芽生えた地方都市、港湾、流通、金融など「経済面の進化と日本固有の文化」は、江戸時

代に受けつがれ、さらに発展をとげる。

室町時代に芽生え、江戸時代に発展、蓄積した「社会、経済、文化の資産」は、その後のわが国の発展の基盤になり、現在まで受けつがれている。

追記　日野富子は本当に悪女だったのか

わが国の歴史上、上流階級の女性で「悪女」と言われたのは、将軍足利義政の正妻日野富子だけである。

その理由は、夫の義政をないがしろにして政治に口を出した、庶民の困窮をよそに金貸しで蓄財をした、借金棒引きをも求める徳政一揆を無視し債権者を守ったなどである。

しかしこれらは、将軍義政はミスが多くて政治能力が無いにもかかわらず「政治好き」で、常に富子が尻拭いをさせられており、また義政が御所やお寺、造園にお金を浪費するので、富子は「お金に厳しく」ならざるを得なかったのが実情で、富子は、いわば「しっかり女房」だったというのが歴史の真実である。

ところで、お隣の中国の歴史には、正真正銘「まぎれもない悪女」がいる。

漢の高祖劉邦の皇后呂后は、夫劉邦が亡くなると権力を握り、劉邦の寵愛をうけていた戚夫人の手足を切り、両目を抉り、便所へ放り込み、「人豚」と呼んで見世物にした。

唐の二代皇帝太宗の側室だった則天武后は、その才気で皇帝の寵愛を受け、太宗が亡くなったあと今度は、三代皇帝高宗に見初められ寵愛を受ける。彼女はライバルだった蕭淑妃《しゃしゅくき》の手足を切って「骨まで酔わせてやる」と酒壺に投げ込んだ。蕭淑妃は数日間泣き叫んだあと絶命する。憎い相手は「家畜並み」にしか扱わない狩猟民族のDNAである。彼女たちの価値観は、日野富子を悪女という日本人の価値観とは次元が違う酷さである。

守護大名や御家人は、土地争いなどのもめ事があった際、優柔不断な義政にではなく、「てきぱきと実際的」に決めてくれる富子に持ちこんだ。解決すれば当然、相応の礼金が渡される。

応仁の乱で難儀する天皇家の世話も、富子が一手に引き受けていた。乱で御所が焼失した際、富子は天皇を母の実家に迎え、同時に御所の修復も彼女のお金で行った。

また、応仁の乱で物に不自由していた天皇や皇子皇女、まわりの女房たちに、お金のほかに松茸や鮎など四季折々のセンスのいい品々を贈っている。京の飢えた民衆に粥を施していた僧たちに金銭面の支援もした。

富子は「春の日」と言われていたらしい。春の日は「暮れ（呉れ）そうで、なかなか暮れ（呉れ）ない」という意味である。お金の使い方（使う時と使わぬ時）のメリハリがきいた、政治感覚が鋭い女性だったようだ。

日野富子の最大の功績は、応仁の乱を終わらせた事である。一四七三年、細川勝元と山名宗全の東西の雄が相ついで亡くなったが乱は終わらなかった。一番の理由は、西軍に大軍を率いて参陣した大内政弘が「賊軍の汚名」を負ったままでは帰国できないためだった。

そこで富子は、大内氏の今までの所領、周防、長門、筑前、豊前に加え、大内氏が新たに切り取った土地も安堵（承認）して帰国させた。破格の厚遇である。

が、彼女は「乱を終わらせる」という実際面を重視した。そのため彼女は、帰国費用が不足している武家に帰国のお金の融通もしている。

「日野富子が悪女」というのは見当違いで、室町後期の動乱を夫の義政に替わってよくおさめ、応仁の乱を終わらせた「すぐれた政治家、女傑」とも言える女性である。

それになのに日野富子は、「悪妻、金の亡者」という、世間の常識的な価値基準で悪女とされてきた。現在の我々も人を評価する場合に気を付けなければいけない点である。

天下統一へ、不思議な人の「縁《えにし》と定《さだ》め」

室町時代が終わり戦国時代に入ると、室町時代に地方の交通の要衝として栄えた地域を拠点に、有力な「戦国大名」が登場してくる。

北から、伊達、上杉、朝倉、武田、北条、今川、斎藤、毛利、長曽我部、島津などである。そんな中、尾張の一小大名にすぎなかった織田家が、信長の代になってにわかに頭角をあらわし、やがて「天下統一」に向かって動き出す。

天下統一、すなわち日本全土をほぼカバーする「統治体制の構築」は、織田信長から豊臣秀吉、徳川家康への「絶妙なバトンタッチ」で、一五六〇年の「桶狭間の戦い」から一六一五年の「大坂夏の陣」まで、およそ六十〜七十年かけて成し遂げられた。

信長は、足利幕府や延暦寺など「既存の権威を破壊」し、新しい力による「天下統一への旗」を立て、次いで秀吉が奥州の伊達から薩摩の島津まで「ほぼ全国を臣従」させ、最後に家康が「全国統治の体制」を築いた。

それぞれ個性が異なる三人の英傑が「絶妙なバトンタッチ」で成し遂げた偉業である。その中には、戦いや駆け引きの「数々の名場面」があり、数多くの映画やドラマで取り上げられてきた。

ただ、彼ら三人の年齢差は意外と小さく、秀吉は信長より三歳ほど下に過ぎず、家康は信長より八歳若いだけである。だから彼らは同世代で、しかも「不思議な人間関係」で結ばれていた。

ここでは、天下統一への中で、彼ら三人の「不思議な縁《えにし》と定《さだ》め」と、加えて、信長の妹お市の方とその娘たちの天下統一への「奇しき関わり」を取り上げる。

一、天下統一へ、信長から秀吉、家康への絶妙なバトンタッチ

高い独創性と果断実行の織田信長

天下統一への道程は織田信長から始まった。信長は足利幕府や延暦寺、一向宗などの「既存の権威」を破壊し、駿府の今川氏、美濃の斎藤氏などを亡ぼして京へ上り、「天下布武の旗」を立てた。

天下布武の「武」の字は、「戈《ほこ》を止《と》める」の意であり、天下布武は「泰平の世を作る」という信長の決意表明である。彼はこれを「印章」にも彫って使った。

信長は尾張の織田家の嫡男として生まれた。が、織田は今川と斎藤に挟まれた弱小大名にすぎず、しかも尾張国内では各地に城を構えた一族間の争いが絶えなかった。しかし信長はこれを勝ち抜き、最後は実弟をだまし討ちにして尾張一国をまとめた。

ただ信長は、窮屈な武士生活より自由奔放な生活を好んだようで、そのため奇行や奇抜な言動が多く「尾張の大うつけ」と言われていた。

このような信長の生い立ちは、家臣たちへの「このうえなく厳しい目」と、考え方の「独創性、創造性」をやしなった。楽市楽座（経済活動の自由化）、鉄砲隊の三段構え連射（足軽、農民の戦力化）、延暦寺の焼き討ち（僧形でも悪は悪）などが独創性の好例である。

こうした信長の「感性と発想」には常人はついていけず、ついていけたのは、機敏な秀吉と、めったな事では動じない家康くらいだったのかもしれない。これが信長の不幸だった。

信長は、東海から近畿一円と摂津、播磨あたりまで平定した一五八二年、中国の毛利攻めのさなかに明智光秀の謀反にあい、京都本能寺で自刃して果てる。五十歳だった。

信長があと十年長生きしていたら「信長が全国を平定」していただろう。しかしその場合、毛利の中国、島津の九州、伊達の奥州などで「多くの血」が流れたはずである。「鳴かぬなら、殺してしまえ、ほととぎす」と言われた信長である。

知恵と工夫と軽いフットワークの豊臣秀吉

豊臣秀吉は「桶狭間の戦い（一五六〇年）」の五年ほど前、十代後半に織田信長に仕官した。信長は家督をついで「有能な人材」を探していたところで、この出会いが秀吉の運命を変えた。

秀吉は、尾張の貧農の生まれで七歳で父と死別し、そのあと家を出され、父母兄妹の愛情も薄く苦労して育った。そんな生い立ちから秀吉は、生き抜くための「知恵・工夫と軽いフットワーク」を学び身につけた。

草履とり時代、冬に信長の草履をふところで温めた話や、美濃攻めのおり墨俣に一夜で城を建てた話は有名である。秀吉は、織田家臣の中で次第に頭角をあらわし、信長に引きたてられ、また秀吉もそれに応え、信長に師事してのし上がっていった。

一五七三年、浅井・朝倉氏攻めのあとその戦功により、浅井氏の旧領を与えられ長浜城の城主になった。念願の城持ち大名への出世である。

この頃の秀吉にとって徳川家康は、いちばん気になる、しかも「怖れ」をも感じる存在だったのではないか。戦功では負けていないとの自負はあっても、出自、家柄や結束の固い譜代家臣団では劣るし、「人格的にも負けている」と思っていたかもしれない。

一五八二年秀吉は、備中高松の陣中で六月二日の「本能寺の変」を知る。明智光秀を討つべくすぐさま毛利方と講和し、京都に軍を返した。そして「本能寺の変」からわずか十日ほどの六月十三日、「山崎の戦い」で明智軍を破った。実に機敏で軽快な動きである。

六月二十七日、織田家の後つぎを決める「清州会議」において、織田家重臣の柴田勝家は信長の三男信孝を推したが、秀吉は信長の嫡男信忠の長男三法師（三歳）を推し、ついに押しきった。秀吉が明智討伐の最大の功労者であった事と、嫡男信忠が信長と共に本能寺で討ち死にし、三法師はその長子だった事が押しきれた理由である。

翌一五八三年四月、秀吉は雪解けを待って越前に出兵し、「反秀吉の中心」である柴田勝家を自害させ、勝家が推した織田信孝も自害に追いこんだ。これで秀吉は、家臣の中でトップの地位を確立し、三法師を奉じつつも、一五八五年には関白に任ぜられ、天下の第一人者となった。

そのあと一五八六年の九州の島津征伐、一五八九年の小田原の北条征伐、小田原に遅れて参陣した伊達政宗ら奥州勢への処分をもって、秀吉による天下統一が成し遂げられた。

この九州、関東、奥州の征討は、小競り合いはあったが「大軍同士の激突」はなく、大量の血を流さなかったところは秀吉らしい。織田信長との違いである。そこには、小田原攻めでの「石垣山一夜城」や伊達政宗との駆け引きなど秀吉らしい「知恵と工夫」が見られる。さすが「鳴かぬなら、鳴かせてみよう」の秀吉である。

秀吉は一五九八年病死する。死に際し、家康に「危惧と怖れ」をいだきつつも、「秀頼のこと頼みます」と懇願しなければならなかったところは哀しい。

露とおち　露と消えにし　わが身かな　難波のことも　夢のまた夢

秀吉の「時世の句」である。死に際しての秀吉の心情に共感できる。

深慮で我慢づよい強運の徳川家康

徳川家康は、三河の土豪松平広忠の嫡男として岡崎で生まれた。父は織田への対抗上今川氏に従っており、竹千代（家康の幼名）は六歳の時、今川に人質に出されることになった。

ところが護送中に拉致され織田に送られる。織田信秀（信長の父、当時の当主）は、竹千代の父広忠に織田に付くように告げるが、広忠は「一度交わした今川との約束は破れない。竹千代を殺したければ殺せ」と申し入れを拒否する。

もし竹千代がここで殺されていたら、徳川の江戸時代はなく、近世の歴史は「どんな展開」を辿ったのだろうか。この時、竹千代六歳、信長十四歳。のちの信長の家康への信頼を見ると、人質生活中に二人の間に「少し年が離れた兄弟」のような信頼関係ができたと考えられる。

二年後、織田と今川の「人質交換」で竹千代は今川の人質になり、そこで竹千代は今川の家臣の娘を娶って嫡男をもうけた。

一五六〇年の「桶狭間の戦い」では、家康は今川方の先鋒として出陣した。が、今川義元が討たれて今川軍は敗走、幸運にも今川軍が放棄した松平家の旧居城の岡崎城に入ることができた。

これを機に家康は独立を目指し、一五六二年には今川と断交して信長と同盟を結んだ。家康二十歳、信長二十八歳のころである。

このあと家康は、信長、秀吉に三十五年の長きにわたって仕え、二人に表だって反旗を立てることなく、大大名への階段を着実に登っていく。

秀吉は、小田原の北条氏を亡ぼしたあと、家康の長年の所領の三河を取り上げ、旧北条領への転封を命じた。秀吉としては、家康を遠くに、できれば「箱根の険」の向こうに押し込めておきたかったのだろう。家康はこれを受けた。この家康のがまん強さ、慎重さと深慮は、長い人質生活のなかで身につけたものである。

もし家康が転封を拒んでいたら、または「未開の荒地、江戸」でなく旧北条氏の小田原を根城に選んでいたら、その後の江戸の地と関東は「どういう発展の道」を辿ったのだろうか。大きな歴史の流れも「一人のリーダーの判断」で決まる。

秀吉の死後、天下の第一人者となった家康は、信長の初心「泰平の世を作る」に戻り、それを「徳川（自分）の手」でやると決心した。そのためには「反徳川の精神的支柱」である豊臣秀頼を除く必要がある。それを一六一四年から一五年の「大坂冬、夏の陣」で、少々強引ともいえる方法で実行した。この翌年、家康七十三歳で他界する。

家康、秀忠、家光の三代の間に、徳川は全国的な「統治の仕組み」を作りあげ、徳川二百五十年の泰平の礎を築いた。その間に、二百以上の大名を改易（お家取り潰し）し、四百近い大名を転封（領地替え）して、譜代大名で外様を抑え込む配置をととのえた。

それに加え、地方の「統治や交通の要衝」と「金・銀の鉱山」を天領（幕府直轄）とし、信頼できる譜代大名で押さえさせた。

ところで家康の「最大の強運」は、長寿であった事である。信長、秀吉と同時代を、彼らを先輩として「師事し時には反面教師」として、信長の死後三十四年、秀吉の死後十七年も生きた。

彼ら三人は、「戦いがない世」を作るというバトンを「絶妙な役割分担とタイミング」で繋いでくれた。あたかも日本史の「この時代の要請」を神の手が差配したかのように。

二、天下統一へ、お市の方とその娘たちの奇しきかかわり

誇り高く生きた戦国一の美女、お市の方

お市の方は、織田信長の十三歳下の妹である。子供の頃から信長のそばで育ち、兄が尾張の同族や駿府の今川氏、美濃の斎藤氏との抗争を勝ち抜いていく姿を、身近で見て大きくなった。

信長が三河、駿府、美濃を服従させたあと「西の方、京」を見た時、その途路に近江の名門浅井氏がいた。信長は、妹お市を浅井に嫁がせ、同盟を結ぶ決心をする。お市は一五六八年、浅井家嫡男の長政のもとに輿入れした。長政二十四歳、お市二十二歳の時である。

後年、淀君（お市の長女、お茶々）が、母お市の七回忌の時に描かせた肖像画が残っている。そこに描かれた彼女は、面ながで色白、目は切れ長、鼻筋は通り、「戦国一の美女」と言われるに相応しい「柔らかく気品が漂う姿」である。

お市にいちばん似ていたお茶々が、自分をモデルに描かせたというから実際に近いはずである。「戦国一」どころか日本史上一」の美女かもしれない。

お市の輿入れは「政略結婚」と言われるが、お市の立場からすると「織田家のために、いざ出陣」という気持ちだっただろう。当時の大名同士の婚姻は、ほぼ同格の大名間の同盟であるとともに、嫁ぎ先の動静を探る役割も担っていた。「両家に片足ずつ」おく立場で、そのために「有能なスタッフ」も連れて乗りこんでいる。

事実一五七〇年、信長が越前の朝倉氏を攻めた時、長政は長年友好関係にあった朝倉氏を助ける決心をしたが、この裏切りを察知したお市は、「袋に入れた小豆」の両側をきつく縛ったものを、「陣中見舞い」と称して浅井の使者に託して信長に届けさせた。

お市のこの機転が無かったら、信長はここで命を落としていたかもしれない。本能寺の変の十二年前である。この時期、秀吉は未だ「城持ち」になっておらず、もし信長が居なかったら、天下統一への道筋はどうなったであろうか。戦乱の世がさらに続いたに違いない。

「浅井の妻」としてのお市は、長政との間に「お茶々、お初、お江」の三女をもうけた。信長との同盟が切れたあとに「お初とお江」が生まれている。若い二人の夫婦仲は、互いの立場は別にして良かったようである。

とはいえ、長政の裏切りに対する「信長の怒り」はすさまじく、一五七三年、浅井、朝倉連合軍を近江の「姉川の戦い」で破り、さらに追撃して長政の小谷城を包囲した。ここまでと覚悟を決めた長政は、輿入れの時からのお市の家臣に託し、お市と娘たちを信長に返した。

「本能寺の変」のあと一五八二年六月二十七日、織田家の後つぎを決める「清州会議」が開かれ、秀吉が信長嫡流の孫「三法師」を立て、自身が「三法師（三歳）」の後見になることで勝利する。誰の目にも、秀吉が織田を乗っ取ろうとしていることは明らかだった。

秀吉に対抗するため、信長の三男信孝がお市に「柴田勝家との結婚」を持ちかける。勝家は織田家筆頭の勇猛な家臣である。お市も、長政を自害させた秀吉が天下を牛耳るのは許せなかった。この時、お市三十六歳、勝家六十二歳、歳は親子ほど違う。が、お市は勝家に賭けて結婚を決めた。九月十一日、お市は京都妙心寺で信長の「百か日法要」をお市名義で営み、直ちに娘たちを連れて越前「北ノ庄内城」に向かった。

冬の越前は雪が深く長い。その間に、秀吉は越前攻めの準備をととのえ、一五八三年、春が近づくと越前に向け出兵した。勝家も美濃の織田信孝、伊勢の滝川一益らと呼応して兵を出す。両軍は琵琶湖東北岸の「賤ヶ岳」で戦ったが、勝家は破れ北ノ庄城に退却、ほどなく秀吉軍は北ノ庄城を囲んだ。

勝家はお市に城を出るように告げる。「攻城戦」の場合、嫁いできた姫と娘たちは実家に帰すのがルールだった。心置きなく正々堂々と戦おうという「武士道精神」である。

しかしお市は「殿のお供をします」と退去を拒む。「憎っくき秀吉」の庇護を受けるのは、お市のプライドが許さなかった。それだけでなく「勝家さまをこのような窮地に追い込んだのは私の責任、私は賭けに敗れた、ここでけじめをつける」との思いがあっただろう。

当時十六歳になっていたお茶々も「秀吉はいやだ、私も残る」と言うが、お市は「そなたたちは生きよ」と、秀吉宛の手紙を書いて送り出した。「憎い、しかも好色」な秀吉に、まだ幼い娘たちを託して逝かざるをえないお市の心情が哀しい。だがお市は「私の娘たちだ、きっと強く生きてくれる」と信じていたかもしれない。実際、彼女たちは強く生きた。

お市は、勝家の腕のなかで刃の一突きで果て、勝家も「腹を十文字」に掻っ捌いて自刃した。周りのもの四十余名も後を追い、そのうえで天守も火薬で自爆し飛散した。壮絶な最期である。二人の夫婦生活は半年ほどだったが、お市の方に「女として生きた時間」もあったと思いたい。

お市の方は、織田信孝や滝川一益など「主要な反秀吉勢力」を連れて逝くことになった。その結果、秀吉の全国制圧が早まることになる。

お市の方と同じ定めを歩んだ長女、淀君（お茶々）

お茶々は五歳のとき小谷城の落城を、十六歳のとき北ノ庄城の落城を経験した。そのあと秀吉のもとに引きとられ、十四歳のお初と十二歳のお江を、母替わりになって世話をした。お茶々は「美貌と心の強さ」で、いちばん母のお市に似ていたと言われている。

一方の秀吉は、父親替わりと称してしばしば彼女たちのもとを訪れる。しかしお茶々にとって、秀吉は「父母と義理の父」を殺した「憎っくき仇」、そのうえ、秀吉が「自分を狙っている」ことはすぐに察したはずで、「父の長政よりも年上のくせに、しかも多くの側室を抱えていながら、まだ私を」と嫌悪したに違いない。

お茶々の気持ちなどおかまいなく秀吉は、彼女たちに「なに不自由ない贅沢」な暮らしをさせた。お茶々も年頃の娘、贅沢になれてくると「権力というものの心地良さ」になれてくる。

やがて秀吉は、お江に尾張の佐治一成への輿入れを、次いでお初には北近江の京極高次への輿入れを命じる。最後にお茶々だけが残った。そしてお茶々は二十歳の時、「秀吉の側室になる」と決心した。秀吉五十三歳である。

お茶々のことだから、きちんと気持ちの整理はつけたはずである。「私は天下人の妻、ファーストレディになる。それが私にはいちばん似つかわしい」と決めたか、それとも「憎っくきこの男の死にざまを、そばで見届けてやる」と考えたか、その両方だったか、お茶々が「どう気持ちの整理をつけたか」は、彼女しか知らない。

一五九三年お茶々二十五歳の時、秀頼を出産する。これを機に、お茶々の胸のうちには「秀頼と豊臣の将来」のことが重きをなしてくる。お茶々は秀吉に、京都の南の「桂川ぞいの淀」に秀頼の城を造らせ移り住んだ。この時からお茶々は「淀君」と呼ばれるようになる。

しかし一五九八年に秀吉が病死、一六〇〇年には「関ヶ原の戦い」で、石田三成ほか淀君の周りの家臣団（家康の言では「君側の奸」たち）が一掃されてしまう。この時から淀君は「秀頼のため、豊臣のため」、難攻不落の大坂城を根城に「戦う姫君」に変身した。

しかし家康は、自分の手で天下泰平を成し遂げる決意をし、「秀頼の排除」へと進む。

家康は一六一一年、新天皇即位の儀式に参列するため上京した際、二条城で秀頼と対面した。父秀吉と（母淀君を介して）信長の血にも繋がる秀頼は、十七歳の立派な青年に成長していた。それを見た家康は「秀頼排除の思い」をますます強くする。

ささいな事を理由に軍をおこし、一六一四年の「大坂冬の陣」と一六一五年の「大坂夏の陣」の二度の戦いで秀頼、淀君らを自害に追い込んだ。

家康から「大坂城を出て、大和郡山三十万石の大名として生きよ」との申し入れがあったが、今さら家康に臣従することは「彼女のプライド」が許さなかった。

淀君は、大坂城落城の業火の中で「反徳川勢力」を引き連れて消えて逝く結果になった。母お市の方が歩んだと同じ道である。このあと反徳川の反乱は起こっていない。

後世、「戦いのない世を作れるのは家康しかいない」という時代認識において、秀吉の正妻寧々の評価が高い。彼女の「意を体して」関ヶ原の戦いで、加藤清正、福島正則、小早川秀秋ら秀吉子飼いの有力武将が家康方についた。これが勝敗の帰趨を決め、豊臣の滅亡につながる。秀吉の「糟糠の妻、寧々」が、豊臣に引導を渡す結果になった。

一方の淀君は、彼女にとって「豊臣は父母の仇」であるにもかかわらず、最後は彼女が「豊臣に殉じる」ことになった。寧々と淀君の「定めが奇しくも逆転」した。

これは恐らく、寧々に子供がなかったことに原因がある。「歴史にもし」はないが、もし寧々が男の子を生んでその子が豊臣をついでいたら、その子と（寧々を母のように慕う）加藤や福島らの間に、家康が割って入る余地はなかったはずである。

その場合、徳川の二百五十年はあったのだろうか。江戸時代の「文化、技術、学問」などの蓄積があったからこそ、明治の近代国家としての自立があった。歴史とは、そこを生きた人たちの「偶然、愛憎と決意の積み重ね」の結果としてある。

フットワーク軽くドライな次女、お初

お初は一五八七年、十八歳の時に秀吉に命じられ北近江の守護、京極高次の正室になった。高次とお初はいとこ同士で幼なじみである。

京極家は名門だったが、高次は「見通し甘くいくさ下手」で、お初が内助に走り回ることになる。本能寺の変で高次は「信長時代は終わり」と明智方につき、見通しがくるって逃げまわり、最後は北ノ庄城の信長の妹お市のもとに「伯母うえ助けて」と逃げ込む始末。

この時は、お初が姉のお茶々に頼みこみ、秀吉にとりなしてもらい許しをえた。

その後、天下の形勢が家康に傾くと、徳川秀忠の妻で妹のお江を通して、家康に「高次のことをよしなに」と頼んでいる。まさに次女らしいチャッカリぶりである。

家康の方も「淀君の妹なら使い道があるかも」と居城の大津城に立ち寄り、お初にこっそり白銀三十貫を小遣いとして与えたりしている。

「大坂冬の陣」の和議交渉は、大坂方はお初、徳川方は家康の側室の阿茶の局の「女同士の間」で行われた。和議の条件の「大坂城への居住は構わない、ただ和平の印として外堀を埋める」ことをお初は、淀君に呑ませてしまう。これが「豊臣滅亡の決定的な原因」になった。

それにしても「天下分け目」にもあたる和議の交渉を（信任しているとはいえ）女性に任せるとは、日本以外では考えられないことである。

お初は、「大坂夏の陣」の落城前夜にも淀君を訪ね、家康からの「大和郡山三十万石への転封」の伝言を伝え、大坂城炎上のさなかを退去した。「良い度胸と軽いフットワーク」である。

織田と浅井の血を後世に残した強運の末娘、お江

一五九五年、お江は秀吉の命により徳川家康の嫡男秀忠に輿入れした。三度目の結婚である。一度目はお江が十四歳の時、しかし夫が秀吉の不興をかい連れ戻され、二度目は二十歳の時、しかし夫が陣中で病死し、また秀吉のもとに戻った。

そして三度目、お江は二十三歳、秀忠は十七歳で初婚である。お江には目立ったエピソードは少なく、「嫉妬深かった」くらいの話しか残っていない。秀吉の命じるままに、嫁ぎ、戻り、また嫁いでいる。末っ子ゆえの「おっとり」とした性分なのか、かつてNHK大河ドラマの『江』で、お江を演じた上野樹里の「天然っぽい言動」が、お江の姿に重なる。

秀忠にとって、お江は押し付けられた「姉さん女房」なので「お飾りの正室」にしておく事もありえた。でもお江は、「お市の方の娘」だからやはり美人だっただろう。そのうえ二度の結婚と出産を経てこの頃は「女盛りの入り口」にあり、さらに末っ子の「おっとりさ」が若い秀忠には姉さん女房の「あったかい包容力」と感じられたのかもしれない。

結果は約十年間に、二人は三男五女（男の子一人だけ早逝）の八人の子供をもうけた。夫婦仲が「良かった証し」である。しかも秀忠は側室を一人も持たなかった。ただ、乳母の侍女に産ませた男の子（後に会津藩主になる保科正之）が一人いたが、お江には生涯かくし通した。

お江の子の嫡男は三代将軍家光になり、長女の千姫は豊臣秀頼に嫁ぎ、次女、三女、四女はそれぞれ前田など「有力藩主の正室」に、五女の和子は「後水尾天皇の中宮」に入り明正天皇の生母になっている。

お江は、三度目の結婚でありながら「天下の将軍の正室」の座にすわり、その子供たちはそれ

それ「徳川家の礎」を確かにする役割を果たした。実に「運の強い姫」である。

さらにもう一つ、お江は「織田と浅井の血」を将軍家の徳川の中に残した。三代将軍家光にとって、織田信長は大伯父、浅井長政は祖父にあたる。今はなきご先祖へこの上ない孝養である。

最後に、大坂城の落城前夜、お江が姉の「淀君の助命」に動いた形跡はない。戦いのない世の実現にあと一歩、「姉上、ここは豊臣を抱いて逝って下さい」との思いだったか。


天下統一、「戦いのない世」の実現という大事業を、同世代の信長、秀吉、家康が「絶妙なバトンタッチ」で成し遂げた。それは見方を変えると、信長と秀吉は「その時代の役割」が終わった時、次へバトンタッチするため「時代が幕引き（死）を要請」したとも言える。

その一方、信長の妹のお市とその娘たちは、「自分の意思」に反する形ではあったが、結果として秀吉、家康の天下統一への歩みを「促進する役割」を果たした。

歴史とは、実に不可思議なものである。このような大事業も、時代に選ばれた「一握りの人たちの偶然の出会いと別れと決心」で紡がれていく。

徳川の礎を確かにした、保科正之と春日局

江戸時代は、平和な二百五十年の中で、日本の国力が「大きく飛躍し熟成」した時代だった。

まず、国の「活力の源泉」である人口は、関ヶ原当時に比べ、百数十年後の徳川吉宗の時代には、三倍近い三千万人を超えるほどに増え、しかも江戸は、当時世界最大の「百万都市」になっていた（実際は中国の北京が最大らしいがデータがない）。

一方地方では、全国各地の大名が「地域振興・特産品の開発」に取り組んだので、織物・染物、陶磁器、漆器、鉄製品・刀剣のほか、地域の特性を活かした塩、和紙、油、ろうそく、染料など、現在でも有名な数多くの名産品が生まれた。この産品を支えたのは「職人たちの高度な技術」と「名品が分かる眼力」をもったお客の存在である。

文芸・芸能の面では、歌舞伎、人形浄瑠璃、読本や滑稽本、浮世絵・絵画、和歌・俳句などが盛んになり、その「範囲の広さと層の厚さ」は、日本文化の「一つの頂点」だったと言える。

また教育面でも、武士の藩校と庶民の子供の寺子屋の普及で、識字率は八〇％前後（当時、英国の都会でも二〇％程度）と世界で断トツに高かった。それだけでなく、寺子屋の先生は武士の出身者が多かったので「武士の高い精神性と倫理観」が、広く国全体に浸透していった。

江戸時代のこの「技術・文化・民度の高さ」は、幕末に黒船など欧米の文物に接した時、「その便宜性と脅威、自国の強みと弱み」を直ちに認識したはずである。これが、明治近代化の「方

向性と覚悟」を決めた。ここが、他のアジア諸国といちばん異なる点である。

江戸時代のこの二百五十年の蓄積があってはじめて、明治の近代化があったし、戦後の復興さえもそうだと言える。

徳川家康も、まさか江戸時代が二百五十年も続こうとは、そのうえ日本の歴史において「これほど重要な役割」を果たそうとは、夢想だにしなかっただろう。その証拠に、家康の遺骸は、彼の遺命により久能山（駿府城の西隣）に、西方向を睨んで葬られている。

この徳川時代の礎を確かにしたのは、三代将軍家光の時代を、表で補佐した「家光の影、保科正之」と裏で支えた「女傑、春日局」だった。

一、民目線《たみ》の偉大な政治家、保科正之

保科正之は、三代家光と四代家綱の二代の将軍のナンバー2として幕政を執り、徳川幕府の「文治体制の礎」を築いた。同時に、会津藩の藩主として「治政と規範の両面」で善政をしいた。総理大臣兼県知事のようなものである。

保科正之は一六一一年、徳川家光の異母弟として生まれた。しかし、父秀忠の正妻お江の方への配慮から武田家の縁者に育てられ、七歳の時に信州高遠藩二万五千石の保科家の養子になる。そのあと家光の代になってから重用され、会津二十三万石の当主に引きあげられた。

将軍の補佐役としての幕政を仕切る

①家光の影、家綱の輔弼の役

保科正之は、その「高い知力、決断力と謙虚さ」ゆえに家光から絶大な信頼をおかれ、そのうえ家光の七歳違いの異母弟だったので、老中、大老など幕閣の上に位置し「将軍家光の影」として幕政を執った。

家光の子、四代家綱が元服の際には名誉な「烏帽子親」の役割も果たす。

家光は臨終に際し、徳川の御三家と対面したあと保科一人を召して、「自分亡き後の家綱」のことを託した。家綱はまだ十一歳だった。

「会津家の家譜」ではこれを「託孤の遺命」と言っている。保科はその遺命を守って家綱の治世を輔弼し、会津藩主でありながら二十三年間の長いあいだ会津に戻ることはなかった。

②玉川上水の開削

「武断政治」と言われる家光までの三代の間で、幕府は要衝の地には「譜代、親藩」を配し、「外様藩」は改易、減封や疎遠の地に配して「統治体制の安定」をはかった。西国の雄藩毛利家を、山口県日本海側の「狭隘な地、萩」に押し込めたのはその典型である。

政治、社会の安定につれて江戸の人口が急増し、四代家綱の代には二倍になる。それにともない深刻化したのが「飲み水の確保」だった。以前から玉川（多摩川）の水を引く検討がされていたが、これを実行したのが保科である。

多摩川上流の羽村で取水し、福生、立川、三鷹、渋谷、新宿を通って四谷に至る四十三キロの上水路が、一六五三年に完成した。飲料水の水質を維持するため、洗い物やごみの廃棄は厳禁、水路の両側約五メートルを立入禁止とし、要所に監視の番屋を置いて厳しく管理した。

玉川上水には、現在の東京都民もお世話になっている。

③明暦の大火と防災に強い街づくり

ところが、一六五七（明暦三）年一月十八日に明暦の大火が発生し、折からの強い北風にあおられて三日間燃えつづけた。開幕以来の町民の市街地のほか、大名や武家屋敷、神社仏閣、橋梁、さらに江戸城の本丸までもが焼失した。焼死者は十万余人である。

火がおさまったあと保科は、焼死者の埋葬、粥の炊き出し（一日千俵、七日間）、町方の者への見舞い金（十六万両、間口一間につき三両一分）の給付を、反対する幕僚には「このような時に金を使わずいつ使うのか」と叱りつけて実行した。

さらに保科は、物価、特に米の高騰を防ぐためその確保を急ぐとともに、参勤交代で江戸にいる諸大名に帰国を命じ、国元に居る大名には「来る必要なし」の命令を下す。

初期対応として、実に申し分ない「的確、迅速、果断」な処置である。

江戸の町の復興に当たっては、「延焼の防止と避難路の確保」を最優先にして進めた。

「延焼防止」のため、道の拡幅（十八と十四メートルに広げる）、空き地の確保（今も広小路の名で残る）を進め、そのスペースを捻出するため大名屋敷や寺社を郊外に移転させた。

「避難路の確保」には、分かり易い区画設定（従来は防御上分かり難く）、隅田川の橋の増加（従来は防御上、一つだけ）、橋の両端の空き地の確保にも配慮している。

この都市改造の結果、江戸は郊外へ発展の道が開け、一八〇〇年代には当時世界最大の百万都市へと発展する。

江戸城本丸の天守閣再建は、保科が「戦いのない時代、今さら、遠望の価値しかないものは要らない」と反対して取りやめたので、いまは皇居内に「本丸あとの台座」が残るだけである。

保科正之は、明暦の大火という「禍を転じ」て江戸を大発展させたばかりか、徳川幕府二百五十年の礎を確かなものとした。保科は「あくまで国民視点」で、慣習にとらわれず大局的な視点から強いリーダーシップで「成すべきこと」をなした。

会津藩主として藩政への取り組み

①江戸にあっての藩政

保科正之は、出府して引退一年前に帰藩するまで、「実に二十三年の長き」にわたり、江戸に在住して「将軍を輔弼」しながら「会津の藩政」を行った。

保科藩政の特徴は、「城代家老など家老たち」に丸なげするのではなく、各分野のキーマン、現場責任者を直轄し、彼らから案件を直接上申させて指示を出す、いわゆる「フラット組織」での管理だった。

特に、死刑を含む刑罰の申請には慎重で、深く鋭い人間洞察に基づいて「実態はこうではないか、再審査を」との指示をしばしば出した。家臣たちの「やる気と能力」を引き出す、理想的な上司である。

民政安定の根本の「食の確保」では、保科は領内の各地に「社倉（米蔵）」を設けて凶作や災害に備えた。広域の凶作が起こった時、他藩を救済するため食糧の貸し出しも行っている。国許に不在の藩政だったが、飢饉や一揆、お家騒動など大きな問題は起こしていない。

②保科正之が残した遺訓

五十歳を過ぎた頃から、保科は「吐血や視力障害」に悩まされる。心配する家臣の願いもあって一六六八年、藩政の根幹をなす事柄を「会津藩家訓十五箇条」にまとめた。これが二百年後の戊辰戦争まで会津藩士の「精神的な支柱」になる。

とりわけ第一条の「将軍家に忠義をつくすべき事、もしそうでない藩主がいたらそれは我が子孫でないから従うことはない」の言葉が、幕末に九代藩主松平容保を動かし「幕府に殉じる悲劇」をもたらした。

「年長者を敬え、嘘をつくな、卑怯な行いは慎め、弱い者いじめはするな、ならぬことはならぬものです」と教える「子供の什の掟」は、現在でも一部の小学校で唱和されている。毎朝これを唱和していたら「いい子」に育たないはずがない。

保科から三百五十年を経た現在でも、会津の鶴ヶ城、藩校の日新館、家老の西郷頼母邸、白虎隊自刃の飯盛山などを訪れると、保科が植え付けた会津精神に触れることができる。

また会津の街は、京都、金沢とならんで「歴史と文化の香り」がただよう素敵な街である。

保科正之は、国民視点、大局観、洞察力、実行力、リーダーシップなどの面で「偉大な政治家」だった。しかし「明治の逆賊」となった会津の始祖であったため、高い評価をされることなく現在に至っている。

二、徳川の礎を確かにしたもう一人、女傑春日局

①春日局、お福の生い立ち

春日局、正式名「福」は、徳川三代将軍家光の乳母である。徳川家康に取り立てられたこともあり、家光の養育と徳川家の安泰のため生涯を尽くした。松平信綱、柳生宗矩とともに家光を支えた「鼎（三つ）の脚」の一人に数えられている。

父は明智家の重臣で豪の武士、美濃の斎藤利三で、「本能寺の変」で織田信長を討ったが「山崎の戦い」で秀吉に敗れ処刑された。そのため彼女は、子供の頃は母とともに「世間の目」を避けてすごした。

年頃になり、母方の親戚のつてで小早川家の重臣、稲葉正成の後妻になる。関ヶ原の戦いで、主君の小早川秀秋に「徳川側につくこと、東軍への寝返り」を勧めたのは正成だと言われている。しかしほどなく、主君秀秋と衝突して浪人の身になった。

②いざ、大奥へ

そんなある日、お福は二代将軍秀忠に生まれる子の乳母が募集されている事を知る。当時の女性にとって、名家の乳母はあこがれの職業で、ましてや将軍家である。お福は男の子を産んだばかりでお乳は豊か、早速応募した。

家康が「斎藤利三の娘なら申し分ない」と言ったことで採用、家康は「本能寺で信長を殺した明智の重臣の娘、さらに関ヶ原で勝利を決定づけた小早川（寝返り）の重臣の妻」に、徳川に

とってラッキーな運を感じたのかもしれない。それが結果として当たった。

お福は一六〇四年、夫と離縁し、生まれたばかりの子を残し、夫の愛妾の命を「手土産がわりにいただくわ」と叩き斬って江戸に上がった。乱世の雰囲気をまだ留めていた時代の、豪の武士斎藤利三の娘らしい、実に「豪気で果断」な女性である。

③お江の方との確執

お福が大奥に入って間もなく、秀忠の嫡子竹千代が生まれ、お福は授乳のため、ただちに竹千代を（お江の方から）取り上げた。生母お江にとってお福は、伯父信長を本能寺で討った明智の重臣の娘、「仇の片われ」と二人の間に「女の火花」が散った。

お江が次男国千代を生んでから「二人の確執」は新たな段階に入る。

お江は国千代を手元において自ら養育する。秀忠はお江と共にいる時間が長いので、国千代も自然と秀忠になついた。その一方、竹千代はお福によって両親から隔離されていた。そのため、秀忠とお江の情は、自然と国千代に移っていった。

まわりの女房、家臣たちも「三代将軍は国千代さま」と態度が変わってきた。

危機感をもったお福は、隠密裡に駿府に出向いて家康に直訴した。「将軍家で後つぎを兄弟が争い長子相続が崩れたら、大名家でも同じことがおこり、また戦乱の世に戻る恐れがある。ここは、将軍家で長子相続を天下に知らしむべき」と。時勢は徳川に集約しつつあったとはいえ、大坂城にはまだ淀君と秀頼がいる。

家康の動きは素早く、江戸城にふらっと現れると、秀忠、お江、春日局、竹千代、国千代の居る前で「長幼の序を守ること、三代将軍は竹千代である、国千代は家臣として竹千代に尽くすこと」と言い渡した。

④徳川の礎を確かにする

お福の家康への直訴がなかったら、家光の治世は無かったはずである。姉さん女房のお江が、次男の国千代に継がせるつもりだった。

その場合、保科正之が幕政の表に登場することもなく、また会津藩の藩祖になってあの家訓を残すことも、したがって幕末の「会津の悲劇」もなかっただろう。歴史とは、実に不思議なめぐり合わせの結果である。

ただ、お福はお江の方に仕える身で、お江と秀忠を飛びこした家康への直訴は、「規律を乱す者」として処罰される恐れもあった。が、お福の徳川を思う正論が、家康を動かし道をひらいた。

一六二六年お江の方の死後、お福は「将軍の後つぎを作る場」として大奥をつくり、お万や、お楽、お夏などを次々と家光の側室として奥入りさせた。そして晩年は春日局として、将軍家光の権威を背景に老中をも上回る権力を握っていた。

一六四三年に春日局は死去、享年六十四歳。墓所は上野の近くの麟祥院《りんしょういん》にある。彼女の墓は、「四方に穴が貫通した石塔」という特異な形をしている。これは「死後も徳川家を見つめ守る」という意思を表しているとの事である。

柳沢吉保、田沼意次を再評価する

柳沢吉保、田沼意次というと、江戸時代を舞台とした映画やテレビで「いつも悪役」で登場する。悪徳商人に便宜をはかり、見返りに賄賂を受けとる役柄である。

この二人と対照的なのが、日本史の教科書にも出てくる新井白石、松平定信、水野忠邦らで、「寛政の改革、天保の改革」などを行ったことで評価が高い。

ところが江戸時代には、元禄期と文化文政期という、経済と文化が栄えた「二つの山」があった。この二つの時代に幕政を執ったのが、後世の評判が悪い柳沢吉保と田沼意次である。

次のような狂歌（社会風刺の短歌）がある。

白河の　清きに魚も　住みかねて　もとの濁りの　田沼恋しき

「白河」は「寛政の改革」を行った白河藩主の松平定信である。松平定信の「窮屈な勤倹政治」にうんざりし、その前の田沼意次の「少々濁った水」を懐かしむ庶民の声である。

「緊縮財政か積極財政か」と対立する構図は現在もあるが、柳沢、田沼の政策の基本は「積極財政」である。ここでは二人の政治を「経済・財政政策」の面から分析する。

二人の時代に入る前にまず、徳川家光まで三代の間の「幕府の経済・財政の状況」を見ておく。

徳川の「戦乱のない世」になり、江戸周辺でも地方の城下町においても、お城の建設・改修から街区の整備、治水、水田の開発、産業の振興などが急ピッチで進み、経済は大きな成長をとげた。わが国の人口は、関ヶ原から三代将軍家光の治世までの五十年間でほぼ二倍に増え、それを支える田圃の面積も二倍近くになっている。

財政面では、豊臣家から莫大な資産を引きついだうえ、全国で「金山、銀山」が発見され、幕府はそれらを「天領化」して独占したので、幕府の財政は豊かであった。

それらを元手に幕府は、江戸の都市開発、日光東照宮の建設、大行列での京都上洛や東照宮参拝など、「金に糸目」をつけない大散財を繰り返した。これは「政府支出の公共事業」に等しく、江戸初期の経済は大いに盛りあがった。

家光は、在位していた三十年ほどの間に約六百万両（ほぼ一兆円）を使った。西国の雄藩薩摩の年間歳入が十万両ほどの時代である。

それでも四代将軍家綱は、家光から六百万両を相続している。ところが一六五七年、明暦の大火が起こり「江戸は壊滅」、保科正之が復興を陣頭指揮し、米の放出、見舞金の配布、街の再開発・架橋などの復興にあたった。その結果、多額の出費のため幕府の財政は苦しくなっていた。

一、徳川綱吉、柳沢吉保による金融大緩和と元禄景気

五代将軍徳川綱吉の在位は、一六八〇年から一七〇九年の約三十年である。綱吉が家綱から相続した財産は百万両を切っていた。が、その十年後から「元禄景気」といわれる好況がはじまる。

それを進めたのが、お側用人の柳沢吉保（綱吉が館林藩主時代からの家臣）と勘定奉行の荻原

重秀である。施策の柱は「通貨（小判）の改鋳」だった。

当時の流通通貨は、金の含有量が八七％と品質が高い慶長小判だったが、慶長小判二枚を元禄小判三枚に改鋳し、その交換レートを一対一としたのである。これは貨幣の流通量を一気に「一五〇％」に増やすもので、同時に貨幣の増加分は「通貨発行益」として幕庫に入れた。その額は五百万両（一兆円近い）という大きな額だった。

この貨幣改鋳は「粗悪な貨幣のばらまき」として後世の評判は悪い。しかし「景気浮揚面」では次の二つの効果がある。

先ず「金融緩和」である。徳川開幕以来の「人口の二倍増」にともない「物とサービス」の経済規模は二倍以上になっていた。しかし良質の金山や銀山の発見ができず、「流通している貨幣の量」が経済規模に追いついてなかった。

その結果、貨幣価値が上がり物の価値が下がる「いわゆるデフレ構造」に陥っていた。ここで貨幣量を一挙に一・五倍にしたのである。第二次安倍政権時代に、日銀の黒田総裁がデフレ脱却のため行った「異次元の金融緩和」と同じである。

貨幣改鋳のもうひとつの効果は、幕府の臨時収入だった五百万両が、幕府の「物やサービス」の購入で市場に出まわったことで、とりわけ綱吉は「派手好き」だったので、日光東照宮への参拝など、財政支出の「大盤振る舞い」がつづいた。

ここに、「元禄の好景気」とともに「元禄文化」の花がひらく。

元禄文化は、京、大坂を中心に栄えた町人文化である。江戸は、将軍のお膝元ではあるが街ができてまだ日が浅く、また住民の「半数が武士」ということもあって未だ文化レベルは低かった。

元禄文化の代表は、「浮世草紙（小説）」では井原西鶴の『日本永代蔵』や『好色一代男』、「人形浄瑠璃」では近松門左衛門の『曽根崎心中』や『女殺し油地獄』など、「絵画」では尾形光琳や菱川師宣、また「俳句」を文学の域まで高めた松尾芭蕉もこの時代の人である。

ところが、元禄景気のピークの一七〇七年、「宝永（南海トラフ）大地震」と「富士山大噴火（宝永大地震と連動）」がおこり、その復旧のため幕府の財政は再び苦しくなる。

二、徳川家斉、田沼意次による自由経済と文化文政文化

一七〇九年の五代将軍綱吉の死後、六代将軍家宣、七代将軍家継の御用人として、新井白石が頭角をあらわし専権をふるうようになる。

彼にとっては「節約は善、贅沢は悪」で、奢侈の禁止、贅沢品の禁止、緊縮財政などにより「幕府の財政健全化」を進めた。さらに小判の金の含有量を慶長小判に戻す「貨幣逆改鋳」も行った。結果は、景気低迷、デフレへの逆戻りである。

八代将軍吉宗も新井白石に輪をかけた「倹約家」だった。大奥の侍女の中から美女五十人を選ばせ「そなたらに暇をとらす。器量好し揃いだから嫁ぎ先には困るまい」とリストラした話が美談として残っている。大奥の美人には「お金」がかかり、この侍女クラスで「年間五百万〜六百万円」かかったらしい。それを「美人のプライド」をくすぐって解雇した。

吉宗のあと九代将軍家重、十代将軍家治を補佐したのが田沼意次である。

田沼の政策は、「資本主義の原則」に則って「民の力」を活用し、「自由な経済活動」を奨励す

るものだった。商人に専売権を与えて運上金を徴収し、さらに商人に印旛沼や手賀沼の干拓権を認め、彼らの「民間の資本」を使って農地化を進めた。映画やドラマでは、ここで商人から「小判が入った菓子箱」を受けとる場面が出てくる。

田沼はまた、「貨幣の改鋳」や「海外（長崎）貿易の奨励」も行った。

しかし一七八六年、将軍家治の死去により田沼意次は失脚する。彼の執政は二十年ほどだった。十一代将軍には十五歳の家斉がなり、松平定信が老中首座として後見した。定信は「田沼政治をすべて否定」し、新井白石と同じ「緊縮路線」に戻った。「寛政の改革」と言われるものである。定信は六年で老中を退くが、あとを引きついだ松平信明がさらに「緊縮路線」を続け、信明の死まで三十年近くそれがつづく。

一八一七年、松平信明の死を受けて「田沼政策」をつぐ水野忠成が老中首座の座に就く。家斉は四十九歳になっていた。重しが取れた家斉は奔放な浪費に走る。水野忠成は、田沼の「自由な経済活動」を進めるとともに、数度の「貨幣改鋳」を行って「流通する貨幣量」も増やした。

ここに「文化文政」の経済と文化の最盛期が到来する。

文化文政の文化は、絢爛（色彩豊か）、諧謔（ユーモア、皮肉）、粋（男前）と少し遊蕩（不良っぽさ）に彩られた、江戸を中心とする町人文化だった。

「歌舞伎」では団十郎、菊五郎、三津五郎などの名優が活躍し、「絵画」では円山応挙や渡辺華山、そして「浮世絵」では、歌麿、北斎、写楽、広重などを輩出して最盛期を迎える。

また文学面では、「読本」の上田秋成、曲亭馬琴、「滑稽本」の十返舎一九、式亭三馬、「和歌・俳句」の一茶、蕪村、良寛など、学問面では、国学、儒学、蘭学、農学などと、「裾野の広さと層の厚さ」において日本文化の「ひとつの頂点」と言える時代が訪れた。

一方で、幕府の財政は次第に苦しさを増してくる。これには二つの「構造的原因」があった。

一つは、全国の歳入三千万石のうち幕府の天領は四百万石にすぎず、統治は全国に目配りが必要だが、税収は十分の一程度しかないというアンバランスがあった。

もう一つは、「米本位制（収入は米、それを売ったお金で生活）」だったため、（米以外の）物価の上昇や奢侈化で出費が増え、収支のアンバランスが常態化していた事である。

一八四一年、家斉が死去すると水野忠邦が老中首座になり、再々度「緊縮・統制経済」に逆戻りした。「天保の改革」である。奢侈の禁止、物価統制（値上げ禁止）、賃金統制（賃上げの禁止）、貨幣逆改鋳など、「かなり無理筋の政策」を乱発した。その結果、経済と流通は大混乱をきたし、幕府は衰亡への道を早めることになる。

こうして江戸時代の経済政策は、「積極財政と緊縮財政」の間で、数十年単位で「振り子」のように揺れうごいた。これは、幕府の財政を立て直すべく悪戦苦闘した結果である。

後世の評価は、積極財政の治世は悪く緊縮財政の治世は良い。それなのに「二つの積極経済」の治世が、江戸時代の前期と後期に「経済と文化の隆盛」の二つのピークを生んだのは歴史の事実である。逆に「緊縮財政」の治世は全て「景気が低迷」していた。

この矛盾は「歴史の裁きの基準」として経済政策の視点ではなく、倹約は善、贅沢は悪という「道徳的規範」が強く働いた結果である。そういう意味で、現在の我々がする「歴史の判断」も、「判断基準の適正さ（偏向してないか）」を重々注意しないといけない。

明治新国家へ、時代を回した男たち

わが国は明治維新を機に、封建制の「武家社会」から四民平等の「近代国家」へと大きく舵を切った。欧米列強の植民地化の波が迫るなか、先人たちは「国の自立」を守りつつこの大変革を成し遂げた。

一八六七年十月十四日、徳川慶喜の「大政奉還」、同十二月九日、即位間もない明治天皇の「王政復古の大号令」、翌一八六八年三月十四日、西郷隆盛と勝海舟の会談による「江戸城無血開城」、一八七一年七月十四日、新国家への最後の仕上げ「廃藩置県」と、革命と言えるほどの統治体制の変革が、この間「一滴の血」も流さぬ合議で進められた。これは世界の歴史でも類がない事である。

この変革に多くの「憂国の志士」が輩出・奔走したが、「志半ば」で倒れた者も多い。それは、数多くの映画やテレビでとり上げられてきた。

ここでは、幕末から明治の新国家へ「時代を強力に回した」という視点で重要な役割を果たした三人、吉田松陰、坂本龍馬、西郷隆盛をとり上げる。彼らの一人でも欠けていたら、新国家への回天が「十年は遅れていた」だろうという観点である。彼ら三人も非業の死をとげた。

一、吉田松陰、時代を回した多くの人材を養成

広い見聞に裏打ちされた深い思考

吉田松陰というと「カリスマ的で尖鋭な尊王攘夷論者」で、それが多くの若者たちを過激な行動に駆りたてたという印象が強い。しかし、彼の「生い立ち、足跡」を辿ると決してそうではなく、「西洋の脅威」に対して「わが国の存立」を深く考えている。

松陰の中心をなす思想は、「天皇を中心（尊王）」とする列強からの「自存・自立（攘夷）」であって、それは決して「偏狭な尊王攘夷」ではなく、広い見聞に基づく深い思考によっている。

松陰は、一八三〇年に長州萩で生まれ、山鹿流の兵学家の跡取りとして育ち、十一歳の時には藩主の前で兵学を講義するほどになっていた。

二十一歳（一八五〇年）の時、初めて萩を出て九州遊学の旅に出る。長崎では、オランダ商船に乗って西洋の技術の高さに驚き、アヘン戦争の書物に接して強い危機感をいだく。アヘン戦争は、上海から北京近くまで、わが国でいえば九州から北海道までの主要都市が英国艦隊に砲撃され、撃ち負かされた戦いだった。これは藩のレベルで対処できる規模ではない。

九州遊学のあと二年間、松陰は全国を遊歴し、東北から青森へは肥後の宮部鼎蔵（池田屋で斬死）と一緒に回った。二人はこの間、日本の国防について議論したに違いない。

さらに参勤交代で江戸に滞在中、生涯の師となる兵学者の佐久間象山（開国と海防を重視、後に暗殺）と出会う。

また江戸遊学中の一八五三年、ペリー提督が率いる米国艦隊が来航、浦賀に見にいって大きな

衝撃をうけた。その翌年のペリー再来の時、米国艦に乗りつけて密航を企てたが失敗、その罪で萩の野山獄につながれる。

こうした激しい行動に松陰を駆り立てたのは、兵学者として列強に対して「国をどう守るか」という問題意識と、「自分の眼で実態を見聞する」という姿勢だった。

野山獄の中で、松陰は囚人相手に「孟子講義」を行ったが、松陰だけでなく囚人各々が先生になって、商売や俳句など自分が得意なことを輪講している。松陰が野山獄を出所する前夜、「送別の句会」が催された。そこで囚人の一人、高須久子が「鴫立って　あと淋しさの　夜明けかな」と詠んだ。獄中でも松陰は「慕われ尊敬される先生」だったようだ。

討幕から新国家建設に奔走した教え子たち

一八五六年、吉田松陰は野山獄から自宅謹慎にうつされ、自宅で松下村塾をひらいた。はじめは近隣の者たちが塾生だったがその評判が知れわたり、やがて長州藩全体から才能ある若者たちが集うようになる。

松陰は塾生に、まず「学問をする目的は、志はなにか」と問うて問題意識を目覚めさせる。そして「学者になるな、行動せよ」と説き、また「講義ではなく議論」を重んじた。塾生の一人が描いた勉強中のイラストが残っているが、「机をコの字形」に並べて議論している。

議論の中身は「国をどう守るか」とか「大義のために死ねるか」など真剣なものだった。大義のためでも「死んだらおしまい」との主張に対し、松陰は「死んでも、大義が（後輩たちに）受けつがれれば良い」と答えている。のちに彼はそれを実践した。

熱くインパクトが強い「まさに熱血教師」である。

過激な思想と行動のため長州藩は一八六四年、七卿落ちの政変とそれに続く禁門の変、四国艦隊の下関砲撃、さらに第一次長州征伐、一八六六年には第二次長州征伐と、会津、薩摩、幕府、外国軍に叩かれつづけた。それでも屈することなく立ちあがる。その「強さの原動力」が松陰の塾生たちだった。

吉田松陰は一八五九年、「安政の大獄」で江戸に召し出され、反幕的な言動のかどで十月二十七日に処刑された。三十歳の若さだった。

松陰は、伝馬町の牢獄につながれていた間に、彼の魂の書といえる「留魂録」を書きのこし、後輩たちに多くの影響を与えた。その冒頭に次の「辞世の句」がある。

身はたとひ　武蔵の野辺に　朽ちぬとも　留めおかまし　大和魂

「私の体は、たとえ武蔵の野辺で朽ち果ててしまおうとも、私の魂はこの世で生き続ける」の意。「留魂録」、まさに魂を留め残した書である。多くの人材がそれを受けとり、松陰のあとに続いた。

松陰の死を知った高杉晋作は、上役へ「弟子としてこの仇を必ず討つ」と書き送っている。

松陰死の百日目、親戚、門人が集まり法要を行った。この時、幕府によって大罪人とされた松陰の墓石に、十七名の塾生たちが「弟子である」と昂然と名前を刻んでいる。「討幕への決意」を固めた瞬間である。塾生たちを「鼓舞した松陰の死」であった。

松陰の直接の塾生四十人ほどのうち、幕末の動乱を生きぬき、明治の新国家建設のために働いた者は半数ほどにすぎない。七卿落ちと禁門の変の当時、リーダーだった久坂玄瑞は禁門の変で自害し、第二次長州征伐で十倍以上の幕府軍に勝利した高杉晋作は直後に病死、そのほかにも吉田稔麿は池田屋で斬死、前原一誠は萩の乱で斬首になった。

生き残った伊藤博文は一八八五年、国会の開設に向け初代の総理大臣になり、一八八九年の明治憲法制定では中心的な役割をはたす。

また井上馨は「不平等条約の改正」に献身し、山縣有朋は日本陸軍の建設を主導、一八八九年には総理大臣になり、伊藤なきあと元老として「軍と政界」に重きをなした。そのほかにも、伊藤博文、井上馨とともに英国に密航留学し、工業、鉄道、造幣の礎を築いた「長州ファイヴ」といわれる面々もいる。

幕末から明治近代化へと日本という国が歩んだ道、その重要な場面に、吉田松陰門下生の足跡が残っている。途中で倒れた者の足跡もふくめ。

山口県は、初代、二代総理の伊藤、山縣から始まり、戦後の岸信介、佐藤栄作、最近の安倍晋三まで、九人の総理大臣を出した。「国を思う」という点でその源流に吉田松陰がいる。

二、坂本龍馬、天性の先見性で新国家への道筋を周旋

柔軟な思考と愛すべき人柄

坂本龍馬は十歳の時に母親を亡くし、そのあと乙女姉さんに「学問と武芸」を仕込まれて育った。龍馬の手紙は百四十通ほど残っているが一番多いのが乙女姉宛である。

乙女姉への手紙には、海軍奉行の勝海舟の門人になり可愛がられていることを「えへんえへ

ん」と自慢したり、新妻お龍と薩摩に新婚旅行した際、霧島山に登って「天の坂鉾」を抜いてみたとイラスト付きで送ったり、このたび「日本を一度洗濯してみたいと思っている」など、ユーモアにあふれたものが多い。

そうした人柄を映して、龍馬の人物交流は広く多彩である。

幕閣の勝海舟、山岡鉄舟をはじめ、薩摩の西郷隆盛、小松帯刀、長州の久坂玄瑞、高杉晋作、桂小五郎（木戸孝允）、土佐の武市半平太、中岡慎太郎などと広く、さらに幕末四賢候のひとり越前の松平春嶽に可愛がられ、また土佐の山内容堂には執政の後藤象二郎をとおして重要な献策をたびたび行っている。

ところで龍馬は、勝海舟を生涯の師とあおぎ師事した。ある日、千葉道場の千葉重太郎が龍馬を誘って勝海舟を斬りに行った時、勝の「世界情勢と海軍の重要性」についての見識に感服し、その場で弟子入りしたという。思考回路が柔らかい。

自分の価値観はあっても、それに固執せず、より重要な視点や価値観（勝海舟との場合は国の自存・自衛）に触れると、すぐに目ざめて行動にうつす。

このあと龍馬は、勝の下で神戸海軍操練所の設立に奔走し、一八六三年に塾頭になった。

またその頃、幕府要人へ天誅を繰り返していた「人斬り以蔵」こと土佐の岡田以蔵に、勝のことを「この人は日本のために大切なお人」なのだと説いて、勝の用心棒をさせている。「毒をもって毒を制する」だが、龍馬の人間的な魅力が岡田以蔵を納得させた。

神戸の海軍操練所が閉鎖されたあと、龍馬たち勝の塾生は薩摩藩に庇護される。このころ龍馬は西郷隆盛と出会い、龍馬は薩摩藩の出資で長崎に商事会社の亀山社中を設立した。

新国家建設への道筋をデザイン、周旋

「新国家へ時代を回す」、その強力な推進力となったのが「薩長同盟」である。

ところが、当時の長州藩にとって薩摩は「怨み骨髄」の藩だった。一八六四年の七卿落ちの政変と禁門の変で、長州は薩摩、会津に二度も叩かれて京を追われ、そのうえ「朝敵の汚名」まで着せられた。長州藩士は、京都では常に新撰組などに命を狙われていたが、薩摩藩士は「一応、幕府側、朝廷側」で身の危険はない。

しかし龍馬から見ると、当時「薩長は二大雄藩」であり、新国家への道筋をデザインするうえで「薩長の協力・同盟」は欠かせなかった。そこで龍馬は、武器調達の道を閉ざされていた長州藩に、薩摩藩の名義で「最新の銃器」を購入してやり、一方で「兵糧米の調達」に苦労していた薩摩藩には長州藩から米を都合させ、先ず「相互扶助」の関係をきずいた。

龍馬自身の言葉「人の生き方は議論では変えられないが、利があれば動く」を実践したものである。こうして一八六六年一月二十三日、薩摩藩の西郷隆盛と長州藩の桂小五郎の間で同盟の盟約がなり、坂本龍馬がその盟約書に「朱で裏書き」をした。この盟約書は現存している。

薩長同盟の成立によって「歴史の流れは討幕へ」と大きく動き出す。

これを察した徳川慶喜は一八六七年十月十三日、京都二条城に諸藩の重臣を集め「大政奉還」の意思を告げ、翌々日十五日、明治天皇により勅許された。

ここに「無血の政権移行」が成った。この大政奉還も龍馬が、後藤象二郎を通し藩主の山内容堂に建白し、容堂が慶喜を動かしたものだった。

この大政奉還に先立ち龍馬は、長崎から兵庫に向かう船中で「船中八策」をつくって山内容堂

に建白した。その要点は「政権を朝廷に奉還、上下の議会開設、有意の人材を登用、不平等条約の改定、憲法の制定、陸・海軍の増強、通貨政策」の八策である。

「国体の骨格」を述べた堂々たる建白書である。龍馬の政治的センスの良さは天性のものだろう。この内容は、一八六八年に明治天皇が公卿や諸侯に示した政府の基本方針「五箇条の御誓文」に受けつがれる。

大政奉還から三週間後の十一月五日、龍馬は中岡慎太郎と共に京都近江屋で暗殺された。三十三歳だった。龍馬は慎太郎に新政府の名簿を見せたらしいが、そこに龍馬の名前はなく「世界の海援隊（商事会社）でもやるか」と言ったと伝えられている。国体の変革という点での龍馬の役割は「もう終わった」という事だったのかもしれない。

最近、龍馬が暗殺される五日前に、福井藩の重臣に宛てた手紙が見つかった。その手紙は「新国家の財政のため、三岡八郎という福井藩士を新政府へ出仕させてくれ」と懇請する内容だった。手紙で龍馬が使った「新国家」という言葉と、彼が「この時期にこんな所まで、国のことを考えていたのか」と話題になった。

彼の目は、新国家のデザインという点で「常に一歩先」を見ていた。

一介の脱藩下級武士の身で、よくここまでの「結果を残せた」ものである。龍馬のセンスの良い先見性と愛すべき人柄によるのだろう。

三、西郷隆盛、常に死覚悟の剛腕で時代を回天

常に死の覚悟が垣間見える言動

西郷さんというと「懐が大きい大人物」という茫洋としたイメージが、上野の西郷さんの銅像と重なって浮かぶ。ところが西郷隆盛の言動には、常に「死の覚悟」が垣間見える。それが周りの人たちを動かし、時代を回天する剛腕になったのだと思う。

西郷隆盛は、幕末随一の名君と言われた島津斉彬に抜擢され、西郷も斉彬を敬愛し、常に斉彬に随いながら幕末の世の中に登場した。

島津斉彬は、激動の時代を生きぬくため「藩の近代化」を強力に進めた。「製鉄溶鉱炉の建設、大砲の製造、蒸気船の建造、ガラスの製造、紡績所の建設、農産物の品種改良」など、斉彬がおこした事業は驚くほど多岐にわたる。

ところが一八五八年、島津斉彬は急逝する。師であり大恩人である斉彬を失った西郷のショックは大きく、斉彬の墓前で殉死を決意する。しかし知己の勤王派の僧月照に、「殉死なんかして斉彬公が褒めてくれると思うか、なぜわしの志を継ごうとしなかったのかと烈火の如く怒られるに違いない」と諭され思いとどまった。

当時は、井伊大老の「安政の大獄」の嵐が吹き荒れていた時代だった。

僧月照の身にも幕府からの追っ手がせまり、西郷は月照を薩摩にかくまうことにする。ところが、斉彬の死のあと薩摩藩の方針は一変していて、西郷に「月照の藩外追放（死）」を命じる。進退きわまった西郷は月照と共に「入水自殺」をはかった。が不覚にも、月照は絶命したが西郷

は蘇生した。西郷の苦悩は察するに余りある。

このあと、西郷は三年間を奄美大島ですごす。幕府に対する藩の「西郷隠し」で流罪ではない。西郷はこの奄美で「心の傷」をいやした。島の名家の娘愛加那を妻にむかえ息子も授かった。しかし帰藩後、島津久光に直言したため再び怒りをかい、今度は沖永良部島に「流罪」とされた。

剛腕、武断で時代を回す

一八六四年、西郷隆盛は許され一年八カ月ぶりに鹿児島に戻ってきた。時代が西郷の復帰を求めていた。ただちに京都に呼びだされ、久光から「軍務役兼諸藩対応係」を命じられる。帰任早々この年に、西郷は「禁門の変」の指揮をとった。さらに第一次長州征伐では「征討軍参謀」として長州に向かう。が、西郷は「長州との内戦」は避ける考えだった。

彼は長州藩に対し、「禁門の変の首謀者を処罰し七卿（この時点では五卿）を解放すれば、征長軍は撤収する」と申し入れた。長州藩は、前者は受け入れたが後者には強く反発する。長州藩が匿っている五卿は「長州の勤王の証し」であり、気鋭の長州藩士たちを激昂させた。

この事態に際し西郷は、単身、長州藩に乗りこむ。「今は停戦こそが、薩長双方、そして日本にとっても重要」と直談判する。「禁門の変」で薩摩と会津に敗北した長州藩にとって、「薩摩、特に西郷憎し」の思いは深かった。

しかしながら、西郷の「死を賭した説得」に接して長州藩は受け入れ、第一次長州征伐は「三家老の切腹と四参謀の斬罪」で終わった。

これを不満とした徳川慶喜は一八六六年、第二次長州征伐をおこす。しかしすでに薩長同盟が成っていたので薩摩が動かず、幕府軍は大敗北をきっし、歴史は一挙に討幕へと向かう。

これを察した徳川慶喜は一八六七年十月十三日、朝廷に「大政を奉還」した。しかしながら徳川家は、依然として「圧倒的に巨大な大名」なので、西郷隆盛、木戸孝允、岩倉具視らは、新国家建設のためには「徳川潰し（はずし）」は避けられないと考えるようになっていた。

一八六七年十二月九日、御所で「王政復古」と徳川の「辞官と領地の返納」を決める会議が開かれた。しかし、土佐の山内容堂、越前の松平春嶽らが反対し会議は難航する。兵を率いて御所を警備していた西郷は、交渉をしていた岩倉から意見を求められ、「そいは短刀一本で用は足りもうす」とこたえ、岩倉に覚悟を求めた。結果として慶喜の「辞官と納地の返納」が決まった。

それでも西郷たち（特に西郷）は「あくまで討幕は欠かせない」との考えから（ある意味強引に）兵をおこし、一八六八年「鳥羽伏見の戦い」で幕府軍を敗退させ、そのあと三月十三日、西郷隆盛・勝海舟の会談で「江戸城の無血開城」が決まった。

一八七一年、西郷たち首脳メンバーは明治維新の総仕上げとして「廃藩置県」を計画する。

しかしこれは、諸大名から「地位、特権、経済基盤」を奪うもので、再度内乱の恐れがあった。「実行するか否か」が岩倉、大久保と木戸らの間で紛糾した。この時西郷が「もし暴動が起これば、おいが鎮圧しもす。貴殿らはご懸念なくやって下されし」と背中を押す。この西郷の決断をうながす一言で廃藩置県は実現し、新政府の基盤が確かになった。

ところが西郷は一八七三（明治六）年、岩倉、大久保らと意見が合わず、下野して薩摩に戻った。西郷を慕う陸軍少将桐野利明ら旧薩摩藩の士官たちも続々と帰郷する。

このころ旧士族の間には不満が、「廃藩置県」で身分を奪われたことに加え、新政府への薩長出身者の優遇や彼らの腐敗に不満が高まり、一八七四年に佐賀の乱、一八七六年には熊本神風連の乱、山口萩の乱と、立て続けに「反政府の反乱」が起こっていた。

新政府は、当然ながら西郷を最も警戒し、鹿児島の陸軍の武器庫から「武器弾薬」を密かに大阪に移そうとした。ところが薩摩藩士にそれを気づかれ武力衝突になった。これが「西南戦争」のきっかけである。

西郷に決起を促す周りの者に対し西郷は「これもまた天命、おいの身柄（命）をおまんらに預けもす」と決意する。一八七七年、「今般政府に尋問の筋これあり」と挙兵の大義をかかげた。しかし約半年後、西郷は鹿児島の城山で自刃して果てた。最強の薩摩士族と他県から参陣していた士族たちも引き連れて、「自ら滅びの道」を選んだ。時代が「西郷の死」を要請し、西郷もそれを承知して逝った。日本人の心にひびく「亡びの美学」である。

このあと士族の反乱はなく、西郷たちの次の世代の伊藤博文、井上馨、山縣有朋、大山巌、東郷平八郎らが近代日本の建設を進めていく。西郷隆盛は、幕末から続いた動乱を「自らの死で幕引き」するとともに、近代国家建設への「道の地ならし」もしたことになる。

吉田松陰、坂本龍馬、西郷隆盛たち、彼ら三十歳前後の若者たちが、このような「時代を回す大国家事業」をよくも成し遂げたものである。欧米列強が「隙あらば」と目を光らせている中で、国の近代化を急ぐという「時代の要請」に若者たちがこたえた。また「時代の要請」であるがゆえに「旧支配層も容認」したのだろう。

もう一つ、「大義のために我が身を捨てる」という武士の精神性の高さが、間違いなくこの背景にある。将軍徳川慶喜の「大政奉還」、藩主たちの「領土・領民の返還（廃藩置県）」、武士階級の「士族身分廃止の受容」、いずれも「わが身を捨てる決断」である。

幕末から明治への時代の回天、それに続く近代国家の建設、そこには一貫して「武士道の高い倫理感・道徳感」がある。当時の日本人に接した欧米の人たちも、日本の「武士道に強い関心」をもった。新渡戸稲造がそれにこたえて一九〇〇年、『武士道』という英文の書を出版しベストセラーになっている。

ところで幕末から明治にかけて、中国や東南アジア諸国を「貪欲に蚕食した欧米列強」が、日本に対しては（内心は別にして）そのような気配を見せなかったのはなぜだろうか。それどころか、列強の中でも最強の大英帝国は、下関戦争と薩英戦争のあと、薩長を支援するようになる。

イギリス人は、日本はアジアの他の国とは違う「手ごわい国」と感じ、「それは何故か」を研究し、結論として植民地支配ではなく「通商相手国」としてつきあう道を選んだ。

その理由は、彼らが日本で見・聞きしたものから、この国の「技術、文化度、民度の高さ」を知り、さらに支配層である武士の「精神力、倫理感、天皇への忠誠心の高さ」が、英国の「騎士道、王室への忠誠」を思いおこさせ、それでこの結論に至ったのだと思う。しかも、英国、日本とも「海洋国家」で、海洋国家は通商で生きるので「約束を守る」と考えていた。

もし吉田松陰、坂本龍馬、西郷隆盛のうち一人でも欠けていたら「明治日本の近代化」は十年は遅れていただろう。時代の回天に、この三人の力はこの上なく大きかった。

「歴史にもし」はないが、もし十年遅れていたら、シベリアを東進し朝鮮半島を南下してくるロシアを阻止する軍事力（特に海軍力）が、一九〇四年（日露開戦）の時点では間に合わなかった。日露開戦ができなかったら、朝鮮半島はロシア領になり、日本の満州から中国への進出もなかった。この場合、ロシアを共通の敵とする「強固な日米同盟」が結ばれていたかもしれない。どちらが良かったのか。

歴史とは、人と人の「出会いと決断」が運命的に重なった結果である。それは「単なる偶然」だったのか、それとも「時代の要請」が糸を引いていたのか、誰にもわからない。

追記　激突する宿命にあった会津と長州

会津と長州は幕末から明治へ、禁門の変から始まって二度の長州征伐、鳥羽伏見の戦い、最後の会津戦争まで「熾烈な戦い」を繰りひろげた。

その契機は、表面的には当時の会津藩主松平容保が、幕府からの「京都守護職」への就任要請を藩祖、保科正之の遺訓に従って請けたことだった。しかし実際は、会津と長州の激突は「徳川二百五十年の間」にすでに運命づけられていたと思われる。

①会津と長州の対照的な徳川二百五十年の歩み

会津と長州は「譜代と外様を代表する雄藩」であり、精神的な支柱が一本通っているうえ藩士とその子弟の教育（人材面）と産業振興（財力面）に力をいれ、藩として国力を蓄えていた。

ただ、その中身を見ると、驚くほど真逆で対照的である。

会津藩の精神的な支柱は、言うまでもなく藩祖の保科正之が残した家訓で、それは譜代の中でも突出した「徳川への忠誠心」だった。

一方、長州藩の精神的な支柱は「徳川への根深い恨み」である。長州藩毛利家の新年恒例のしきたりとして、家老が藩主に「今年あたり討幕はいかがでしょうか」と問うと、藩主は「まだ早かろう」と答えるのを二百五十年間続けていたらしい。

長州藩の藩祖毛利輝元は、関ヶ原の戦いで「西軍の総大将」に祭り上げられていたため、関ヶ原のあと徳川家康により、以前の百二十万石から周防・長門（現在の山口県）の三十万石に減封された。石高（収入）が4分の1に減れば、藩士三万人のうち二万人は、帰農か農村に移さざるをえない。長州藩全体に恨みが残った。

帰農した藩士たちの多くは、徳川の二百五十年の間、農業にたずさわる傍ら「文武に励み」つつ、その思いを子や孫に伝えたはずである。長州藩には寺子屋が千三百校もあったというが、その先生は主に帰農した藩士たちだった。徳川二百五十年の間に長州藩には、精神的な支柱と文武両道をたしなむ分厚い人材が育っていた。

一八六六年の第二次長州征伐の時、幕府軍は十五万人、それに対する長州軍は「奇兵隊中心」の三千人だったが、長州藩が圧勝した。我々は歴史の教科書で「農民で構成する奇兵隊」と習い、幕府軍は各藩の寄せ集めとはいえ、武士が農民に、しかも「相当（五十倍）の戦力差」があって負けたのは「なぜか」と不思議に思った。

だが実際の長州軍は、幕臣・各藩の武士に実質的に遜色がない武士の心をもつ集団だった。

一方、会津藩の子弟教育は、同じ町内の六〜九歳の子供たちで「什というグループ」をつくり、什の長が毎日「什の掟」を話し聞かせた。それは、「年長者を敬え、嘘をつくな、卑怯な行いは慎め、弱い者いじめはするな」などで、最後が「ならぬことはならぬものです」で終わる。

続いて什長は「昨日、これに背いたことは無かったか」の反省会を行い、背いた者がいたら、「しっぺ（手のひらを叩く）とか、頭をさげる（詫びる）」など子供らしい罰を科した。これは「会津武士の子はこうあるべきだ」という子供たちの約束事である。

子供たちは十歳になると、「什を卒業」して日進館への入学が義務づけられた。そこでは朝八時から、（什の掟よりさらに細かい）「会津藩士としての心得」にはじまり、『論語』、「四書五経」などの座学と、屋外での剣、弓、馬術から水泳まで、「文武両道の修練」をつんだ。

長州の人材が、帰農した武士たちを祖とする「分厚い草の根集団」だったのに対し、会津の人材は、会津藩士として「英才教育をうけた藩士たち」だった。

産業振興の面でも両藩は対照的である。

会津の特産品は、会津漆器、絵ろうそく、絹織物、酒など、今でも「全国ブランド」の高級品が多い。一方、長州の特産品は「三白」と言われる塩、和紙、ろうそくの日常品であり、さらに交通の要衝の下関を根拠に、商業・サービス、海運、倉庫業など近代的な産業振興策だった。

周囲を山で囲まれた会津が「伝統を守る古風」な気風なのに対し、三方が海に開けた長州は「合理的な進取」の気風である。

こうして徳川二百五十年の間に、会津と長州は内容は対照的であるが、精神的支柱、人材教育、産業振興・財政の面で力を蓄えていた。

②幕末、会津と長州の宿命の激突

そして幕末、長州は「今こそ討幕の時」と動きだす。朝廷の公卿衆の中にシンパを作り、京洛内では暗殺や焼き討ち計画などを策動し、それに他藩の脱藩浪士たちが同調した。

京の治安を維持するため、幕府が「京都守護職を要請」するとすれば、会津藩か彦根藩しかなかった。が、この数年前に、彦根藩主の大老井伊直弼が「安政の大獄の恨み」を買って暗殺されたばかりで、選択肢は会津藩しかなかった。

こうして宿命ともいえる会津と長州の激突が始まった。「禁門の変」から「第一次長州征伐」までは幕府軍が優勢だった。ところが、戦況が地すべり的に逆転したのが「第二次長州征伐」の時だった。

急転の理由は二つあって、一つは「薩長同盟」がすでに成っていて薩摩が幕府側に参陣しなかった事、もう一つは「最新の銃器」を長州が手に入れていた事だった。この二つとも坂本龍馬の周旋の結果である。

第二次長州征伐の前年の一八六五年、米国で南北戦争が終わって大量の最新銃が市場に放出されていて、長州藩はそれを坂本龍馬の斡旋で手に入れていた。

南北戦争がもう一年長引いていたら、長州の圧勝はなかったかもしれない。この圧勝が「歴史を倒幕」へと加速する。歴史の偶然は地球の裏と表でもつながっていた。

なお長州の最新銃は、会津戦争でも大きな威力を発揮した。会津側で最新銃を持っていたのは、砲術師範の家の娘、山本八重くらいだった。

「歴史にもし」はないが、もし龍馬がいなかったら、これほど急な歴史の展開はなかっただろう。

一八六七年十一月九日、徳川慶喜が大政奉還、(十一月五日、坂本龍馬暗殺)、十二月九日、明治天皇が王政復古の大号令、一八六八年三月十四日、西郷隆盛と勝海舟の会談で江戸無血開城決定と、歴史が怒濤のごとく回天した。

この背景には、龍馬がかかわった薩長同盟と両藩の武力がある。地球の裏側の南北戦争と長州の復活、坂本龍馬と会津の悲劇、「歴史の地下水脈」は思いもよらない所でつながっている。

会津と長州の最後の戦い「会津戦争(一八六八年)」では、藩士以外に少年や女子にも「それぞれの戦いと悲劇」があった。白虎隊の少年二十名(一名は救出)の自刃、薙刀の娘子隊《じょうしたい》の奮戦と隊長格中野竹子の壮烈な戦死、山本八重らの鶴ヶ城籠城戦、家老西郷頼母の母や妻ほか一族の女性二十一名の壮絶な自刃などである。

追記　幕末の日本を救ったのは、実は篤姫と和宮だったかもしれない

江戸城の無血開城は、西郷隆盛と勝海舟の会談で決まった。ところが、無血開城に一番功があったのは十三代将軍家定の正室篤姫と十四代将軍家茂の正室和宮だと言われている。

篤姫は一八五六年、島津斉彬の養女として「斉彬の幕政関与」の意を背負って輿入れし、一方の和宮は一八六二年、孝明天皇の皇女として「公武合体の象徴」として輿入れした。当初二人の間には、「育ち、習慣」などの違いから、少なからず嫁姑の確執があった。

やがて、時代の趨勢は「公武合体から討幕」へと移っていく。一八六七年、十五代将軍の慶喜は大政を奉還するが、「鳥羽伏見の戦い」から戊辰戦争になり、薩長を中心とする征討軍が「錦

の御旗」をかかげて江戸へ向け進軍をはじめた。どうしても徳川を倒す気である。

征討軍の東征大総督は有栖川宮熾仁親王で、彼は和宮の婚約者だった。また征討軍の大総督府参謀は西郷隆盛で、彼は島津斉彬の養女篤姫の輿入れに際し、彼女の「嫁入れ支度の一切」を取り仕切っていた。「奇しき縁《えにし》」で結ばれた四人である。

この当時、幕府にはフランス式の訓練を受けた陸軍と榎本武揚が率いる海軍が健在であり、このまま征討軍が江戸に入れば「江戸は火の海」になる。

ここで篤姫と和宮が動き、征討軍に手紙を出した。篤姫は西郷に「自分の命にかけても、徳川家の存続を嘆願する」と、和宮は有栖川宮に「徳川慶喜は謹慎する、助けて（命はとらないでください」と、徳川の嫁として「徳川家の存続と戦いの回避」を嘆願した。

篤姫、和宮ともに政略結婚で輿入れし、家定、家茂とは「二人とも数年」で死別している。が、若い彼女たちに「男女の交感の記憶」は残っていたのだろう。それが、徳川家と江戸の危機に際し、二人に「徳川の嫁」としてふる舞わせた。

このころ徳川慶喜はすでに蟄居していた。もし朝廷軍が攻めてきたら、篤姫は徳川のトップとして、籠もるべき江戸城はないが、心の城・大奥で果てるつもりだった。

篤姫の決意にふれ、「情が深い西郷」は、討幕の最強硬論者だったが心を動かされたはずである。軍政トップの西郷の心が決まれば、和宮の嘆願を受けていた大総督の有栖川宮も、西郷に同調しただろう。「江戸城無血開城」は、三月十三日、十四日の男社会の「西郷・勝会談」の前に趨勢は決まっていた。

もし朝廷軍と幕府軍の全面対決になったら、江戸が「火の海」になったうえ、譜代・外様の間で「戦火は全国」におよび、ああした明治の近代化はなかっただろう。それだけでなく、幕府を推すフランスと薩長と親しいイギリスの介入を許し、日本は「東西に二分割」されるなど、近代化どころではなく植民地化される危険さえあった。もしかしたら、「幕末の日本を救った」のは実は篤姫と和宮だったかもしれない。

和宮は三月十八日、徳川家の家臣たちに朝廷の内意を知らせ、「今は恭順謹慎を貫くことが徳川家への忠節であり、家名を守ることになる」との書付けを出し、幕臣たちの説得にあたった。

明治になり朝廷が東京に移ると、和宮は明治天皇をはじめ「旧知の人々」と親交をあたためた。明治天皇は彼女の甥にあたる。

しかし彼女は重い脚気をわずらっていて、箱根の塔ノ沢温泉で療養していたが、一八七七年九月二日、塔ノ沢で薨去した。三十二歳という若さだった。和宮の「家茂の側に葬ってほしい」との遺言により、墓所は家茂と同じ東京都港区の増上寺にある。

一方篤姫の方は、大奥退去のあと女中たちの縁談や就職の世話に力を尽くした。薩摩からは、帰国しないかとか財政援助の申し出があったが全て断っている。また、徳川宗家十六代の徳川家達に英才教育を受けさせ、海外への留学もさせた。さすが「芯が通った薩摩おごじょ」である。勝海舟は、篤姫を「天璋院は貞婦というより烈婦である」と称賛している。

一八八三年十一月十三日、篤姫は徳川宗家の家達邸で脳溢血でたおれ、意識が回復しないままこの世を去った、四十九歳だった。葬儀の際には沿道に一万人もの人々が集まり別れを惜しんだという。その様子が『天璋院葬送之図』に描かれている。

墓所は、上野の寛永寺の夫家定の墓の隣にある。和宮も篤姫も夫と並んで眠っている。

第三部　近代・現代、明治から現在まで

近代国家建設のため海外に翔んだ留学生たち

幕末から明治のはじめ、多くの若者が近代国家建設のため「欧米に学び」に海外に翔びたった。分野は、軍事、産業、教育、法制、医療、議会制度など広範にわたり、彼らは帰国したあと各分野の「魁《さきがけ》」として国の近代化に取り組み、その分野で「何々の父」と呼ばれる結果をのこした。その父の数は「数十名」におよぶ。

留学生に選ばれた者たちは「エリート中のエリート」で、漢学、国学などの学問の素養にくわえ、江戸時代に一つの頂点にたっした「日本的な文化」へのたしなみもあった。そのうえ、武士の精神性の高さと国のため「命がけで学ぶ気概」にあふれていた。

女子の場合は、胸元の帯に懐剣を手挟んだ「武家の娘の気概」である。

留学先の師から見て、彼らは「まれに見る優秀な生徒たち」だったに違いない。先生たちは、言葉の壁の不自由さを乗りこえ、私生活にも気をくばり「熱く指導」してくれたことだろう。留学生たちの帰国後の奇跡にちかい活躍がその証拠である。

それにしても我々の先輩は、「言葉と生活に不自由」な異国の地で、「初めての専門分野」を、よくそこまで学んだものである。その努力には頭がさがる。

ここでは、幕末の一八六三年に長州から英国に密航した五人（長州ファイヴ）と一八七一年に米国に渡ったわが国初の二人の女子留学生を取り上げる。

一、幕末に長州から英国に密航した五人（長州ファイヴ）

一八六三年（明治維新の五年前）、長州から五人の若者が英国に密航した。長州は、実際に攘夷を決行（同じ六三年に下関沖の外国船を砲撃）した唯一の藩である。その藩が「国禁を犯して」まで若者たちを海外へ留学させる、それだけ「藩の潜在力」が高かったということである。

彼らの十年ほど前に、先輩の吉田松陰が米国密航を失敗し投獄された。また同じ時期に、薩摩も十数名の留学生を英国に密航させている。

長州の留学生五人とは、伊藤博文（二十二歳）、井上馨（二十八歳）、山尾庸三（二十六歳）、野村弥吉（二十歳）、遠藤謹助（二十七歳）である。五人とも「何々の父」と称された。

伊藤博文、立憲政治の父

①過激な活動を通して長州藩内で頭角をあらわす

長州藩士の末席には連なるものの「百姓」の子として生まれ、吉田松陰の松下村塾に入門し、松陰門下の高杉晋作を「兄貴分」として心酔、のちに木戸孝允の従者として江戸に詰め、この頃に井上馨と出会い親交をむすんだ。

一八五九年十月、安政の大獄で斬首された師吉田松陰の遺骸を、木戸らと共に引きとりに行った。その時、自分が着ていた衣服で師の遺骸を覆ったと言われている。

そのあと伊藤は、久坂玄瑞、高杉晋作、井上馨らと「過激な尊王攘夷」の道を進んだ。一八六二年には高杉らと英国公使館を焼き討ちし、また国学者の暗殺も行っている。こうした活動が認められ士分（一代限り）に取り立てられた。

一八六三年に英国に密航、半年ほど経ったころ新聞で英国、フランス、オランダ、米国の「四国艦隊」が下関を報復攻撃することを知る。「戦いをやめさせなくては藩が亡ぶ」と親友井上馨と帰国を決意、他の三人も「帰国する」と言うが、最年長の井上が「君らは残ってちゃんと学んでくれ」と止めた。

帰国した二人は「戦うのは無謀」と藩内の説得を行うが受け入れられず、一八六四年八月五日から数日間、十七艦の四国連合艦隊との戦いになった。結果は、長州の軍艦数隻と海峡の砲台が全て破壊されるという惨敗だった。

戦後の賠償交渉は高杉晋作があたり、井上と伊藤は通訳として同席する。二人の「英語力」は相当高かったようである。交渉は数回におよび難航するが、高杉は「攘夷は幕府の命令」で行ったもの、賠償は幕府に要求してくれと突っぱね通した。

一八六四年十一月、幕府は「第一次長州征伐」の軍をおこした。この時、幕軍の参謀西郷隆盛は「内戦は無益」と考え、長州に乗り込んで説得し幕府に恭順させた。

ところが高杉晋作は「恭順に反対」して挙兵、伊藤は高杉の下に「一番先」に駆けつける。伊藤はこれを後々まで誇りとしていた。そして高杉は「奇兵隊」を結成、第二次長州征伐では幕軍を撃退した。ここから、倒幕・明治維新へとつながっていく。

②立憲政治の国体づくりに心血を注ぐ

明治維新後の一八七一年、伊藤は「岩倉使節団」の副使として外遊した。サンフランシスコでの歓迎レセプションで伊藤は、使節団を代表して有名な「日の丸演説」を英語で行った。日本国旗の「赤い丸は旭日（ライジングサン）」であり、わが国は世界の文明国に伍し「天高くのぼる」と宣言した。その「心意気や良し」である。

新政府で伊藤は、先輩木戸孝允の後ろ盾で要職を歴任する。ところが、明治の三傑といわれた木戸孝允が一八七七年に病死、同年西郷隆盛が西南戦争で敗死、翌年には大久保利通が暗殺され、近代国家建設の大業は伊藤や井上ら「次の世代」に委ねられることになる。

一八八二年、伊藤は憲法調査のためヨーロッパに向かった。すでに四十歳を超えていたが「憲法制定は自分がやる」という覚悟である。岩倉使節団で遊歴した際、木戸孝允らと「憲法が国の形を作る、憲法を作らねば」と話し合っていた。

最初の訪問国ドイツでは、未熟な国民には「議会の運営」はできない、「議会の権限」は制限せよと言われた。これは鉄血宰相と恐れられたビスマルクでさえ議会に手を焼いていた事による。

次のオーストリアでは、「行政組織」をしっかりさせて「君主の権限を制限」し、君主・議会・行政の三位一体で運営せよと言われる。また憲法は、その国の「歴史と伝統を体現」して初めて活きるとも説かれた。

最後のイギリスでは、君主は「君臨すれども統治せず」の原則の下で、政治は「議会で政党が議論」して進めるべきだと言われた。

伊藤は考えた。国が未熟な段階で「国政を安定」させるためには、内閣の各大臣配下に「しっかりした行政組織」をつくる事が肝要である。そのうえで、「立憲民主の統治の仕組み」をつくる。その場合、畏れ多いことではあるが「君権の制限」はやむを得ないと。

伊藤は帰国後、精鋭の官僚たちを集め横須賀の夏島にこもって憲法草案をつくった。

その骨子は、まず「天皇の権限」について、大臣が天皇を輔弼する（進言し結果責任を負う）として天皇の「権限を制限」し、「国の責任」は総理大臣がもつことにした。ここは「天皇制の下で近代日本の姿」はどうあるべきかを伊藤らが最も苦心し、苦渋の決断を下した所である。次に「議会の役割」は、国家予算が政治の肝と考え、予算は議会の承認が必要とした。最後に「国民の権利と義務」を明記した。これには「わざわざ明記する必要はない」との反対もあったが、伊藤は憲法で最も重要なことは、「第一に君権の制限、次に国民の権利の確立」であるとして押しきった。そして一八八九年、明治憲法が発布された。

現在、明治憲法は「非民主的、軍国主義的」と評されることが多いが、実態は全くそうではない。先人が「先進国に学び、わが国の歴史と文化を踏まえ、心血を注いで」つくり上げた憲法である。GHQの官僚が、一週間程度で「コピーアンドペースト」して作った「現在の憲法」とは、思い入れと熟慮に大きな隔たりがある。

憲法発布に先立つ一八八五年、伊藤はそれまでの「太政官制度」を廃止して「内閣制度」を定め、伊藤みずから初代総理大臣になり、各大臣の下に省庁を整備した。

総理候補として長老の三条実美がいたが、井上馨が「これからの総理は英語ができなければ」と言い、山縣有朋が「それなら伊藤だ」と同調して決まった。「英語力」もあるが立憲政治への「理解と思い」の点で伊藤が最適任だった。

井上馨、近代日本外交の父

①過激な尊王攘夷から開国派へ

若いころは藩校の明倫館で学ぶ。幕末の志士の中では「比較的良い家」の生まれ。留学の前年には、久坂玄瑞、伊藤博文らとともに「英国公使館焼き討ち」を行うなど過激な行動派だった。英国への渡航の途中、最初に寄港した上海で多数の軍艦・商船や立ち並ぶ二階建てのビル群などを見て「国力の違い」を痛感し、「攘夷はダメだ、勝てるわけがない」と上役に書き送っている。出国して数日で「開国へと開眼」した。

一八六三年、英国に密航留学、しかし半年後「四国艦隊」の長州襲撃を知り、伊藤とともに「開戦回避を説得」するため急ぎ帰国する。しかし説得できず一八六四年「下関戦争」は勃発し、長州の艦船と砲台は壊滅的な打撃をこうむった。

一八六四年の「禁門の変と下関戦争」で大打撃を受けた長州藩では、「幕府恭順」を掲げる俗論派が勢いをまし、攘夷派との抗争が激しくなる。

そんな中で井上は、下関戦争回避を主張していたため「俗論派」に襲われメッタ斬りにあう。血だらけで家に運び込まれ、兄に「介錯を」と頼むが、母が「待て」と介抱して奇跡的に生きかえった。懐にあった芸者からもらった鏡が「急所の一撃」を防いだとのことである。

②不平等条約改正に献身

井上はその後、奇兵隊の参謀として幕府の長州征伐軍を撃ちやぶり、討幕後の会津戊辰戦争では総督参謀として戦った。

新政府では外務卿などの要職を歴任、一八八五年、第一次伊藤博文内閣で初代外務大臣になり、このあとは「不平等条約の改正」に奔走した。

井上は条約改正の一助とすべく「欧化政策」を進め、一八八三年、日本近代化の象徴として「白亜の洋館、鹿鳴館」を建て、各国の外交官や要人を招いて毎夜「舞踏会や晩餐会」を催した。しかし外国からは「猿まね」と評判は良くなく、鹿鳴館は四年で幕をとじる。

しかし井上馨が、外務卿から外務大臣時代をとおし「不平等条約の改正」に献身的な尽力をしたことは事実であり、そのため井上は「近代日本の外交の父」と言われる。

条約改正が現実になるまでには、さらに十年以上（陸奥宗光外相時代）の時間が必要だった。

山尾庸三、工学の父

周防の国の庄屋の生まれ。学問好きで二十歳の時に江戸へ出て斎藤弥九郎の「練兵館」に入る。そこでは、長州藩の先輩木戸孝允が塾頭を務めていて弟のように可愛がられた。

留学で英国到着後、山尾は土木、分析化学を学んだ。残った三人は皆、理系を専攻している。

山尾は一八六六年、造船技術を本格的に学ぶ決心をしてスコットランドのグラスゴーに移住、グラスゴーは「産業革命発祥の地」であるとともに造船で有名だった。

一八六五年に偶然、山尾ら三人はロンドンで薩摩藩からの「密航留学生」たちに出会った。山尾たちより二年ほど後に、五代才助、森有礼ら十九名が来ていた。「禁門の変」の直後のことで、長州人にとって薩摩は「許せぬ仇敵」だったが、「志を同じく」して異国に学ぶ彼らはすぐに親しくなった。山尾のグラスゴー行きの資金も、薩摩の十六名が計十六ポンド（約百万円）を出し合って助けてくれた。日本で薩長同盟が成る一年前のことである。

一八六八年、山尾は五年半ぶりに帰国、しばらく英国で学んだ技術を藩士に教えていたが、新政府の木戸孝允から呼び出されて上京する。それからは、造船学の教授、横須賀に造船所の建設、長崎の造船所の再生、工部省創設の提言など「工業の基盤づくり」に力を尽くした。

また山尾は、教育の重要性を痛感し、「工学校の創設」を提言、一八七四年に工部省工学寮(後の東京大学工学部)を開校、八名の英国人の教授や助手を招いた。

一八八五年、第一次伊藤内閣に「法制局長官」として入閣、外相井上馨とともに英国密航組五人のうち三人が初代内閣に入った。伊藤四十五歳、井上五十一歳、山尾は四十九歳になっていた。

一八八六年、山尾は「中央官庁街建設」の責任者になった。山尾は、各省庁を一角にまとめ、日比谷公園や道路と「一体的な街区」として整備する構想で進めた。これが現在、我々が目にする霞が関官庁街界隈の姿である。

このように、日本の工業の広範な分野の発展に力を尽くしたので、山尾は「工学の父」「明治の工業立国の父」と呼ばれている。

野村弥吉、鉄道の父

野村は長州藩士の子として生まれ、十六歳の時に藩命で長崎に行き「兵学」を、翌年には江戸に行き「砲学、洋学」を学んだ。十六~十七歳で、江戸へ長崎へとよく勉強している。

密航してロンドン到着後、野村は地質学、物理学を専攻、彼は大学で学ぶだけでなく、鉄道や鉱山の現場も見てまわり、機関士見習いも経験した。彼はロンドンの鉄道や交通機関を見て、

「いつか日本でも」と考える。

渡航から五年ほど経った頃、木戸孝允から帰国命令があり、一八六八年に山尾庸三とともに帰国する。二人は木戸を訪ね、「酒を酌み交わし」ながら積もる話に花をさかせた。

一八六九年鉄道建設の計画が決まり、一九七一年には鉄道建設のため「鉄道寮」が設けられた。野村は「鉄道頭兼鉱山頭（局長）」に任ぜられ、翌年新橋ー横浜間が開通、明治天皇も乗られて野村も同乗した。「鉄道を全国に」という天皇のお言葉をいただき野村は「必ず」と決意した。

その後、一八七七年に「神戸ー京都間」、一八八九年には二十年の歳月をかけた「東京ー神戸間」が開通した。並行して「東京ー青森」間の工事にも着工、野村は東西の鉄道建設に多忙な日を送る。そして一八九〇年には「鉄道庁長官」に任ぜられた。

ところで当時はまだ、機関車、レール、橋梁の資材など、ほとんどが外国製だった。野村は「日本人の手で作らねば」との強い思いをいだき、一八九六年に出身藩の毛利家、更に岩崎家、渋沢栄一らの協力を得て「汽車製造合資会社」をつくり、野村が社長になって機関車などの製造をはじめた。その後、車輛国産化の政府方針が決まり「メイドインジャパン」は軌道に乗っていく。

野村は「鉄路の延長と機関車などの国産化」の双方に力を尽くした功により「鉄道の父」と讃えられている。

遠藤謹助、造幣の父

長州藩士の子として生まれたが、その後の生い立ちはあまり分かっていない。英国渡航後、五人でイングランド銀行を見学した時、紙幣の印刷工程を見て強い関心をもった。

一八六八年、遠藤は体調がすぐれず山尾と井上を残して留学四年ほどで帰国する。帰国後は木戸孝允に語学をかわれ、艦船などの購入の交渉や通訳、情報収集にたずさわった。

一八六九年、遠藤は大蔵省の通商司にうつり、翌年から造幣に係わるようになる。造幣頭（局長）は井上馨で、遠藤は造幣権頭（副局長）だった。最初の造幣は、設備は英国からの中古品、工場長や技師も英国人をやとって始めた。一八七四年に遠藤は、「造幣局の大改革」と題する提言を行い「日本人の手による造幣」に歩を進める。

一八八一年、遠藤は造幣局長に昇格、精鋭技術者を集めて「造幣技術研究会」を発足し、ついに一八八九年に「日本人の手」で初めて五種類の貨幣を発行した。今日、わが国の造幣技術は、図柄の精緻さ、にせ金対策、耐久性などで世界一であるが、その源流は遠藤たちにある。

毎年四月、桜の季節になると大阪の造幣局は「花見客」で賑わう。これは一八八三年、遠藤が桜の季節だけ造幣局を市民へ開放したのが始まりで、現在まで続いている。桜並木の脇に遠藤の由来を記した碑が立っている。

長州の五人のうち、伊藤と井上は政治家として「歴史の表舞台」で、山尾、野村、遠藤は「産業の発展」に地道に力を尽くした。分野は異なるが共に近代国家建設のために戦った戦士たちである。ロンドン大学に、五人がロンドンで撮った写真を「銅版レリーフ」にした顕彰碑が立っている。その碑文には「五人の若者の勇気と情熱をここに称える」と刻んである。

二、わが国で初めての女子留学生たち

一八七一年四月、わが国で初めての女子留学生五名が「岩倉使節団」と共に米国に渡った。岩倉使節団は、総勢百九名で一年十カ月にわたり、米国（八カ月）、英国（四カ月）、フランス（二カ月）など十数カ国を訪問する大視察旅行だった。全権大使は岩倉具視、副使は木戸孝允、大久保利通、伊藤博文、山口尚芳の四名で、そのほか書記官、随行員と留学生たちである。目的は、不平等条約改正の交渉と欧米の「制度、技術、文化」などを見聞することだった。

しかし「廃藩置県」から数カ月しか経っていないこの時期に、討幕・維新を主導した岩倉、木戸、大久保らが、よくも日本を「留守にする決心」をしたものである。その「意思と行動力」には驚かされる。明治三傑の一人、西郷という「絶対の重し」が留守居役だったからできたのか。

別の見方をすると、廃藩置県で「藩の領地領民の没収」までは行ったが、そのさき列強に伍して具体的に「どこを目指し、どうするか」がはっきりしなかった、それを探す旅だったのかもしれない。特に理論派の木戸と大久保はその思いが強かっただろう。おそらく西郷は大久保に「行ってきやんせ、留守はおいが守りもす」と言っただろう。

使節団員のうち留学生が三十名ほどおり、この中に米国で学ぶ津田梅子（六歳）、永井繁子（十歳）、山川捨松（十一歳）、吉益亮子（十四歳）、上田悌子（十六歳）の五人の女性がいた。目的は、わが国の将来に向けて、女性の「学力と地位の向上」のために学ぶことだった。

この五人は全て「旧幕臣か会津など賊軍」の家の娘である。留学に「応募した側と許可した側」の双方に、過去は脇において明日を見つめる明治人の清新の気を感じる。ここでは彼女たち

のうち、帰国したあと「女子教育」の分野で活躍した津田梅子と山川捨松を取り上げる。

津田梅子、女子教育の先駆者

幕臣の娘、父は一八六七年に福澤諭吉らと渡米した経験があり、それで「六歳の娘に十年も単身、米国留学」をさせるという大胆な決心ができたのだろう。梅子は留学中、英語、フランス語、ラテン語などの語学と自然科学や芸術を学び、また休暇には滞在先の夫妻に連れられて米国各地を旅行させてもらった。やはり夫妻から見て「見込みがある少女」だったのだろう。

帰国後の一八八三年、梅子は外務卿井上馨の邸の夜会で伊藤博文と再会する。梅子には六歳の時の記憶はなかったが伊藤は覚えていて、彼の推薦で「華族子女むけ」の桃夭女塾や華族女学校で英語を教えた。そのあと一八九四年、明治女学院で教鞭を取り、一八九八年には女子高等師範学校の教授を兼任する。

一八九九年、高等女学校令と私立学校令が公布され女子教育への機運が高まると、梅子は父や大山捨松（旧姓山川）、瓜生繁子（旧姓永井）ら米国留学組の助力を得て、「女子英学塾（現在の津田塾）」を開校し塾長になった。留学生仲間の山川、永井との親交は帰国後も続いていた。

「女子英学塾」は華族、平民の区別をしない教育を目指し、授業内容も従来の「行儀作法」が主の女子教育ではなく「進歩的で自由、ハイレベル（脱落者も出た）」な教育だった。世間の評判は良かったが、そのような教育方針だったため、経営的には苦しかったらしい。一九〇三年、「社団法人化」して塾の経営基盤を強化した。

ところが一九一九年、梅子は健康をそこね塾長をやめ療養生活に入る。彼女の退任後の塾は大山捨松が替わって運営した。

彼女は当時の日本の結婚観が納得できず生涯を独身でとおした。

山川捨松、波瀾の生涯「鹿鳴館の花」

会津藩の国家老の娘、幼名は「咲」。八歳の時に「会津戦争の籠城戦」を経験し、彼女も城内で他の女たちと同じように、負傷者の手当てや食事の世話に加え、「焼玉押さえ」という不発弾を濡れ布団で押さえて爆発を防ぐ危険な作業も行っている。この時に会津城を砲撃していたのが、のちに彼女が結婚する薩摩藩の砲兵隊長大山巌だった。

会津戦争が終わったあと、会津藩二十三万石は下北半島最北端の陸奥《むつ》斗南《となみ》三万石に転封になり「過酷な生活」を強いられる。

米国留学生の募集に際して、兄の健次郎がすでに留学生に選抜されていたので、彼女も応募を決心した。この時に母が彼女の名を「捨松」と改名させた。「お前を捨てたつもりで送り出すが無事の帰りを待（松）つ」の思いを込めたという。

一八七一年四月、捨松は使節団と共に横浜港から米国に発った。その翌日に同じ横浜港から大山巌もスイス留学に発っている。「運命の糸」が繋がっているように見える。

彼女は優秀な学生だったらしく、日本人女性として初めて米国の大学を卒業し、また看護学校で学び、「看護師の資格」も取った。

それなのに帰国後、彼女が学んだことや資格を活かせる場はなかった。そんな時、留学生仲間の永井繁子の結婚式で大山巌と出会う。大山は彼女に「一目惚れ」、山川家に結婚を申し込むが山川家は「かっての仇敵、ありえぬ」と拒絶、大山は従兄の西郷従道（隆盛の実弟）に取りなしを頼み「では本人の意見にまかせよう」という所までこぎつけた。

山川家では「彼女も当然ノー」と考えていたが、彼女の答えは「しばらく付き合ってから決める」だった。米国留学経験者のセンスである。その結果、捨松は結婚を決心する。

最初二人は会話に苦労したらしい。捨松は日本語が「少しあやしく」なっているうえ「地が東北弁」、大山は「くせがきつい薩摩弁」、しかし「英語」で話すようになってから会話がスムースになり、二人は意気投合した。留学時代の話で盛り上がったことだろう。

二人の結婚披露宴は、新装間もない鹿鳴館で千人近い出席者のもとで行われた。大山巌は、のちの日露戦争で元帥陸軍大将として「陸の大山、海の東郷」と称される人物である。

やがて捨松は「鹿鳴館の華」になる。英語、フランス語、ドイツ語でジョークが言えるほど外国語が堪能だったうえ、長身、洋装の着こなし、西洋式のマナー、ダンスなどの点で「飛びぬけた存在」だった。

また女子教育の面でも、津田梅子が「女子英学塾」を設立する時は全面支援し、一九一九年に梅子が倒れた時は、捨松が「女子英学塾」の運営を行った。

ところが彼女は突然「スペイン風邪」に倒れ、梅子より少し先に亡くなった。五十八歳、波瀾万丈の生涯だった。大山との間に二男一女をもうけている。

明治の近代国家建設のバトンは、西郷、木戸、大久保らの「維新の三傑」から、彼らの下で攘夷・討幕を戦った井上、伊藤たちの世代へ、さらに彼らを「子供として見上げて」いた次の世代へと大きな齟齬なく受けつがれた。

そんな中で、多くの若者が海外に留学し「日本はこの俺が支える」という気概で学び、帰国後それぞれの分野で近代日本の礎を築き、数十人の「何々の父」を輩出した。

日露戦争の時、満州の野で「世界最強のコサック騎兵隊」を破った騎兵隊長の秋山好古、日本海で「バルチック艦隊を壊滅」させた連合艦隊参謀の秋山真之、この二人の兄弟も（留学ではないが）武官として、好古はフランスで、真之は米国と英国で学んでいる。

インド、中国、朝鮮などアジアの国々も、日本と同じように「欧米の進んだ文明」に触れたはずである。それなのに、「欧米に学ばなければ」と考えて大勢の留学生を送り出したのは日本だけだった。それだけ先人たちの眼力、すなわち「技術、文化、精神のレベル」は高かった、だから、西欧文明の「便宜さと共に脅威」の方も察知して行動した。

ところで、彼らに先立つ一千年以上も前、隋と唐に学ぶため多くの留学生が、命がけで中国大陸に渡っている。半数ほどしか無事に帰国できていない。

また戦後の復興期には、多くの企業戦士が主に米国の提携企業や研究機関に、新しいビジネス分野の「技術とノウハウ」を学ぶため渡った。

隋・唐への留学生たちは帰国後、七〜八世紀の「日本の国体づくり」に貢献し、天平文化を開花させた。戦後の企業戦士たちは帰国後「日本の復興と発展」に献身し、一九八〇年代には日本を「ジャパン・アズ・№1」と言われるまでに押しあげた。

「外国に学び（自分のためでなく）国に献身」するというＤＮＡは、脈々と受けつがれている。

二十世紀の五十年戦争は「自存・自衛の戦い」だった

わが国は太平洋戦争の終結まで、二十世紀の五十年間をほぼ戦い続けていた。大きい戦いだけでも、一八九四年の日清戦争、一九〇四年の日露戦争、一九一七年の第一次世界大戦参戦、一九二七年の山東出兵、一九三一年の満州事変、一九三七年の日支事変、そして一九四一年の対米英開戦があり、その間にも中国大陸での小競り合いは絶えなかった。

この五十年戦争は「自存・自衛の戦いだった」と、もし政治家などの公人が発言したら、半数近くのマスコミ、知識人から「大バッシング」を受けるだろう。

その「批判の根拠は」と問うと、「日本はアジアを侵略・植民地支配した、東京裁判でその罪を認めた、あるいは近隣諸国との関係を悪くする」などだろう。しかしこれらは、歴史の真実を見ていないうえ、戦後になって作られた価値観による批判である。

まず当時の欧米列強の侵略・植民地化の状況は、一八五八年に英国が印度を植民地化し、一八六九年にはロシアが樺太を領有、一八八四年にフランスがベトナムを植民地化、さらに米国は一八九三年にハワイを領有、また一八九八年にグアムをスペインから奪取するなど、まさに「弱肉強食の状況」だった。

これら欧米列強の植民地化の目的は、自国のために「現地の資源を収奪」することだった。

これに対して日本は、確かに日清・日露戦争のあと、台湾、朝鮮、満州などを領有・統治したがその目的は、日本と現地の両方の発展（共存共栄）、いわば「新国家の建設」に当たるもので、欧米列強とは「目的も振る舞い」も大きく違っている。

その証拠に、戦後アジアでいち早く「経済発展の軌道」に乗ったのは、日本に続いて台湾、韓国、満州（現在の中国東北部）だった。日本が統治した時代に築いた産業、交通、教育、医療など「社会インフラへの投資」が経済発展に役立った。

二つ目の東京裁判は、欧米がわが国を一方的に「平和に対する罪、人道に対する罪、戦争犯罪（一般的な軍法規違反）」で裁いたもので、このような罪は戦争なら双方が犯している。ましてや原爆投下や都市の絨毯爆撃で「民間人を無差別に殺戮」するようなことは、日本は行っていない。だから東京裁判は、裁判などとは到底いえない不公正な行為だった。

日本は、サンフランシスコ講和条約の際、「東京裁判の判決（ジャッジメント）」は受け入れた（アクセプト）が「罪（クライム）の認知（アクノレッジ）」はしていない。

「近隣諸国の機嫌を損なう」という批判は、単なる「政治的な配慮」であって、歴史に真摯に向きあう態度ではない。

日本が行った二十世紀の五十年戦争の本質は三つある。

一つ目は満州を拠点に朝鮮半島に勢力をのばすロシアの脅威を排除すること、二つ目は中国在住の同胞の生命・財産を守ること、三つ目は、西太平洋の覇権（特に資源確保）をめぐる米国との抗争の三点である。

先人たちは、「弱肉強食」の国際環境の中で「国の安全と民族の生存」を賭けて戦った。それはまさに「自存・自衛の戦い」そのものである。

そのような時代環境の中での行動を、戦後の（しかも間違った）価値観によって断罪するのは「筋違い」で、歴史の評価はその時代を「生き、決断した人たち」と同じ立場に立って、「私がリーダーだったらどうするか」を考えて下さないと間違う。

日本占領政策の最高責任者だったマッカーサー元帥は、東京裁判から数年後の一九五一年五月、米国上院委員会において「東京裁判は不当だった、また日本が行った戦争は自国の安全保障（自存・自衛）のためだった」と証言している。

ところが、この事実を報道するマスコミや発言する知識人は少ない。

一、ロシアの脅威に決起した、日清、日露戦争

日清戦争、朝鮮独立のための戦い

①開戦への序章

朝鮮半島は、日本列島の「脇腹に匕首」を突きつけたような位置にある。だから日本の国防上、領土に貪欲なロシアの朝鮮半島への進出は絶対に阻止しないといけなかった。

そのため、明治の政府や知識人たちは朝鮮の「自主独立と近代化」を願い、福澤諭吉などは、朝鮮の改革派の若者を留学生として受け入れ、近代国家の制度の知識をさずけ、また政財界との人脈づくりの支援もした。にもかかわらず、朝鮮李王朝には二千年近く続けてきた中国の「華夷秩序・冊封体制」から脱する意識はうすかった。

福澤諭吉はついに見切りをつけ、一八八五年に脱亜論で「朝鮮の滅亡は免がざる可からず。内

の腐敗は極度に達したり。不幸なるは近隣の二国（清国、朝鮮）、我は心においてこれらの悪友を謝絶するものなり」と表明した。見識ある福澤諭吉が百五十年前に見切りをつけた。この状況は現在も変わっていない。我々は「民族のＤＮＡが違う」のだと肝に銘じておく必要がある。

日本の方針は、朝鮮の清朝への隷属をやめさせ、日本が援助して独立国家への道を歩ませる、それによりロシアの朝鮮半島進出を阻止することだった。そのため最悪の場合、朝鮮の隷属を求める清国と戦争になる事もやむなしと決意していた。

②日清開戦とその結末

外相陸奥宗光は、開戦の「大義づくり」と開戦したあと「列強の介入を阻止」するため周到な準備をすすめた。そして一八九四年、わが国は清国に「朝鮮属邦扱いの中止」を申し入れ、清国がそれを拒否した点で宣戦を布告した。

この戦いは、欧米列強の予想に反して日本の勝利に終わった。清国の「あまりのもろさ（眠れる獅子ではなかった）」に列強は驚いた。

日清講和条約は一八九五年に下関で、日本側は伊藤博文全権大使、陸奥宗光外相、清国側は李鴻章全権大使の間で締結された。骨子は次の二条である。

第一条、清国は朝鮮国が完全無欠なる独立自主の国であることを確認す。よって清国への貢献典礼等は将来全く廃止すべし。

第二条、清国は、遼東半島、台湾、澎湖諸島の主権ならびに該地方にある城塁、兵器製造所、官有物を永遠に日本国に割与す。

講和条約成立の三日後、ロシアとドイツ、フランスの三国がわが国に遼東半島の放棄を要求してきた。この三国を相手に戦うことはできず、日本はやむなくこれを受け入れる。軍事力を振りかざした大国の横暴である。この時から「臥薪嘗胆」が日本国民の合言葉になった。

清国はこれからあと、列強に国土を無残に蚕食されることになる。

一八九六年ロシアが東清鉄道（シベリア鉄道）の敷設権を獲得、同年ドイツが膠州湾を占領・租借権を獲得、一八九七年ロシアが三国干渉で日本が返却した旅順、大連の租借権を獲得、同年イギリスが九龍半島と威海衛の租借権を獲得、さらに同年フランスが海南島、雲南省を領有するなど、まさに弱肉強食、弱いと見たらハイエナの如く食い荒らす、これが「当時の列強の正体」であり、列強が君臨する時代の「国際的な常識」でもあった。

日露戦争、国の命運を賭した戦い

①開戦への序章

日清戦争で日本が独立を与えた朝鮮だったが、三国干渉での日本の譲歩を見て親露派が勢力を伸ばし、ロシアに急接近する。ロシアもそれを好機ととらえ、朝鮮に対しロシア将校による軍事訓練、財務顧問による財務指導、さらに資源開発権の略取やロシア語学校の設立など、各方面で露骨に朝鮮への浸透を強めた。

そんな一九〇〇年、北清事変が勃発した。これは、列強が清の国土を蚕食するのを見て、義和団が「扶清滅洋」の旗を掲げて反乱をおこし、これに馬賊や清国兵も加わって、略奪・殺戮を続けながら北京の外国公使館に迫った事件である。

これに対し、各国の駐留軍が北京へ向かうが、中国に一番近い日本軍が主力になった。この時、日本軍の「強さと軍律の正しさ」、さらに公使館付武官、柴五郎の「沈着・勇敢な行動」が、列強公使と中国住民から大きな称賛をえた。

中国住民は、「略奪・殺戮」をしない軍隊を史上初めて見たのである。その当時、欧米列強の軍隊は罪人などの「傭兵が主体」で、占領地での略奪・暴行・殺戮は当たり前（手当ての一部）だった。清国軍も「匪賊と兵士」の間を往来する集団にすぎず、占領地での行動は同じだった。

ロシア軍は、このどさくさの中で満州を占拠し、列国の抗議にもかかわらず駐留しつづけた。日本軍のレベルの高さを見て英国は数年後の一九〇二年、極東で日本と共にロシアに当たるため「日英同盟」を結んだ。この日英同盟は日露戦争において、列強に対する「戦争への介入抑止」とバルチック艦隊の日本海回航への「便宜供与の抑止」に役立った。

その意味で柴五郎は、日露戦争勝利の影の立役者である。彼は会津藩士の家に生まれ、彼の祖母、母、兄嫁、姉妹は、鶴ヶ城の攻城戦の前夜に自刃して果てている。

②日露開戦とその結末

外相小村寿太郎は一九〇三年、朝鮮半島をめぐり「対露開戦やむなし」の意見書を御前会議に提出した。意見書では「露国は事実的に満州占領を続け、韓国に向けて諸施設を建設中である。もしこのままに看過すれば、露国の満州における地歩は絶対的となり、その余波は忽ち韓半島に及ぶ。故に帝国は露国と交渉を試み、時局の解決を図ること極めて緊要なり」と訴えた。

交渉の結果は、ロシア側の妥協は一切なく、逆に日本に対し「韓国領土の軍事上の使用不可、朝鮮海峡への軍事施設の敷設不可」などの条件を出し、同時に満州の「軍事力強化」と「シベリア鉄道東進」の速度を速めた。

小村寿太郎は、日露交渉の過程の全てを逐次「日英同盟」のパートナー英国に報告したうえ、米国、ドイツ、フランスには中立を要請し、そして開戦に踏みきった。わが国としては「決死の覚悟」、文字どおり国の運命を賭した開戦である。

一九〇四〜〇五年、日本は旅順、奉天、日本海の海戦で、世界の予想を覆して勝利し、米国ルーズベルト大統領の仲介で、米国ポーツマスで講和条約を締結した。日本側の全権代表は小村寿太郎、ロシア側の全権代表はウィッテである。講和条約の要点は次の四つである。

先ず韓国について、露帝国政府は日本国が韓国において政治上、軍事上、経済上の卓絶なる利益を有することを承認する。

遼東半島については、遼東半島の租借権およびハルピン旅順間の鉄道を日本国に譲与する。

満州からの撤兵は、一定の期限内に露国軍隊を満州から撤兵せしむること。これと同時に日本国軍隊も満州より撤兵する。

もつれたのはサハリン（樺太、日本が占領済）割譲と賠償金問題だったが、前者は北緯五十度以南を日本に割譲する、後者は日本が譲歩して決着した。

明治の日本が『坂の上の雲（司馬遼太郎）』を目指し登りつめた瞬間である。

③講和（出口）への戦略

一九〇四年の開戦に先立ち伊藤博文は、腹心の金子堅太郎を米国に送りだした。機を見て米国に「日露講和の仲介」を頼むためである。金子は米国に十年近く留学した経験があり、米国ルーズベルト大統領とは同じハーバード大学の学窓だった。

この時の渡米で金子は、ルーズベルト大統領と連絡を取りながら同時に、米国各地で十数回の講演を行っている。目的は、日本は「大陸の領土への野心は全くなく、主な目的は経済活動である」という日本の立場をアピールするためだった。米国の世論を味方につける戦略である。

ロシア陸軍は強大なため「対ロシアの長期戦」はありえず、時期をとらえて「講和協議に入る」ことがとりわけ重要だった。

講和協議に入るうえで、ロシアのバルチック艦隊を殲滅して「ロシアの戦意を削ぐ」ことが求められた。そのため、連合艦隊指令長官の東郷平八郎と作戦参謀の秋山真之は「綿密な作戦と準備」を進めた。「T字戦法」など艦隊運用、艦砲射撃の命中率を上げる「猛訓練」、破壊力と燃焼力が強烈な「下瀬火薬」の開発などである。

一九〇五年五月二十七日の日本海海戦当日、参謀秋山真之は大本営に「本日天気晴朗なれども波高し」と打電した。これは「ロシア軍はこの高い波は未経験、我々はここで猛訓練してきた、しかも天気は晴朗で敵艦を見逃すことはない、我々は勝つ」の意を伝えたものである。

ロシア海軍は一日で「ほぼ壊滅」、そのあと昼夜をわかたぬ掃討戦をつづけ「世界の海戦史上に類がない水準での日本の完勝だった。ここでロシア皇帝ニコライ二世は、米国大統領ルーズベルトの「講和協議の提案」を受け入れた。「日本が勝利」のかたちでの講和である。

この時、満州に展開していた日本陸軍は「兵員、弾薬」とも限界にあった。もしロシア艦隊との海戦が「引き分け」に終わり、あるいは濃霧などでロシア艦隊をハバロフスク港へ取り逃がしていたら、ロシア皇帝は「この時点での講和は選ばず」、戦争は長びいただろう。その場合、日本陸軍は徐々に押し戻され、朝鮮半島からの撤収もありえた。

この場合、やはり米国が調停してくれただろうが「日本の敗戦」のかたちでの講和になる。だとすると、朝鮮半島のロシア領有は当然として、領土に貪欲なロシアのこと、少なくとも北海道は割譲させられていただろう。

薄氷を踏む勝利であったが「運を呼び込んだ勝利」でもあった。日本の周到で真剣な準備に神様が味方してくれた。明治の人たちに感謝しないといけない。

明治の政治家、外交官、軍人など「明治人は偉大」だった。のちの対米開戦の際は、このような「戦略と周到さ」を欠いている。

世界の各国にとって、日本の勝利は信じられないほどの驚きであり、列強の植民地支配に苦しんでいたインド、ベトナム、ビルマなどのアジアの独立運動家や、ロシアの圧政に苦しむトルコ、ペルシャ、フィンランドなどの人々を元気づけた。

インドのネルー首相は「日本が大国ロシアを破ったことは、アジアの人々の心を救った」と語っている。

二、同胞の生命と満州の利権を守る大陸での抗争

同胞の生命を守る出兵、支那事変

一九一二年に清国が亡んだあと、中国大陸では孫文が指導的立場にあったが「統一国家」は存在せず、孫文の国民党、地方に跋扈する軍閥、さらにソビエトコミンテルン指導下の中国共産党が三つどもえで内紛を繰り返すという「混乱の極み」にあった。わが国は「同胞の生命と財産」を守るため、その泥沼に足を取られ、ずるずると引き込まれていく。

一九二五年の孫文の死のあと、同じ年に蔣介石が国民党の指導者になり、十万の兵を率いて張作霖など「軍閥の北伐（北の敵の討伐）」をはじめる。蔣介石の目的は、万里の長城以南（以北の満州は含まない）を平定し「統一政府を作る」ことにあった。

一九二八年の第二次北伐では、蔣介石と張作霖は各々百万の軍を率いて対峙し、蔣介石軍が勝利する。このような大軍が移動する時、行く街々で両軍とも「暴行・略奪・殺戮」を繰り返した。犠牲者は二千万人とも三千万人とも言われるが正確にはわからない。

この戦乱の中で日本人同胞も、第一次北伐時の南京事件、第二次北伐時の済南事件、一九三七年の通州事件などで痛ましい犠牲者をだした。山東省の済南事件と北京郊外の通州事件は特に悲惨で、各々三百人ほどの日本人が、女子供までふくめ「日本人の想像を絶する残虐」な方法で殺された。わが国は「同胞の安全を守る」ため累次、長城以南への出兵を繰り返し、徐々に戦いの規模が大きくなり、大陸の泥沼に引き込まれていった。

なお当時の中国共産党は結成して日まだ浅く、蔣介石の国民党軍の敵ではなかった。

共産党の戦略は、農村と国民党の中へ「共産主義を浸透」させる事と、国民党軍と日本軍を「衝突させるべく挑発」する事だった。

一九三七年七月七日夜、盧溝橋近くの両岸に日中両軍が駐屯していた時、何者かが「両軍に銃弾」を撃ちこんだ。これがきっかけで日中両軍の大規模な軍事抗争「支那事変」がはじまる。この両軍への発砲は、中国共産党の挑発というのが現在の定説である。

こうしてこのあと八年間、中国大陸においてわが国は「なんの益もない戦い」を続けることになる。理由はただ一つ、北京、上海などの都市に居留する「同胞の生命」を守ることだった。

満州に賭けた見果てぬ夢

日露戦争に勝利した結果、日本がロシアから満州において「引きついだ特殊権益」は、遼東半島の租借権（実質領土）、ハルピン旅順間の鉄道、その鉄道に沿う鉱山と一定幅の土地、鉄道近辺の商業施設の行政権などである。

第一次世界大戦後の一九二〇年代、中国で抗日運動が激しくなるとそれは満州にもおよび、国民党と中国共産党による日本領事館の襲撃、発電所や交通機関の破壊、暴動、日本人襲撃などが頻発するようになる。

このような情勢のなか一九三一年九月十八日、奉天北方の柳条湖で満鉄爆破事件（関東軍の参謀石原莞爾と板垣征四郎の指示と言われている）がおこり、これをきっかけ（口実）に日本軍は満州の要衝に侵攻し、四カ月で満州全土を制圧した。これを「満州事変」と言う。目的は、満州の地の「治安の回復・維持」だった。

翌一九三二年、関東軍の工作により宣統帝溥儀を執政とする満州国が建設され、「日満議定書の調印」がなり、満州国の成立が内外に宣せられた。議定書の前文で「日本国は満州国がその住民の意思に基づき成立し、独立の国家を成す事実を確認する。満州国は、中華民国の有する国際約定の満州に関わる所は尊重する」と述べている。

満州は「清王朝発祥」の地である。それで満州国は、清皇帝の血を引く溥儀と清朝の遺臣たちが建国したかたちをとった。一方わが国にとっては、日本軍の手で「治安を維持」し、わが国の国力増強のため「資源開発と産業の振興」を進めるのが狙いであった。

しかし一九三二年、国民党政府が国際連盟に提訴し、国際連盟はリットン調査団を満州に派遣した。リットン調査団の報告は「満州国成立は、日本軍と日本官憲が係わるもので、住民の自発的な独立運動で出現したものではない」と結論づける。実態は確かにその通りである。

とはいえ、東京裁判でインドのパール判事が指摘したように「たとえ日本が満州権益の全て（実際は限定的）を獲得したとしても、国際制度上、日本の法的立場はいささかも影響を受けない。西方列強が現在所有している（アジアの各植民地の）権益は、同様の（日本よりひどい）侵略的な手段で獲得したものである。自存は国家の権利であるだけでなく、同時に最高の義務であり、他のあらゆる義務はこの自存の権利と義務に隷属する」というのが当時の歴史認識である。

リットン報告書は「列強側に立った建前論」で公平さは欠くものの、日本の満州権益ははっきり認め、同時に「米国など他国の投資も認める」よう勧告したものだった。もしこれを受け入れていたら日米開戦には至らなかったかもしれない。引き返す最後のチャンスだった。

しかし歴史の実際は、同年十二月、松岡洋右外相が国際連盟で「十字架上の日本」と題する一時間二十分の大演説を、しかも原稿なしの流暢な英語で行い、そのあと「国際連盟からの脱退」を表明した。彼の演説自体は大喝采を浴びたが、国際関係の好転には役立たず、日本は国際社会の中で孤立を深めていく。

一九三六年わが国は、満州を「強力な重工業と農業（日本から移民）」の国家とするべく「満州産業開発五カ年計画（一九三七〜四二年）」を策定した。この計画を立てたのは、満州で当時「三すけ」と言われていた実力者、満鉄総裁の松岡洋右、満州重工業株式会社社長の鮎川義介、満州国総務庁次長の岸信介の三人（いずれも長州出身者）である。

重工業化の計画は、鉄、石炭、石油などの資源開発と兵器、飛行機、自動車の産業化を目指し、五年間で生産能力を「二〜五倍増」にする野心的なものだった。これに投じる予算は五年間で二十五億円（当時の日本の国家予算相当）という力の入れようである。

しかし日中戦争の拡大の影響で進み具合は低迷し、また太平洋戦争も始まって計画に対し達成度は一〇〜三〇％にすぎなかった。

農業のための移民計画は、二十年間で百万戸・五百万人の移住を目指した。

しかし、慣れない環境での生産性の低さ、反日分子の襲撃、集まらぬ移住希望者、退団者の増加で、五年間の移民計画数九万八千戸に対して実際は五万七千戸と約半分だった。しかも中身でも「一般開拓民」の比率は下がり、青少年の「義勇軍開拓団（国主導）」の比率が増えていた。

このように、満州の開発計画は「壮大な見果てぬ夢」に終わった。

しかしこの満州開発計画は、のちにわが国の戦後の復興計画に生かされる。戦後復興においてわが国は、「傾斜生産方式」という、まず限られた資金を重要度が高い鉄鋼と石炭に投資し、それが一定レベルに達したら資金を他分野にひろげる方法をとった。これは満州五カ年計画と同じ手法である。この計画には、満鉄調査部の満州での経験者が多数加わっている。

三、西太平洋の覇権を賭けた日米三十年の抗争

開戦への序章

日米関係は日露戦争までは良好で、日露戦争の講和条約の締結は米国大統領ルーズベルトの斡旋により米国で行われたほどだった。ところが日露戦争での日本の勝利は、ハワイからフィリピンまで進出していた米国に「日本、特に日本海軍恐るべし」の警戒心をいだかせた。米国の関心は「中国大陸での経済活動」にあり、事実、一九〇五年に日露の講和条約締結に先立って米国の鉄道王ハリマンが来日し、「南満州鉄道の共同経営」を申し入れている。講和から帰国した小村寿太郎が「これを拒否」したが、この頃から日米の抗争がはじまった。

わが国は第一次世界大戦で、「日英同盟」による英国の要請でドイツに宣戦し、戦後のパリ講和会議（ベルサイユ条約）で旧ドイツ領のマリアナ、マーシャル、カロリンなどの統治を任された。わが国の領土が史上最大になり、かつ「一等国の仲間入り」をはたした瞬間である。あとから思えば「驕りの絶頂」にあり、すでに「奈落への道」に足を踏みこんでいた。

この大戦でドイツは敗北し、ロシアは革命（一九一七年）で混乱、イギリス、フランスもそれぞれ百万人単位の戦死者を出すなど西欧列強が疲弊したなかで、「日米だけ」はほぼ無傷だった。ここに太平洋をはさんだ「日米の対立構造」が決定的になり、米国から「あの手この手」の日本

締め付けがはじまる。

まず一九二一年、ワシントン会議において米国は、「各国主要艦の比率」を英：米：日を五：五：三として日本を抑えこみ、さらに太平洋の権益を相互に尊重しようという名目で「米英仏日の四カ国条約」の締結を提案した。

この条約は「日英同盟」の強制終了を狙うもので、日英同盟が存続していると仮に日米が戦った場合、日本が要請すれば英国は「対米参戦」しなければいけない。こうなると米国は困るので、四カ国条約によって「日英同盟を無効」にしたのである。したたかな戦略である。

さらに一九二四年には、「排日移民法」を成立させ日本人の移民・帰化を禁じ、一九三二年には「満州国の不承認」を宣言する。一九三七年からは、いよいよ石油、鉄屑などの対日輸出の制限に転じ、一九三九年には一方的に「日米通商航海条約」を破棄してきた。わが国は輸入総額の四〇％を米国に頼っていたので、この影響は致命的と言えるほど大きかった。

やむなくわが国は、石油、ゴムなどの資源を求めて一九四〇年に北部仏印に進出し、翌年には南部仏印に進出する。この進出が「ルビコン川（後戻り不可の川）」を渉る結果になった。

日米開戦と結末

一九四一年十一月二十六日、米国国務長官ハルが「満州、中国、南洋諸島など日清・日露戦争以降にわが国がえた権益の全てを放棄」するよう求めてきた。

米、英、オランダは「自国の植民地と権益」は保持したまま、日本には「日清、日露、ベルサイユ条約」で国際的に承認された権益の放棄を迫ったのである。ハルの要求は「事実上の最後通牒」で、ここでわが国は「対米開戦を決意」し、同年十二月八日に真珠湾攻撃に踏みきった。

戦後の東京裁判で、インドのパール判事は「もしハルノートのようなものを突きつけられたら、モナコのような小国でもアメリカに対して立ち上がるだろう」と日本を弁護した。たとえ一日で敗戦になろうとも、それが国として後世に伝えるべき国の歴史であり「国民の誇り・矜持」であるという事である。

また、御前会議において永野海軍大将は、「戦わざれば亡国、戦うもまた亡国ならば、戦わざる亡国は魂を失った亡国である。勝たずとも護国に徹した日本精神（国を守るという精神）さえ残れば、我々の子孫は必ず再起、三起するであろう」と述べた。

日本は「国と民族の誇り」をかけて米国との戦いに突入した。そして、サイパン、グァムなど南方の島々で玉砕、沖縄では軍民一体の総力戦、神風特別攻撃など、壮絶に戦って敗れた。

しかし、米国相手に壮絶に戦ったからこそ、日本は一九八〇年代半ばには「家電、車、半導体などの経済戦争」で米国を打ち負かし、「ジャパン・アズ・№1」と言われるまでに再起できたのだと思う。ハルノートを受けて、もし「戦わずして撤退」していたら、その後の日本は、その後のアジアは「どのような道」を辿ったのであろうか。

二十世紀のわが国の五十年戦争は、先人が「命を賭けて国を守ろうと生きた証し」であり、「侵略とか植民地支配」などの一言で片づけられるものではない。

しかしながら国のリーダーは、本来「国を窮地に陥らせない」よう導く責任がある。一九二一年のワシントン会議で「米国の敵意」が明確になり、これを境に日米関係は「悪化の一途」をたどって一直線に真珠湾から敗戦へとすすんだ。あまりに「無策にすぎた」と思う。

米国は中国での経済活動を望んでいた。経済活動では「治安の維持」が最も重要で、この点では「日米の利害は一致」している。そこで日米が協力して、各地に割拠する軍閥を平定し、挑発とテロを繰り返す中国共産党を排除して「蔣介石の国民党」を助けるべきだった。

しかし歴史は逆になり、日本と抗争する「国民党と中国共産党」を、米国が武器の提供などをして助ける形になった。ここが、中国が「共産化するかしないか」の分岐点だった。

いま一つ、「対米開戦やむなし」となったとしても「対米長期戦は無理」なことは明らかで、だとすると「開戦二年で講和締結」にもち込む戦略・戦術を練るべきだった。

作戦の要衝は「米空母を全滅」させ続けて米国世論を厭戦に導くこと。開戦当初は、格闘能力と飛行距離が抜群の「零戦」があり、空母の数もほぼ同じだった。方法はあったはずである。

日本海海戦の時、ロシア艦隊の殲滅を目標とし「艦隊の運用法、敵艦撃沈の猛訓練、強力火薬の開発」などに必死で取り組んだ先人から何も学んでいない。一等国になった「驕り」が眼と思考を曇らせた。だが、米国に勝った方が良かったかどうかは、別の話である。

人のすることにミスはあるし、戦いの現場では残虐行為もある。この五十年戦争のそういう「負の側面」だけを誇張して批判し、先人が「国と同胞の命を守る大義」のために戦ったという「正の側面」を評価しない国では、国の「自存・自衛」は難しく、将来は危うい。

あの五十年戦争がアジアに残したもの

日清、日露戦争から満州事変を経て太平洋戦争まで、わが国が戦った五十年戦争が「アジアに残したもの」は一体なんだったのか。

日本軍の侵略・残虐行為による「反日感情」、とりわけ中国での「南京大虐殺」と韓国の「慰安婦問題」が残した反日感情と言う人はいるだろう。

しかし本当だろうか。中国、韓国の反日感情は「あの五十年戦争」、五十年間の衝突・確執で生まれたと言えるほど単純ではなく、もっと根が深い。しかも南京大虐殺と慰安婦問題は、歴史の真実ではなく「捏造された事件」である。

一方、まぎれもない「歴史の事実」として次の二つがある。

一つは、日清・日露戦争後、わが国の統治下に四十年間あった台湾、韓国は一九六〇年代、日本が牽引した経済発展の「雁行隊列（三角の雁の隊列）」に、一番早く加わったメンバーであったこと。

もう一つは、太平洋戦争の四年間、日本が進駐したインドネシア、ベトナム、ビルマなど東南アジア諸国は、戦中から戦後に相次いで独立し「欧米の植民地支配」を脱したことである。

これらアジア諸国の二つの「歴史的な変革」の根底に、日本が「残したもの（遺産）」がある。

わが国がかかわったこの二つの変革の実態を辿ってみる。

一、台湾、韓国、満州における四十年間の日本統治が残したもの

中国、韓国、台湾の当時の社会状況と住民の暮らし

中国も韓国も古来、千数百年にわたって中央集権体制を敷いてきた。そこでは、中央から派遣された官僚たちが在任中に財をなすため、「住民の搾取と財の収奪」に励んでいた。

そのうえ、相つぐ戦乱で田畑や家は荒れ、匪賊が跋扈して略奪・殺戮を繰り返し、さらに疫病が蔓延、井戸水は汚水状態という、当時の中国、韓国の住民の暮らしは悲惨をきわめていた。

とりわけ中国の場合、国民党と地方軍閥、共産党軍が相争う抗争が民衆に大きな災禍をもたらした。数十万人から百万人単位の軍が、それも北伐・長征と称して大陸を広範囲に移動する、そこには常に大規模な略奪・殺戮がともなっていた。

韓国も「昔からミニ中国」で似たような状態だった。英国の紀行作家イザベラ・バードは一八九四年、彼女が見た韓国の状況を次のように記している。

「朝鮮国内全土は、官僚主義の悪弊のはびこりに加え、政府機構の悪習そのものが底無しの腐敗の海・略奪の機関で、勤勉の芽という芽をつぶしてしまう。職位や賞罰は商品同様に売買され、政府が衰退しても被支配者（住民）を食い物にする権利だけは存続している。日本は、朝鮮式のこの複雑多岐な悪弊と取り組み、是正しようとした。現在行われている改革の基本線は、日本が朝鮮に与えたものである。」

ただし台湾はかなり状況が異なる。「無法の地」ではあるが、役人の収奪や匪賊の跋扈は少なく、また民族的には「海洋民族」なので民族のＤＮＡは中国、韓国よりは日本に近い。

台湾、韓国、満州における日本統治

日清、日露戦争の勝利で統治権をえた「台湾、韓国、満州」において、わが国は先ず、現地住民を搾取する「地方役人の排除」と略奪・殺戮を繰り返す「匪賊の討伐」を行った。そこで抵抗する役人や匪賊の殺害は当然あった。

それと同時に、生活・衛生環境の改善に着手し、医療・衛生の知識の普及から、病院の設置、医師・看護婦の養成、ごみ・汚物処理の改善などを行った。

農業・食料の面でも、農具と肥料の改良、品種の改良、新田の開拓などをして「食料を増産」し、同時に土地制度と農業政策の近代化にも取り組んだ。その結果、人口は大幅に増えた。

生活・社会の基盤が改善したあと一九三〇年代からは、「産業の振興と教育」に取り組んだ。

韓国は、日本の統治下にあった四十年間で、人口は二倍の二千五百万人に、耕地面積と米の反収も共に二倍近くに、工場で働く従業者は十倍の五十五万人に、病院数は七倍の二百カ所となるなど、韓国の社会経済は大きな前進をとげている。

戦後、台湾、韓国は日本統治下で形成された社会資本をもとに一九六〇年代、いわゆるNIESの一員として、日本を先頭とする経済成長の「雁行隊列」に加わった最初のメンバーである。また満州は中国に帰属したが、わが国が残した「重工業遺産」は戦後のしばらくの間、中国経済の柱として中国を支えた。

日本が「侵略・植民地支配」をしたと言われていることの実態は、こうした「新国家の建設」そのものだった。

一九四三年、日本が満州に建設した豊満ダムを訪れたフィリピンの外相は、「フィリピンは、スペイン植民地として三百五十年、アメリカの支配下に四十年いたが、住民の生活向上に役立つものは何も残っていない。満州では、建国わずか十年でこのようなダムが建設されたのか」と慨嘆したという。

欧米列強の植民地支配の目的は、現地人を酷使してその国の「資源と富」を奪い、自国を益することにあった。だから、欧米人が暮らす空間の周りには「西洋風の街区と文化の香り」を残しはしたが、その国と住民にはほとんど何も残していない。

中国や韓国などアジアにおいて戦後、日本が行った腐敗した官僚の粛清や匪賊の討伐など、当たり前の警察行為が「植民地支配の罪科」として糾弾されている。逆に、粛清・討伐された「当時の民衆の敵」が、現在は「抗日の英雄」と称賛されることもある。

日本の戦前の歴史は「負の面だけを誇張」して語られることが多い。が、我々日本人だけは、正負を含めて「歴史の真実」をしっかり認識しておこう。

根が深い中国、韓国の反日感情

過去二千年近く、中国と朝鮮の関係は「華夷秩序・冊封体制」のもとで朝貢・隷属の関係にあって、彼らは日本を「更にその下（外）」の蛮夷と見なしていた。

その日本に、中国は一八九五年に日清戦争で敗れ、韓国は一九一〇年に日本に併合される。見くだしていた日本への敗北は「このうえない屈辱」だった。これが「反日感情の原点」にある。

しかし太平洋戦争で、東京、大阪をはじめ日本の主要都市は焦土と化す。これで日本は「再起不能」と思ったはず。ところが、三十年を経ずして再び日本が「世界の舞台」に登場し、今度は産業・技術の面で「日本の指導や支援」を受けるという「二重の屈辱」を味わった。

もうひとつ中国と韓国の反日感情には、政治が意図的に「旧日本軍は残虐」であるとして、教育、ドラマ、展示物などでプロパガンダして創られたものがある。目的は国民の目を「反日軸に結集して政府から逸らす」ことである。

こうした反日感情がさらに逸脱して、「反日無罪」という反日の行動なら何をしても、法律に違反する行為でさえ許される（無罪）という考え方になる。法治国家の姿ではない。

ただ韓国に対しては、日本にも「反省すべき点」はある。それは対米決戦が現実になろうとするころ、韓国に「日本化を強要」したことである。一九三八年の朝鮮語教育の禁止、一九四〇年の創氏改名（日本名に改名）、一九四四年からの徴兵制などである。民族の誇りとアイデンティティの否定、これは「行きすぎた行為」だった。

しかしながら日韓併合については、当時の国際感覚では「安全保障面」で当然の行為であり、列強も承認していた。当時の外相小村寿太郎は、「日本政府は韓国を擁護せんがため二回の大戦を賭し、誠意を傾けて韓国の扶翼につとめたが、現在の制度下では到底改善のあたわざるを鑑み、韓民全般の福祉を増進せんがため、須らく両国を統合して政治機関の統一を図るほかない」と記している。

「二回の大戦」とは日清戦争（中国への隷属から解放）と日露戦争（ロシア支配の排除）である。事実「日韓併合」のあと、韓国の社会経済の近代化は大きく進んだ。

結論として、中国、韓国の反日感情には「歴史、政治、社会」にまで根ざす深さがあり、払拭することは不可能と認識して、我々は付き合わないといけない。

二、東南アジアにおける四年間の日本統治が残したもの

東南アジア諸国の相つぐ独立

一九四一年、太平洋戦争の開戦と同時にわが国は、石油、ゴム、錫、ボーキサイトなどの資源を求めて東南アジアに進出した。日本軍は、英、仏、オランダの植民地軍と戦い、「予想を超える短い時間」で彼らを追いはらった。

同時に、植民地政府の手足となって「資源と富の収奪」に加担していた南洋華僑も追放した。こうして東南アジア諸国は、欧米列強の植民地支配のくびきから解放されることになった。

そのあと日本軍は、治安維持のため現地人中心の統治機関をつくり、さらに現地人から有志を募って「日本軍への協力部隊」を作って訓練した。この時の彼らが、戦中から戦後の独立運動の中心になる。

太平洋戦争の四年間、日本が進駐したインドネシア、ベトナム、ビルマなど東南アジア諸国は、戦中から戦後に相ついで独立し「欧米の植民地支配」から脱した。

アメリカのジョイス・C・レブラ教授（コロラド大学）は、著書『東南アジアの解放と日本の遺産』の中で、「(東南アジアの有志たちは) 日本の占領期間中に身につけた、軍事訓練、政治能力、自信を総動員して戦後、西洋の植民地支配に対抗した。そして日本占領下で、(彼らの) 民族主義と独立要求は、もはや引き返せない所まで進んでしまったことをイギリス、オランダは戦後になって思い知るのである。」と記している。

日本が東南アジアに残した最大の遺産は、「アジア人としての自覚と自信」であり、決して

「戦争や植民地支配の爪痕（被害・苦しみ）」が最大の遺産ではない。

それにしても、わずか四年にも満たない間に、しかも戦いの最前線で、よくも各民族にこうした民族意識を植えつけ、政治、軍事、産業などの面で人を育てたものである。日本軍の青年将校は、有意な若者たちに「軍事、技術の教育」を行うとともに、「国への想い」を熱く自らの言動で伝えたのだろう。

彼らの心情は、その三十数年あと日本の高度成長期に「企業戦士」と言われた私たちには理解できる。この時代に我々は、台湾から東南アジアへと、製品や部品の「海外での調達や製造」のために出て行った。企業戦士は「会社を背負い、会社のため」が第一だが、同時に現地の人とその国の「技術的な自立」を願い、技術や管理法を真面目（過ぎるほど）に伝えようとした。

戦中の青年将校たちも、彼らの「列強から自立」を願い指導したのだろう。「富の収奪、自己中心」とは対極の心情と行動、これが「日本人のＤＮＡ」である。

東南アジア独立戦争に加わった日本兵たち

一九四五年八月十五日、太平洋戦争終結と同時に東南アジアに進駐していた日本兵は、現地で除隊され復員することになった。ところが、帰国せずに東南アジアに留まった日本兵が三千名ほどいた。彼らは、インドネシア、ベトナムなどの独立軍に加わり、戻ってきた植民地軍と戦い、その半数ほどが戦死している。

彼らが現地に残った理由は、日本は米国の占領下にある（絶望）、戻ると戦犯に問われるかもしれない（不安）、現地に妻か愛人がいる、独立軍から指導を頼まれた、東南アジアの解放を約束した、元上官と行動を共にするなど、表面的にはさまざまである。

だが心の奥底には、「日本は負けた、が、今度は手塩にかけたこの連中がイギリス、フランス、オランダと戦う、ここは助けてやらねば」という義侠心があっただろう。さらには「ここを死に場所」として、先に逝った戦友たちの後を追うという心情もあったに違いない。

最も激しい独立戦争が戦われたインドネシアの場合を見てみる。

インドネシアは、一六〇〇年頃から三百年以上オランダの植民地だった。オランダは「愚民政策」をしき、独立運動家は徹底的に弾圧していた。

ここに日本軍がきて、虜囚の独立運動家たちを解放し、義勇軍を創設、イスラム教を容認、食料の米の増産、道路・橋梁の改修、教育の普及など、矢つぎばやに行った。

一九四五年、日本の敗戦と同時にスカルノ大統領が独立を宣言し、オランダ軍との四年半におよぶ激しい戦いのあと、一九五〇年に独立を果たした。

この戦闘において、インドネシア人の死者は八十万余人、残留日本兵は千人ほどいたが四百名が戦死した。オランダ軍の眼を盗んで日本兵は、インドネシア独立軍に小銃数万丁と弾薬、車輌二百台を、廃棄と見せかけて渡した。

ジャカルタ郊外にあるカリバタ国立英雄墓地には、独立戦争で特別な功を立てて戦死した人々が祀られている。この中に十一名の日本人が一緒に葬られている。

インドネシア陸軍大佐のズルキリ・ルビスは、日本の軍政について次のように述べている。

「大東亜戦争が契機になって、アジアからアフリカまで独立した。日本にだけ犠牲を払わせてすまないと思う。戦争中の日本軍政の特徴は、魂を持ってきてくれたこと。我々と苦楽を共にし、農作業や各種技術の初歩を教えてくれ、軍事訓練まで施してくれた」

真面目で勤勉、責任感が強い先輩たちの姿が目に浮かぶ。

他国に軍を出して戦いをおこせば、現地の住民には大きな苦難が降りかかる。また抵抗分子の掃討もあり、その中には無実の人もいたかもしれない。

旧日本軍は、満州から中国大陸、ベトナム、ビルマ、インドネシア、マレーシア、シンガポールから南洋諸島と、広大な範囲に侵攻して戦った。その間に、各地の住民に苦難を強いたことは「歴史の事実」として忘れてはいけない。

しかしながら、そのような所だけを誇張して取り上げて「旧日本軍＝悪」を喧伝する人たちがいるが、それは「正しい歴史認識」ではない。

東南アジアの主要国、インドとタイの当時の首相は、日本を次のように評価している。

インドのジャワハルラール・ネルー初代首相は、

「インドは間もなく独立する。この独立の機会を与えてくれたのが日本である。インドの独立は日本のおかげで三十年も早まった。インドだけではない。ビルマもインドネシアもベトナムも、東アジア民族は皆同じである。インド国民は、これを深く心に刻み、日本の復興には惜しみない協力をしよう。他のアジア民族も同様である」と。

タイのククリット・プラモート元首相は、

「日本のおかげで、アジア諸国は全て独立した。日本というお母さんは難産して母体をそこなったが、生まれた子供はすくすく育っている。今日東南アジアの諸国民が米英と対等に話ができるのは誰のおかげか。それは身を殺して仁をなした日本というお母さんがあったためである」と。

歴史には多様な側面がある。

歴史問題は、その国が生きた時代の環境の中で、先輩たちが「どのような目的と意志」を持って行動し、そしてどんな結果になったかを、客観的・複眼的に捉えなければいけない。

追記 性奴隷（従軍慰安婦）と南京大虐殺は歴史の事実ではない

性奴隷（慰安婦問題）とは、「日本軍が十万とか二十万人の韓国の若い女性を強制連行し、戦地の日本軍男性の相手をさせた」という事件である。十万ではなく数千人でも「若い女性を強制連行」すれば、住民の反発、新聞などの非難記事、写真などが残っているはずだがそれは無い。

なお日本にも、一九五八年に「売春禁止法」が施行されるまで公娼制度があった。だから戦地にもそれに類する制度（従軍慰安婦）はあった。が、それは「強制された性奴隷」ではない。

性奴隷は、国内のある大手メディアが捏造したもので、そのメディアもそれを認めて謝罪しており「事実でない」ということで決着している。

それでここでは、「南京大虐殺」が事実かどうかを検証する。

これは「日本軍が一九三七年十二月、中国の南京を攻略した時に約三十万人の市民を虐殺した」という事件である。しかしこれも事実ではない。中国人が自分たちの「価値観と行動様式」によって「想像・捏造」したものである。物証といえるものは、全くと言えるほどない。

韓国も中国も、性奴隷（従軍慰安婦）や南京事件が「事実かどうか」はお構いなく、慰安婦像や展示館など作って反日の道具として喧伝し、外交カードとして利用してくる。

そもそも二つの国が、「講和や友好条約」を締結した以上は、過去の出来事は「仮に事実」であっても蒸し返さない、というのが「国際的な常識・マナー」である。しかし、中国、韓国に「そのような常識」は通用しない。

米国の広島への原爆投下（死者三十万人）や日本の真珠湾攻撃（死者二千三百余人）は犠牲者名簿もある「まぎれもない事実」だが、日米の政府も国民も「蒸し返して非難」したりはしない。ただ、原爆ドームと戦艦アリゾナを「歴史の記憶」として残しているだけである。

①南京事件が存在しなかった傍証

「存在しないこと」の証明を直接するのは無理で、周辺状況からの傍証になる。

南京陥落の時、南京城内では一部外国人もふくめ約三百名の報道関係者が取材活動をしていた。それなのに、彼らの中で「大虐殺の現場」や「多数の虐殺死体」を見た者はいない。

南京市の面積は約四十平方キロ（約六キロメートル四方）である、その程度の広さの市内に二十万いや一万でも死体があれば、三百名もの報道関係者がいながら、「累々たる死体」の写真が一枚もないという事はありえない。

南京で日本軍の暴虐の証拠とされている写真には、数名の虐殺シーンや生首を下げた日本兵、中国人を生き埋めにしている写真、子供を放り上げて銃剣で刺そうとしている写真などがある。しかし、軍服が違う、日本人ではない、襟章が見えないなど疑義があり、そのうえ「大量虐殺ではなく、しかも場所が不明」である。

当時、逃亡せずに南京に残留した市民は、事前に南京側の委員会が設けた「難民区（安全地帯）」に避難していた。この難民区は日本軍の憲兵が厳重に警備し、特別の許可がなければ将校といえども立ち入る事はできなかった。このため南京陥落時に市内に市民の姿はなく、日支両軍の戦闘地跡に「両軍の戦死体」が残っていただけである。

このほかにも「南京事件が存在しなかった」という傍証は幾つかあるが、ニュースに敏感な報道関係者が大勢いながら、多人数の「虐殺写真が一枚もない」ことが、南京事件が存在しなかった何よりの証拠である。

②南京事件は中国人自身が描いた虚構

南京事件の実相は、中国人自身が彼らの「伝統的な価値観と嗜虐的な性情」に基づいて「自分たちならこうしたはず」と描いた虚構（うそ）である。

中国には虐殺方法について克明にまとめた古文書がある。彼らには遊牧民の血が流れていて、羊や豚に対するように「腹をさき、皮を剝いだり」して人を殺す。なお、日本では「南京大虐殺記念館」と言うが、中国では「南京大屠殺記念館」と言っている。

南京で日本兵が、大勢の中国人の男女子供を「残虐な方法」で殺したという証言は、いずれも「中国古来の方法」によるもので、日本人の価値観では到底行えない行為である。

南京事件の数カ月前の一九三七年八月、北京郊外の通州で日本人居留民の男女子供が三百人近く殺された。その殺し方は南京証言と酷似した「残虐、非道」なものだった。日本軍が行った現場の個々の調査記録が写真もふくめ残っている。

日本人には、南京事件の証言のような「人の殺し方」は到底できない。それを知らずに、そうした証言をもとに南京事件を喧伝していること自体が、南京事件が存在しなかった何よりの証拠である。顔かたちは似ていても「異なる価値観」をもつ民族がいる事に彼らは気づかない。

南京攻略時に、市民に交じって抵抗する分子の殺害はあったが、市民の大量殺害はなかった。


若い皆さんは、中国をはじめアジアの人たちと仕事や交流をする機会が多いだろう。その時に「植民地支配、侵略、大量虐殺」などの歴史問題で卑屈になることはない。少なくとも、一部のマスコミや有識者の「日本の戦前＝全て悪」の立場を取る必要はないし、また他国から「そのように言われる筋合い」もない。

ただ、日本軍が進出・転戦した国々の人たちに「犠牲と苦痛」を強いた事実は胸に留めておく。歴史問題には「互いに言い分」があるので、卑屈になることはないが、議論する必要はない。答えが出ない事柄なので。

戦後の出発点、GHQの政策を検証する

ちかごろ、国会討論や大手メディア・学会など論壇における「国の進路・国策」にかかわる議論が「少々おかしい、不健全」である。

たとえば、「戦争法案反対（安全保障法案）」「共謀罪法案反対（テロ等準備罪法案）」「戦争改憲反対（憲法九条改正）」、「過労死法案反対（働き方改革法案）」などと、国の進路にかかわる重要法案に「薄っぺらなレッテル」を貼って連呼するような議論が目立つ。

まるで、六十年安保闘争当時の全学連のシュプレヒコール、「安保反対、岸を倒せ（当時の岸信介首相）」を聞かされているようである。

一部の野党が「このような姿勢」を取るだけなら問題ではない。ところが、影響力が大きい大手メディアや著名な学会、有識者グループの幾つかがこれに同調している。これらの人たちは、社会的地位が高く見識ある方々なのに「なぜこのような事態」になったのだろうか。

どうもそこには、「戦前につながるものは全て悪」という思想があるように見える。これはまさに、戦後のGHQ（連合国軍最高司令官総司令部）の「当初の占領政策」そのものである。その中心は「戦前＝軍国主義＝悪」という図式で、これを徹底的に日本人に叩き込むことだった。

このGHQの占領政策がわが国の「戦後の出発点」になり、その統治は約六年間、一九五一年九月のサンフランシスコ講和条約締結までつづいた。ここでは、そのGHQの政策が「どんな意

図で、どのように行われたか」を検証する。

一、日本人の「国家・歴史にかかわる意識」の改造計画

白人優位を信奉する欧米列強にとって、二度にわたり自分たちに挑戦した日本は「絶対に許せない存在」だった。一九〇五年に日露戦争でロシアが敗北した時、ロシアと対立関係にあって「日英同盟」を結んでいた英国人でさえ、ロシアのために悲しんだという。

そして一九四一年、日本は今度は米英に戦いを挑み、米国の「レキシントン」、「ヨークタウン」、「ホーネット」など空母十隻を沈め、また英国の東洋艦隊が誇る「プリンス・オブ・ウェールズ」、「レパルス」の最新戦艦二隻を撃沈した。さらに開戦当初の零戦の威力はすさまじく、米側は零戦とは「ドッグファイト（格闘戦）はするな」という屈辱的な戦術を強いられた。

ちなみに、太平洋戦争での戦死者数は、米軍十万余人、日本軍は約二百万人である。

それで日本に「このようなこと」は二度とさせない、そのために日本の「国力を徹底的に弱体化」する、これがGHQの対日基本方針である。

軍事面で「軍隊を持たさない」のは当然として、産業面では衣食住にかかわる「農業と軽工業」は許すが「自動車、艦船、航空機」などの重工業は研究・製造ともに禁じた。GHQは日本を、「農業だけの四等国」にとどめおき、工業製品は米国から買わせるつもりだった。

そのうえで、GHQが最も重視したのが、日本国民の「国家・歴史にかかわる意識」の改造だった。そのために「ウオー・ギルト・インフォメーション・プログラム（戦争についての罪悪

感を日本人の心に植え付ける計画)」を展開する。

日本本土占領時に米軍は、沖縄での「軍民一体」の総力戦や「神風特別攻撃」などの記憶から、相当の抵抗があると覚悟していた。ところが予想に反し、日本国内でも東南アジアの最前線でも抵抗はほとんどなく「占領軍」は静かに迎えられた。

彼らはそれが、八月十五日の昭和天皇の「終戦の詔書(お言葉)」によりもたらされた事を知る。さらに占領軍は、日本国民の目に「敵意がなく、また恐れもない」ことに驚く。

この二つは、彼らには「不気味」であると同時に、日本国民には「敗戦の自覚も反省」もない、このままでは「また立ち上がる」と映った。

ここから、日本人に徹底的に「罪の意識を自覚」させる計画がスタートする。

計画には二つの側面があった。まず、「民主主義」対「軍国主義」の構図の中で、戦前の日本は軍国主義であり、近隣諸国を侵略・植民地化して残虐な行為を行った。これは平和と人道に対する「許せない罪悪である」と告発することだった。

そして一九四五年十二月八日(対米英開戦と同じ日)、この日から各新聞に命じて「太平洋戦争史」と題する、日本軍が各戦地で行った「残虐行為の記事」を連載させた。

二つ目の側面は、この戦争の責任は「軍の指導者」にあり、「一般国民」はむしろ被害者だったとし、日本国民に「免罪符」を与えた。これによって国民意識は一気に変わり、GHQが狙った「戦前=軍国主義=悪」のイメージに急速に嵌まっていく。

しかし、日本の戦前の歴史は「そのような単純な悪」ではない。

二十世紀のわが国の五十年戦争は、「植民地支配・資源収奪の戦い」ではなく「自存・自衛の戦い」であり、日本がアジアの各国に残したものは「資源収奪の爪痕」ではなく、「欧米による植民地支配からの解放」だった。その間をとおして戦前は「国民もメディア」も熱狂的なほど「国を支持」していた。

それなのに見事にＧＨＱの罠に嵌まり、「戦前＝悪」の意識に改造され「一億総懺悔する国民」になってしまった。「忘れっぽさと柔軟性」が我々日本人の特質の一つであるとはいえ。

その一方、英、米、仏、オランダの列強は、日本の敗戦と同時に「植民地支配を再開」すべく東南アジアの旧領に戻ってきた。「身勝手な二重基準（ダブルスタンダード）」である。しかし四年間の日本軍占領下で自信をつけた東南アジア諸国は「再植民地化」を許さなかった。

二、教育界と言論界に大きな傷痕を残した公職追放令

ＧＨＱは一九四六年一月、「戦争協力者の追放令」を発した。政界では、鳩山一郎、岸信介、河野一郎など各党の有力者が多数、経済界では、松下幸之助、小林一三、堤康次郎など各業界の社長クラスが、さらに行政、教育界、マスコミなど国家の中枢を担う人たちあわせて二十万余人が職から追放された。戦争を生き残り、これから「さあ日本の復興」という時に、それを「根こそぎ奪う」にひとしい指令である。

この追放令は一九五〇年に四年ほどで解除されたが、その悪影響が戦後七十年経った現在まで残ったのが「教育界と言論界」である。

戦争中、「天皇への不敬や政府批判」を行う教授たちは当然、職を追われていた。そこに追放

令が出て、「戦争推進に協力」したと在任中の大学の総長、学部長、教授らが追放され、その空いた席に戻ってきたのが戦争中に追放されていた「反政府的な教授」たちだった。彼らはその職を通して長い間、「戦前＝軍国主義＝悪」を喧伝しつづけた。

彼らの下から多くの卒業生が巣立ち、その一部は大学に残って教授になり、一部は戦後に新設された大学の教授として送り出され、こうして彼らの影響は「拡散・長期化」していった。

戦後七十年経った現在でも、教育界には教科書の「反日的な傾向」や、「国旗掲揚や君が代斉唱」への抵抗が残っている。

マスコミ界も教育界と似た状況があり、現在まで「反体制的な人脈」が残っている。

一方、政界や経済界では、もともと「思想問題が無い」うえ、追放令の解除で「同じ人が同じ場所」に戻っただけで、悪影響は残らなかった。

教育界とマスコミでのこの傾向の「有無と強弱」は、人脈によるところが大きい問題なので、大学・学部により、またマスコミの系列によって違いがある。

一九五〇年、朝鮮戦争が勃発するとＧＨＱは「公職追放令」を解除し、逆に「共産主義者追放令（レッドパージ）」を出し、また日本に「警察予備隊（再軍備）」を設置させるなど、ＧＨＱの政策を真逆に転換する。

しかし、反体制的な一部の「教育界とマスコミ界」に、レッドパージに類する思想転換はおこらなかった。わが国の現代史における「不幸な痛恨事」である。

三、主権なき国家で制定された現行憲法

ＧＨＱ主導の憲法制定

明治憲法にかわる新憲法において、ロシアやオーストラリア、中国（国民党政権）は「天皇制の廃止」を求めていた。このままでは収拾がつかない混乱になると考えたマッカーサー元帥（連合国軍最高司令官）は、「日本国憲法の三原則」をＧＨＱの若手官僚に示して「憲法草案の作成」を急がせた。

三原則とは、「天皇制は維持する、自衛もふくめ戦争と軍隊は放棄させる、貴族制度を廃止する」の三点である。現行憲法の草案（マッカーサー草案、ＧＨＱ草案という）は、二十数名のＧＨＱ官僚が、米国など各国の憲法を参照しながら、昼夜を徹して一週間たらずでつくったという。一九四六年二月十日、草案が完成、それを受けた日本政府は、二十六日の閣議でその草案に基づく新憲法を決定する。そのあと議会の審議を経て十一月三日に公布、翌一九四七年五月三日に施行となった。

こうして現行憲法は、ＧＨＱ占領下においてマッカーサー元帥の強力なリーダーシップ（独断）の下で、実質はＧＨＱにより作成された。しかし「天皇制を廃止するかどうか」の泥沼の議論を回避し、「天皇制を維持」してくれたことは感謝しなければならない。

憲法前文、稚拙な文章

新憲法は前文において、わが国の「平和国家への誓い」を次のように宣言している。

「日本国民は、恒久の平和を念願し、人間相互の関係を支配する崇高な理想を深く自覚するのであつて、**平和を愛する諸国民の公正と信義に信頼して、われらの安全と生存を保持しようと決意した**。われらは、平和を維持し、専制と隷従、圧迫と偏狭を地上から永遠に除去しようと努めてゐる国際社会において、名誉ある地位を占めたいと思ふ。われらは、全世界の国民が、ひとしく恐怖と欠乏から免かれ、平和のうちに生存する権利を有することを確認する。

われらは、いづれの国家も、自国のことのみに専念して他国を無視してはならないのであつて、政治道徳の法則は、普遍的なものであり、この法則に従ふことは、自国の主権を維持し、他国と対等関係に立たうとする各国の責務であると信ずる。

日本国民は、国家の名誉にかけ、全力をあげてこの崇高な理想と目的を達成することを誓ふ。」

これが「現行憲法前文の後半部」である。

わが国の最高位の法令である憲法の、しかも最も重要な前文にしては「稚拙な悪文」としか言いようがない。西洋人特有の理屈っぽさ、だらだらとした文脈、味気ない翻訳調の文章、助詞の奇妙な使い方など、日本人の「要点を簡潔かつ明確に、そして美しく」という美意識とは大きな隔たりがある。

内容での問題点は、太字部の「平和を愛する諸国民の公正と信義に信頼して、われらの安全と生存を保持しようと決意した」のところで、「自国の安全と生存を自分たちで守る」ことを放棄し、諸国民（日本の近隣は、中国、韓国、北朝鮮、ロシア）の「公正と信義を信頼して国の安全を守る」と宣言していることである。

これは「主権の放棄」にほかならない。正気とは思えない。が、これが敗戦直後わが国が置かれていた時代環境で、占領下の主権なき国家ではやむをえなかった。

この「前文の異常さ」、これだけでも「憲法改正」は必要だと言える。

第九条、芦田修正は是か非か

もう一つの論点は「戦争の放棄」の項で、わが国は第九条で次のように宣言した。

「日本国民は、正義と秩序を基調とする国際平和を誠実に希求し、国権の発動たる戦争と、武力による威嚇又は武力の行使は、**国際紛争を解決する手段**としては、永久にこれを放棄する。**前項の目的を達するため**、陸海空軍その他の戦力は、これを保持しない。国の交戦権は、これを認めない。」

この第九条にてらして、七〜八割の憲法学者が「自衛隊は違憲だ」と言っている。別に憲法学者でなくても誰もが、第九条を素直に読むと「自衛隊は持てない」と考える。

ところが現在、「自衛隊は合憲」としているのは、第九条の太字部「前項の目的（国際紛争の解決の手段）」のための「戦力は保持しない」が、自衛のためなら「戦力を保持できる」との考えによっている。苦しい解釈である。

「前項の目的を達するため」の字句は、GHQの草案にはなかった。GHQは当時、本気で「自衛のための戦力」も日本には持たせないつもりだった。この文言は、衆議院憲法改正小委員会の芦田均委員長が追加したもので「芦田修正」と言われる。

もし「芦田修正」がなかったら、一九五一年の「サンフランシスコ講和条約締結」のあと、第九条はごく自然に「自衛隊を明記」するよう改正されていただろう。

「芦田修正」が行われたばっかりに、第九条の解釈をめぐる不毛な論争が続けられ、そのうえ、無理な解釈なので「自衛隊の手足」を縛り、自衛隊の「安全と戦力発揮」の双方を損なう結果になっている。

明治の三傑のひとり木戸孝允は、明治の憲法制定にあたって「国の興廃・存亡は、ひとえに憲法の形にかかっている」と語った。だとすると、今の憲法のままでは、わが国は危うい。第九条への「自衛隊の明記」が急がれる。

四、正当性、公平性を欠く東京裁判

東京裁判は一九四六年五月から約二年半、連合国が指定した「戦争犯罪人」を裁いたもので、死刑七名をふくむ二十五名が有罪になった。一九五一年の「サンフランシスコ講和条約」の十一条でわが国は、「東京裁判の判決（ジャッジメント）」を受け入れた。

裁判とは本来、法律に違反した行為を裁くものだが、東京裁判は国際法には無い「平和に対する罪」「人道に対する罪」と、「通常の戦争犯罪（一般的な法規違反）」により裁いた。法に則って裁くという「裁判の原則」を無視している。

そして宣告された罪状は、「侵略戦争の共同謀議」と捕虜虐待の「監督不行き届き」であり、死刑にされるような罪状ではない。

裁判でただ一人「全員無罪」を主張したインドのパール判事は、「東京裁判は裁判にあらず、復讐の儀式にすぎない」と裁判自体を違法と断じた。

東京裁判を統括したマッカーサー元帥は、後日一九五一年五月三日、上院の軍事外交合同委員会で「日本は、石油、錫、ゴム、羊毛、綿、その他、多くの原料がない。その供給を断たれたら一千万人以上の失業者がでるだろう。したがって彼らが戦争に飛びこんだ動機は、大部分が安全保障上の必要に迫られてのものだった」と証言した。

マッカーサー元帥は、東京裁判の判決を「直接的ではないが本質」において否定した。

東京裁判とは結局、「日本が悪をなした」ことを日本国民と世界に知らしめる儀式であり、裁判の「正当性、公平性」は元々二の次だった。それにもかかわらず、この「東京裁判史観（日本は悪をなした）」なるものが現在も一部のマスコミと知識人の中に生き続けている。

一九五二年十一月、インドのパール判事が広島高裁での講演で、次のように日本を叱責した。

「要するに彼ら（欧米列強）は日本が侵略戦争を行ったということを歴史にとどめることによって、自分らのアジア侵略の正当性を誇示すると同時に、日本の十七年間（一九二八年から一九四五年、東京裁判の審理対象期間）の一切を罪悪と烙印する事が目的であった。

私は一九二八年から一九四五年までの十七年間の歴史を二年七か月かけて調べた。この中には、おそらく日本人の知らなかった問題もある。それを私は判決文の中に綴った。その私の歴史を読めば、欧米こそ憎むべきアジア侵略の張本人であるということが分かるはずだ。

それなのに、あなた方は自分らの子弟に、『日本は犯罪を犯したのだ』『日本は侵略の暴挙を敢えてしたのだ』と教えている。満州事変から大東亜戦争にいたる真実の歴史を、どうか私の判決文を通して十分研究していただきたい。日本の子弟がゆがめられた罪悪感を背負って、卑屈、頽廃に流されていくのを私は平然として見過ごすわけにはゆかない。

誤った彼ら（欧米列強）の宣伝の欺瞞を払拭せよ。誤った（戦前の）歴史は（正しく）書き変えなければならない。」

戦後わずか七年の時点でのパール判事の「血を吐く」ような叱責である。にもかかわらず、戦後七十余年を経た現在でも、当時の「欧米列強の宣伝」を信じている人たちがいる。この状況をパール判事が見たら「おそらく絶句」するであろう。

遅まきながらパール判事の叱責にこたえて、ＧＨＱが設定したわが国の「戦前＝軍国主義＝悪」のレッテル、「東京裁判史観」から脱却しよう。

そして二十世紀にわが国が行った「五十年戦争の真実」と正しく向き合い、「正しい近現代史」として後世に伝えよう。五十年戦争では多くの先輩たちの血が流れている。

日本の近代史を、事実に基づいて緻密にたどった著書として、中村粲さんの『大東亜戦争への道』（展転社）という大著がある。

戦後の復興・発展に挑んだ無名の男たち

『プロジェクトX　挑戦者たち』というドキュメンタリー番組があった。NHKが二〇〇〇年三月二十八日から二〇〇五年十二月二十八日まで放映したもので二百本近くの作品がある。

内容は、わが国の戦後の復興から高度成長を支えた「巨大インフラの建設」や「国の基幹となる技術・製品開発」などに、「高い使命感」をもって挑んだ男たちの物語である。主人公は、経営層ではなく「現場の第一線」で体を張って指揮した者たちだった。

番組のテーマ曲、中島みゆきが唄う『地上の星』が大ヒットした。歴史に輝く偉業を成し遂げた無名の男たちを「地上の星」に譬えて「今どこにいるのか」と問うたフレーズが心にしみた。

バブル崩壊から十年、「失われた十年」を経て閉塞した時代を生きるサラリーマンたちに「希望と勇気、感動（涙）」を与えた番組である。誰しもが「自分の苦労など、彼らに比べれば大したことはない」と奮いたった。

一方、この時代を彼らと共に駆けぬけた「霞が関の官僚」たちも忘れてはいけない。

とりわけ、産業面を統括した通産省の官僚は「国内産業の保護・育成」の立場から、高い使命感、タフな交渉力、昼夜を分かたぬ頑張りをもって米国とわたりあい、「ノートリアス（悪名を馳せる）ＭＩＴＩ（通産省）」として、世界に悪名（勇名）を馳せた。ノートリアスには「そこまでやるか」という敬意が込められている。

一、私たちに希望と勇気をくれた、『プロジェクトX』の挑戦者たち

『プロジェクトX』が取り上げたテーマは、大別すると四つある。

一つ目は、黒四ダム、青函トンネル、瀬戸大橋、富士山レーダーなど、厳しい自然に立ち向かい「国の巨大インフラを建設」したプロジェクトである。

二つ目は、家電、自動車、コンピュータなど「国の基幹産業」の開発現場で、会社と国の命運を背負って巨大な米国企業に立ち向かい、なんらかの技術優位を確立して米国を捉えた「技術・製品開発」のプロジェクトである。

三つ目は、デジカメ、VHSビデオレコーダなど、会社が許可していない商品を「技術者の先見と良心」から研究をつづけ、会社の基幹商品に仕上げた「裏（闇研）」のプロジェクトである。

四つ目は、そのほかの巨大な災害時の人命救助、医療、農業分野などのプロジェクトである。

ここでは、「戦後の復興・発展」の視点から、最初の三つのプロジェクトから各々二例、計六例を取り上げる。内容は「NHK放映の番組」から引用し加筆した。

黒四ダムの建設、過酷な黒部峡谷に挑む

戦後、わが国の産業が復興期に入ると「電力不足」が大きな問題として浮上してきた。

そこで注目されたのが黒部峡谷である。黒部峡谷は、両側を急峻な立山連邦と後立山連邦にはさまれ、大量の雪解け水を集めて流れくだる、水力発電にはまさに理想的な地形だが「人を寄せ付けない地形」でもあった。

黒部峡谷に入れるのはベテラン登山者にかぎられ、峡谷沿いの断崖を削ってつくった幅五十センチほどの桟道を辿るしかなく、「転落即、死」という危険な所である。

しかし一九五五年、関西電力は「リスクは大きいが誰かがやらねば」と建設を決断、翌年七月に着工、ここに「二十世紀最大のダム建設」がスタートした。資本金が百三十億円の企業が四百億円の事業に挑む、文字通り「社運を賭けた挑戦」である。

黒四ダム建設の「現場総責任者」は、大マムシ（食いついたら離さない）の異名を持つ間組の中村精である。入社以来三十年、ダム建設一筋で生きてきた。

このプロジェクトの生命線は、建設現場への資材輸送路の確保で、大町側から後立山連峰の鳴沢岳の下にトンネル（大町トンネル）を通す計画だった。

しかし中村は、大町トンネルの開通を待っていては工期七年に間に合わないと考え、トンネル完成までの間は、富山側の立山室堂から一の越（二千八百メートル）までブルドーザーで資材を運び上げ、そこから雪上そりで黒部川の建設地に降ろす方法をとった。

さらに中村は、大町トンネルの開通を早めるため黒部側からの「迎え掘り」を決断し、それを行う越冬隊を募った。それに対し、かつて彼の下で働いた若者たち五十余名が志願した。ところが厳冬の黒部での作業は、外界とは隔絶し、五メートルをこす積雪、氷点下二十度の気温、コンロひとつの暖房、主に缶詰の食事と過酷をきわめた。が、若者たちは耐えた。

一九五七年五月、大町側からのトンネル掘削が「破砕帯」にぶつかり、トンネル内が雪解け水で溢れるという危機に直面する。破砕帯は中部地方を縦に縦断する「大地溝帯（フォッサマグナ）」の一部で、水を大量に含んだ五十メートルの破砕した岩石の地帯だった。石原裕次郎の映画『黒部の太陽』が取り上げたテーマである。

この五十メートルの破砕帯を抜けるのに約半年かかったが、翌年五月に大町トンネルは開通する。これで重機の持ち込みや大型トラックでの資材搬入が出来るようになり、ここから黒部ダムと第四発電所の建設が急ピッチで進んだ。一九六〇年十月にダムの貯水を開始、一九六三年六月、この世紀の大事業は完成した。

七年の工期、延べ一千万人の人がたずさわった一大事業である。

百メートル近い作業現場の高低差、悪い足場、冬期にはマイナス数十度の外気、舞う突風など、過酷な環境のなかで百七十一名の殉職者を出すことになった。最初の犠牲者は、調査先遣隊の技術者である。ダム脇に殉職者の名前を記した慰霊碑がある。

現在は、年間百万人の観光客が訪れ、黒部・立山ルートは日本屈指の観光コースになっている。

富士山レーダーの建設、巨大台風から守る

一九五九年、近畿・東海地方を襲った伊勢湾台風は、死者・行方不明者五千余名の大惨事となった。当時、全国五カ所の気象レーダーでは、台風を探知してから上陸までに三時間ほどの余裕しかなかった。なんとか「上陸二十四時間前」には台風を捉えたい、地球の丸みを考えると、富士山頂に巨大なレーダーを建設するほかなかった。

一九六二年末、予算措置ができてプロジェクトはスタート、一九六四年五月に着工した。

心臓部のレーダーパラボラアンテナは、当時は直径三メートルが普通だったが五メートルと大きくし、八百キロメートル先まで観測できるようにした。そのアンテナを保護するため、直径九

メートルの球状ドーム（鳥かご）で覆う。このドームは、気温零下二十度と風速百メートルに耐え、かつ電波をとおす薄さが必要だった。三菱電機の技術陣が取り組んだ。

富士山頂でのレーダードーム建設の現場監督は、大成建設の伊藤庄助、当時二十九歳である。山頂での作業はきびしい。まず高山病がある。山頂の空気は平地の三分の二ほどで、作業を始めると伊藤もふくめほぼ全員が「吐き気や頭痛、呼吸困難」に苦しんだ。

コンクリートをこねる水は「氷塊か雪解け水」しかなく、人力で運び上げ、氷は溶かさねばならなかった。「もういやだ」と下山を求める作業員たちに伊藤は、「男は一度でいいから子や孫に自慢できる仕事をすべきだ。富士山はまさにそれだ」と説得した。

さらに、五百トンにおよぶ建設資材を山頂まで運び上げなければいけない。それを請け負ったのは室町時代から続く馬方衆である。が、作業は難航をきわめ運搬は遅れる。

その事態に、馬方衆自身が「馬を捨てブルドーザー」を使おうと提案してきた。山頂付近は四十度近い急斜面もあってブルドーザーでも危険だったが、山容を知っている彼らがブルドーザーのハンドルを握った。

最後の難問は、レーダードーム（鳥かご）の山頂への輸送だった。構造上「完成体」の形でしか運べない。重さは六百二十キロ、ヘリコプターの能力を二百キロ近く超えていた。そのうえ、好天の日を選ぶとはいえ、乱気流が渦巻く富士山頂への輸送は、誰もがしりごみした。

これができるのは「あの男しかいない」と白羽の矢が立ったのは、元海軍航空隊の教官神田真三である。彼は多くの教え子が特攻に行くのを見送っている。「彼らは国のために死んだ。生き残った私が目いっぱいやらずにどうする」と引き受けた。

決行の日は奇しくも八月十五日、好天、神田は靖国の方に手を合わせ「見守っていてくれ」と言い飛びたった。重量オーバーなのでホバリング（水平停止飛行）はできない。上空からゆっくり狙いを定めて下降し、着いた瞬間にロープのフックを切る方法をとった。

この富士山レーダーは当時、世界で最も高く、最も広い範囲を観測できる気象レーダーだった。しかし気象衛星の登場により一九九九年には役目を終え、現在は富士吉田市立富士山レーダードーム館に公開展示されている。

このプロジェクトの統括リーダーだった気象庁の藤原寛人課長は退官したあと、新田次郎のペンネームでこのプロジェクトをテーマに『富士山頂』という小説を書いた。

国産乗用車クラウンの開発、我ら茨の道を行く

トヨタは今や、乗用車販売台数は一千万台をこえ、世界ランキングの一位、二位を争うトップ企業である。しかし戦前は軍用トラックを作っていて、戦後も焼失をまぬがれた愛知の工場でトラックを作っていた。

創業者社長の豊田喜一郎は「国産乗用車開発」の夢を抱いていた。そのことを知ったひとりの男、当時三十三歳の中村健也が「乗用車を作りたい」という建白書を提出、喜一郎は「同じ思いの男がいる」と開発ＧＯのサインを出す。

ところが一九四九年、ＧＨＱ財政顧問のドッジがインフレ抑制（通貨抑制）策を実施し「ドッジ不況」がおこる。トヨタもこの影響をうけ倒産の危機にひんし、喜一郎は千六百人を解雇して自らも責任をとり退任した。

そんな時、一九五〇年六月に朝鮮戦争が勃発し、米軍が連合軍の主力として参戦したので米軍からトラック四千台の特需が発生した。

中村はこの機に「乗用車プロジェクト」を立ち上げようとする。ところが、米国フォードから「うちの車を作らないか」という提携の話が入ってきた。日産といすゞ自動車は米国メーカーと提携するらしい。当時は、日銀の一萬田総裁が「国力がない日本が乗用車をつくるのは無理、米国から貰えば良い」と言うような時代だった。

豊田栄二常務が中村に「どうする」と問うと、中村は「国産で勝負させて下さい」と応じた。栄二は中村を主査に任じて「開発の全権」を与え、開発がスタートした。

一九五二年、中村が作った設計仕様に全員が息をのんだ。それは、エンジンは自社開発、最高速度百キロ、足回りには悪路対策としてコイルバネを使用、ボディは柔らかい流線型、自動化できるようスポット溶接を採用という「一見、不可能に見える高い目標」だった。

恐れていた通り試作では、コイルバネが切断、溶接がはがれ、ボディに亀裂が入るなど失敗つづき、しかし中村は目標をゆずらなかった。中村は「開発は、先が見えない夜行列車、度胸で走り続けるのだ。三〇%でも可能性があれば挑戦しろ」と叱咤し尻をたたく。

ようやく一九五五年、技術課題を克服して完成、クラウンと命名した。翌一九五六年、ロンドンから東京への走行テストを実施、アルプスを越え、砂漠を走り、荒野を抜け、八カ月をかけて東京にゴールインした。

クラウンの主な顧客はタクシー会社で、使用中の米国車を次々リプレースし、発売から五年で六万台を売りあげた。だが、乗用車が国民の手に届くのは、一九五五年に通産省が打ち出した

「国民車構想」に沿って開発された「スバル360（一九五八年発売）」まで待たねばならない。

時は移って一九八二年、米国フォードの工場でトヨタ車を生産する話が持ちあがり、結果はGMが作ることになったが、三十年前と立場が逆転していた。一九八五年からは、トヨタは米国の自社工場での生産をはじめる。

中村は、役員就任を辞退し「資源の少ない日本」のため、独りで八十歳までハイブリッド車の研究をつづけた。そのあと三十数年を経て「驚きの燃費性能」を持つプリウスが誕生する。

国産コンピュータ開発、ゼロからの大逆転

一九四六年、二十世紀最大の発明といわれ、その後の世界の姿を一変させる製品、コンピュータがデビューした。「コンピュータを制するものは世界を制する」といわれ、戦後この市場を制したのが米国のＩＢＭである。ＧＥやＲＣＡなど米国の巨大メーカーも、最後はＩＢＭに敗れコンピュータ市場から撤退した。

そんな中、「金喰い虫」と言われるコンピュータに社運を賭けた国内メーカーがあった。電話器、通信機、交換機などの分野で、日本電気、沖電気に次いで業界第三位（最下位）の富士通（当時は富士通信機製造株式会社）である。「巨象ＩＢＭに対する蚊」の挑戦である。

開発リーダーは、のちに「ミスターコンピュータ」と語りつがれる天才技術者、池田敏雄である。一八〇センチの長身、人懐っこい目、並外れた数学的資質、クラシックの愛好者、遅刻・欠席の常習犯、が、アイディアが浮かぶと喫茶店やとんかつ屋に部下をあつめ、時間を忘れて議論する「根っからの技術屋」だった。富士通は、この池田に会社の命運を賭けた。

一九五六年富士通は、初めての商用の「リレー式科学計算機」を完成、これは現在も動く状態で展示されている。

さらに富士通は一九六二年、全トランジスタ式のコンピュータを開発、速度・性能面でＩＢＭの背中が見え始めたかと思った。

ところが一九六四年、ＩＢＭは画期的な新世代コンピュータ「システム／３６０」を発表した。これは、小型機から大型機まで、また商用から科学技術計算までを「同じアーキテクチャ（技術の基本構造）」でカバーするもので、しかもＯＳや仮想メモリなどの新技術も組み込んでいた。

これがＩＢＭを巨人メーカーへと育てあげる。

当時ＩＢＭのシェアは七割をこえ、その強さは「白雪姫と七人の小人」と譬えられた。他の七社は、ＲＣＡ、ＧＥ、ハネウェル、ユニバックなど米国を代表する大企業である。

一九六〇年代前半の当時、大手の金融機関や製造業など国内先進ユーザーの大型コンピュータはほとんどがＩＢＭ製だった。そんな状況下、通産省も国内コンピュータの育成に乗りだし、国内メーカーの技術を底上げするため「外資との技術提携」を勧めた。

ＩＢＭは一〇〇％出資しか受け付けなかったので、日立とＲＣＡ、東芝とＧＥ、日本電気とハネウェルなどＩＢＭ以外との提携がすすんだ。しかし富士通の池田たちは動かず「提携するならＩＢＭと」と表明し、国産で独自の路線を行く決断をする。

一九六八年富士通は、性能を四～十倍アップした全ＩＣ型の大型コンピュータＦ２３０／60を開発、これがベストセラーになり富士通のコンピュータ事業の基盤が確かになってきた。このコンピュータは、国産技術に多大な貢献をしたとして「科学技術功労者顕彰受賞」を得た。

しかしＩＢＭは未だ先を走っている。池田たちは、「今度こそ逆転」へと狙いをさだめ「全ＬＳＩ型コンピュータ」の開発に着手する。池田は社内半導体部門のトップを口説きに口説いて、ＬＳＩ開発をスタートさせた。

しかしながら、小さいチップに巨大な回路を集積するＬＳＩは初体験に近く、技術者たちの「チェック・変更・再チェック」の作業は困難をきわめた。部下たちが弱音をはくと、池田は「挑戦者に無理という言葉はないんだ」と叱り励ました。

この世界最初の全ＬＳＩ型コンピュータは、一九七四年十一月、ＦＡＣＯＭ　Ｍシリーズとして発表された。その性能（速さ）はＩＢＭを抜き、のちにＩＢＭの本拠地米国でも、米航空宇宙局ＮＡＳＡなどに納入される。

Ｍシリーズのもう一つの画期的な特徴は、「ＩＢＭシステム／３７０」と同じアーキテクチャを採用（いわゆるＩＢＭ互換）したことである。その特性を活かし、大手の金融機関や製造業などのＩＢＭ機を次々とリプレースする。富士通機に替えれば、「ソフトはそのまま使えて性能は大幅アップしますよ」というわけである。

そして一九七九年、富士通は単年度売上高で日本ＩＢＭを抜き、一九八五年には累積設置金額でも日本ＩＢＭを抜いた。三十年近くかかって「ようやく並び、少し抜けた」ということで、ＩＢＭの力は「やはり強大」であった。

一九七四年十一月十日、池田はカナダからの客の出迎えで羽田空港にいた時、突然くも膜下出血で倒れた。ＩＢＭ打倒のため心血を注いだＭシリーズ発表の直前に五十一歳の生涯をとじた。

一九八二年、富士通は米国ＩＢＭから「Ｍシリーズが特許侵害」していると訴追される。ＩＢ

M互換機の開発には「ありえたリスク」である。当時の社長は、長いあいだ池田直属の部下、山本卓真だったが、約五年間ねばり強く闘い一九八七年に和解にこぎつけた。

男たちの復活戦、デジタルカメラに賭ける

一九八五年、カシオのひとりの若手技術者が食堂で同社の常務に「電子カメラの開発をさせて下さい」と頼みこんだ。その男は末高弘之二十九歳、デジタル時計部門に在籍し、腕時計にカシオの財産「電卓」を組み込んで大ヒットさせた期待の若手である。彼が挑戦したい技術が「電子カメラ」だった。

末高は「電子カメラ開発」の室長ポストと予算二億円を与えられ、資質を見込んだ十名の若者たちを集めて開発をスタートした。撮影した画像はフロッピーディスクに記録し、テレビ画面で再生して見る方法だった。

一九八七年十一月に完成、VS101として発売された。ほぼ同時に七つのメーカーが発売を始めたが、カシオのは定価が最も安く「これは売れる」と確信、二万台の生産に踏みきった。

ところが発売から二カ月、年末のボーナス商戦でもクリスマス商戦でも全く売れない。理由は同じ時期にソニーが、業務用のビデオカメラを小型化した「八ミリビデオ」を発売したためだった。価格も大きさも「電子カメラ」とあまり違わず、しかも同じようにテレビで再生するのなら「静止画より動画」の方が良いに決まっている。

残ったのは、一万五千台の在庫と不名誉・非難の声。メンバーには「在庫を自分たちで売れ」との指令がでる。大型電気店で「在庫処分セール」を行ってもらい、メンバーも店頭に立ったが

売れない。定価の七割引きでも売れない。最後はワゴンセールに回された。

会社はカメラ部門からの撤退を決定、プロジェクトのメンバーはそれぞれ配転され、末高は他の四人とともに研究部門に回された。開発現場からの退場である。研究室では特に取り組むテーマもない。末高三十三歳、世の中は「バブルの絶頂」で沸き立っていたころである。

配転から数カ月した一九八九年、末高は他の四人に「もう一度やろう、電子カメラは絶対カメラの世界を変える。ただし闇研で、会社には黙ってやろう」と諮った。会社の方針に背けば処分は免れない。が、末高たちの「技術者魂」は燃えていた。

そして開発をスタート、鍵は「小型化」、予算がないので身の回りにある部品を使った。一九九一年試作が完成、商品化にはLSI化しないといけない、それには二千万円かかる。末高は企画部の元メンバーに相談した。彼は「いい考えがある、ポケットテレビを使おう」と言い、企画会議でポケットテレビに「附録としてカメラを付ける案」を出し会社の承認をえた。

ここからLSI開発が始まる。レンズ周りの機構も小型化し、パソコン時代に備えてパソコンとの接続機能も付けた。そして「カメラ付ポケットテレビ」が完成した。

しかしここで問題が発生する。カメラ機能を付けた分だけ他社より価格が高くなった。企画会議で末高は、樫尾社長に「テレビをはずしてカメラだけで作らせて下さい」と提案する。社長が「どのように使うのか」と問うと末高は「パソコンで再生・印刷します」と。社長は「最初からそのつもりだったのだな、技術者魂か、分かった」と。カシオの電子カメラＱＶ10（デジカメ）の発売が決まった瞬間である。

だが営業部門は弱気だった。パソコン普及率は未だ一〇％、そして前回の失敗もあり、生産台数は五百台だった。

末高は「これでは電子カメラの時代はこない」と考え、一九九五年米国のパソコン展示会に飛んだ。会場で末高は、各ブースをまわって販売員の写真を撮り「彼らの写真」をその場でパソコンに読み込みプリントアウトした。末高らの周りは「黒山の人だかり」になり「いつ発売するのか」と熱く問われ結局、発売開始前に「アメリカ上陸」を果たすことになった。

一九九五年七月三日、発売開始、すぐ売り切れ、この年に「ウィンドウズ95」が発売されたことも売上げに拍車をかけた。

この番組がNHKで放送された二〇〇二年時点で、デジカメの世界販売台数は年間千六百万台、日本メーカーのシェアが八割である。またこの年にデジカメの販売台数が光学カメラを抜いた。

世の中が「バブルの崩壊」へと激しく変動する中、「物づくりの心、技術者魂」を忘れなかった男たちの復活戦の勝利である。

VHS、窓際族が世界規格を作った

テレビ、オーディオで業界八位のビクターの中に、倒産寸前の業務用VTR（ビデオテープレコーダ）を担当する事業部があった。「一年やれば首が飛ぶ」といわれたその事業部長に、高野鎭雄が命じられた。一九七〇年、四十七歳の時である。

一九七二年、ビクターは人員整理の一環として、本社にあったVTR開発部門を廃止し、技術者五十名を高野のもとに移す。精鋭たちだった。その顔ぶれを見て高野は、世界に売れる家庭用VTRの開発を、それも会社には「極秘の闇研」で行うことを決意する。

当時、家庭用VTRでリードしていたのはソニーだった。百名の精鋭チームである。「闇研」は人数を絞らないと発覚する。高野は、電気、機構などの精鋭三名を選び、高野をふくむ四名でプロジェクトをスタートした。窓際族の意地をかけた戦いがはじまった。そこに本社から「技術者を三割カットせよ」の命令がくる。高野は二十名を業務用VTRの販売に回し、「二十名分の給料は自分たちで稼ぐ」からと首を切らずに切りぬけた。「家庭用ビデオには将来がある、いま技術者は切れない」との思いがあった。

彼らは、営業をしながら家庭用VTRについて顧客の声を探った。それを集約すると、「小型化」と映画やスポーツの録画ができる「二時間以上の録画」であった。

一九七四年十二月、ソニーが開発完了、記録方式はベータマックス、録画時間は一時間である。

翌一九七五年八月、高野たちの試作機が完成、記録方式はVHS、ソニーより五キロ軽く記録時間は二時間と長い、画質は同等、「勝てる、が、戦う相手は世界」、VHSの仲間を作る戦略と戦術が求められた。

高野は、ビクターと資本関係があるパナソニックの松下幸之助に賭けた。同年九月三日、松下幸之助が来社、ビクター機を説明、松下は「ベータマックスは百点、このVHSは百五十点」だと評価した。これでパナソニックのVHS採用が決まった。

高野は、他社に無条件で試作機を貸しだす。「企業秘密を貸しだす、これは凄い」と先行するベータを検討していたメーカーもVHSに転じた。最終的にベータ陣営は、ソニー、東芝、三洋、NECなど、VHS陣営は、松下、シャープ、日立、三菱と「真っ二つ」に割れた。

ところが、米国など海外メーカーのVHS採用が増え「VHSが世界規格」に近づくにともない、ベータ陣営も相ついでVHSに転じ、十年後の一九八八年にはソニーもVHSに加わった。

一九七六年、VHSビデオレコーダの発売を開始、各社がそれぞれ「テープ装着法、早送り」などの工夫をこらしVHSの完成度を高めていた。窓際族が作った規格が「世界規格」になった。日本がつくった世界規格は「これが最初で最後」のはずである。

「夢中でしたね。夢中っていうのは大変すばらしいことです」、高野の退任祝いでの言葉である。

高野はその二年後、この世を去る。高野の棺をのせた車は途中、VHS開発の舞台であった横浜工場に立ち寄った。全社員が並んで見送りするなか、高野を乗せた車は「霧笛のように」クラクションを鳴らしながら長年の職場に別れを告げた。

二、世界に悪名（勇名）を馳せた通産官僚

戦後わが国が、復興から成長に向かう頃の日米製造業の力は、技術レベル、生産規模、製造設備のどれをとっても「子どもと大人ほど」の違いがあった。米国製品を自由に輸入させたら、育ち始めた日本の産業は「トラクターで踏みつけられた」ように全滅するのは明らかだった。

そこで通産省は、米国製品の輸入に対して「数量の制限、高い関税、長い適用の猶予期間、代わりの譲歩」などの条件闘争を、ねばり強くつづけた。その一方で、国内企業の競争力を高めるため「生産規模の拡大と技術力の向上」に向けて、許認可や行政指導の「権限」と、融資枠や補助金などの「金融政策」をフルに使って指導した。

その推進は、米国と日本双方の「業界団体、省庁の権限、政治家、政府」が複雑にからむ「高

次方程式」を解くような難しい問題だった。それでも彼らは、あくまで現場主義でしかも国益への使命感を持って、昼夜を分かたずねばり強く「日本の司令塔」としてリードした。

彼らは、繊維から始まり、家電、自動車、コンピュータなど国の基幹産業を、体を張って「市場の自由化」を抑えるとともに「それらの産業育成」を押しすすめた。

その働きぶりは世界から「ノートリアス（悪名を馳せる）MITT（通産省）」と呼ばれた。そこには「高い使命感、タフな交渉力、昼夜を分かたぬ頑張り」への敬意が込められている。

ここでは、繊維、自動車、コンピュータにおける彼らの奮闘ぶりを取り上げる。これは二〇〇九年七月から九月にTBSが放映した『官僚たちの夏（原作：城山三郎、脚本：橋本裕志、演出：平野俊一、大岡進、松田礼人）』から引用し加筆したものである。

戦後、最初に日本産業を牽引した繊維産業、しかし相次ぐ不運が

一九五五年、米国が繊維製品の関税を下げたため、日本製綿製品の米国輸出が急増した。「ワン・ダラー・ブラウス」と言われた安価品だったが「売れに売れ」、日本の繊維業界は好況にわき「工場の新設、設備の増強、人員の増」など生産力アップに取り組んでいた。

ところが米国で、日本製綿製品の輸入を制限せよとの声が強まり「日米繊維交渉」がはじまる。繊維業界は工場・人員を増強したばかりで、「輸出規制」すれば倒産続出が懸念された。そこで通産省は、綿製品から化学繊維に切り替える時間、「三年の猶予が欲しい」と条件闘争に入った。

しかし米国は強硬で、「日本は車もテレビも守ったのだから綿製品は譲歩しろ、日本が輸出を規制しないなら米国が輸入を制限する」と譲らず、最後は大臣折衝で決着した。

一九五七年「日米綿製品協定」が結ばれ、米国への綿製品の輸出を五年間自主規制する、しかも「即、実施」となった。日本の産業全体を守るため「繊維に泣いてもらう」というわけである。戦後十年ほどの時のことだった。

そこで通産省は「超低利の融資制度」を設け、業界の「化学繊維への移行」を強力に支援した。ところが十年後、再び繊維業界は不運に見舞われる。一九六八年、大統領選挙中のニクソン候補が「毛・化学繊維も輸入を規制する」という公約をかかげて当選し、一九六九年から再び「日米繊維交渉」がはじまった。

前回同様米国は、「日本が自主規制しないなら米国が輸入を規制」すると強硬だったが、日本はＧＡＴＴの「被害なき（米側の実害は小）ところに規制なし」の原則によって一歩も譲らない。

交渉は長期にわたり、宮沢喜一、田中角栄の二代の通産大臣で二年がかりで決着する。最後は田中が、米国の要求を呑む代わりに、繊維業界に対して「損失を補塡」する方針を打ちだし、二千億円を用意した。

交渉が混迷した背景に、佐藤栄作首相とニクソン大統領の間の「沖縄返還の密約」があった。米国側は沖縄返還をするのだから「繊維を譲れ」と求めるのに対し、日本側の交渉者は「それを知らず」、あくまで経済原理ベースで交渉したためだった。「糸を売って縄を買った」といわれた。

通産官僚としては、政治に振り回された「忸怩たる十数年」だった。

それでも繊維は死ななかった。東レ、帝人などの大企業はカーボン繊維などの新素材に事業を転換し、中堅企業は「政治の影響下」から飛び出し、タイ、中国などでの海外生産に活路を見出した。彼らは現在も健在である。

裾野が広く、国の産業の基盤を担う自動車産業

一九五五年に通産省は、国産技術を前提とした「国民車構想」を打ち出した。内容は、最高時速百キロメートル以上、定員四人、エンジン排気量三五〇〜五〇〇cc、燃費三〇キロメートル／リットル、走行可能距離十万キロ以上、販売価格二十五万円以下である。これに合格した車に、資金を投入して育成する構想だった。

自動車の部品点数は一台あたり数万個で、しかも「高い精度と品質」が求められる。したがって、国の産業の基盤である中小企業を育成するうえで、「国産車の実現は必須」というのが通産省の考えである。

自動車工業会はこの構想に対し、実現は「今は無理、将来の課題として検討する」と通産省に答え、この計画は「表面的には頓挫」したように見えた。

ところが、「日本の道に国産車」を走らすという理念と「具体的な目標値」が、各社の技術者に火をつけた。特に、後発メーカーだった富士重工やスズキ、東洋工業が意欲的だった。

富士重工の前身は、戦前に三万機近い軍用機とそのエンジンを生産した中島飛行機である。その技術者たちが開発に取り組み、一年半あまりの一九五七年四月に試作車を完成、翌年五月に「スバル360」として販売をはじめた。

このスバルは、後輪駆動方式で大人四人乗り、三五六ccの空冷二サイクル二気筒エンジン、三八五キログラムの軽い車体で最高時速八十三キロメートルを実現、ただひとつ四十二万五千円という価格を除けば、ほぼ国民車構想を実現した。これに続き一九六〇年、東洋工業がクーペで三十万円の価格で参入、三菱も一九六二年にミニカを発売する。

これらはいずれも軽自動車だったが、普通車は日産が一九五九年、一二〇〇ccのブルーバードを八十万円で発売、一方トヨタも一九六一年、七〇〇ccのパブリカを四十万円を切る価格で売り出した。その後両社は、サニー、カローラというベストセラーカーを投入する。

折しも一九六〇年、総理大臣に就任した池田勇人の「所得倍増計画」にのって自動車販売は急伸し、「物づくり大国日本」の主柱をなす産業に成長した。「国の向かうべき方向」を明快に示した通産官僚の功績である。

全ての産業と経済活動を支えるコンピュータ産業

一九五〇年代から一九六〇年代半ばまで、国産コンピュータは未だ研究の段階で、大手金融機関や東京証券取引所、気象庁などの大型コンピュータは全て米国製だった。

通産省は一九六〇年代前半、国産メーカーの技術力向上のため「米国企業との技術提携」を勧めるとともに、日本電気、沖電気、富士通の三社での共同研究を進め、また資金面の援助のため、顧客への納入機を「国がいったん買い取って国が顧客にレンタル」する制度を導入した。

ところが一九六〇年、米国ＩＢＭの副社長が来日し、「日本のコンピュータは全てＩＢＭの基本特許に抵触している、売上げの七％の特許料を払え」と申し入れてきた。

通産省は「日本は独自技術だ」と言ったが、ＩＢＭは「事実として基本特許に抵触している、欧州企業も同じで七％で決着した」と譲らない。ＩＢＭは「もし払わないのなら日本企業は今後、コンピュータの製造ができなくなる。払うか製造断念かの二者択一だ」と迫る。

国内にはその頃、「巨象と蚊の戦いだ、米国には勝てない」と、コンピュータの開発不要論もあった。しかし通産省は、将来全ての活動の基盤になるコンピュータ産業の育成は絶対に必要と考えていた。それで通産省は、ねばり強く交渉し最終的には、ＩＢＭに国内でのコンピュータの製造・販売を「厳しい制限付きで許す」かわりに特許料五％で決着した。ここに「コンピュータ国産化」の道が残った。

これを機に通産省は、「少々むり筋」ともいえる国産コンピュータの保護・育成策を展開する。それは欧州のコンピュータ産業がＩＢＭに蹂躙された惨状を見てのことである。

先ず、コンピュータの輸入を許可制とし「国産では対応できない」と説明できなければ輸入を許可しない。また許可した場合も、一三・五％の高率関税をかけた。さらに通産省は、国家機関や地方公共団体、大学などには「国産コンピュータの優先調達」を勧告する。その効果は絶大で、現在でも公共分野の国産コンピュータのシェアは九〇％以上である。

そのうえ、外国メーカーが国内で製造する場合（対象は日本ＩＢＭだけだったが）、製造する機種、台数、設備の拡張などを全て通産省の許可制とし、こうして「生産規模を制限」するとともに、需要などの変化に対する柔軟性も抑えこんだ。

その一方で通産省は、ＩＢＭに対抗できるコンピュータの開発を支援するため、当時のコンピューターメーカー六社を三グループに集約して資金援助（約七百億円）することとし、ここに日立と富士通、日電と東芝、三菱電機と沖が組んで共同開発をすることになる。

今は大型コンピュータは姿を消し、サーバーからインターネット、ＡＩと技術は進歩したが、通産省のおかげでわが国はコンピュータ産業において、米国に次ぐ地位を保っている。

ここまで見てきた米国との熾烈な戦いの間、通産行政を率いたのは、「ミスター通産省」と言われた佐橋滋で、彼が「課長、局長、次官」と出世していく時期に重なっている。彼の口癖は「俺たちは、大臣や政治家のために働いているのではない。国家・国民のために働いているのだ」だった。彼は次官退官後、天下りを固辞していさぎよく身を引いた。

『プロジェクトX』のリーダーと当時の通産官僚に共通するのは、「高い使命感」を持ち、高い目標・難関に対してあくなき努力を続け、「諦めなければ道は開ける、夢はかなう」ことを見せてくれた点にある。その途中で下された数々の「厳しい決断」が私たちの心を打った。

そしてこの男たちの背後に、家と家庭を守った妻たちがいた。

現在のわが国の豊かさは、こうした先人たちの「努力の積み重ね」の上にある。現在を生きる我々も、『プロジェクトX』の中島みゆきのエンディングソング、「未来への道を見つめ（ヘッドライト）、先人たちの歩いた道を振り返り（テールライト）、前へ進むこと」を忘れないようにしよう。

私たちに元気をくれた銀幕のスターたち

一九五〇年代の戦後復興期から六〇年代の高度成長期にかけて、娯楽の中心は映画だった。一九六四年の東京オリンピックのあとカラーテレビの普及が始まるが、企業で働く若者たちは寮か安アパート暮らしであり、テレビは結婚してから買うものだった。

映画の観客数は、一九五八年がピークで十一億二千万人であり、子供までふくめて一人当たり年平均十回以上も映画館に通ったことになる。

映画の全盛期、銀幕には「きら星」の如く美男・美女のスターたちが輝いていた。人それぞれ好きなスターがいて、「人気スター」の場合は月一本の割合で新作が上映されるので、それを待ちかねて映画館に通ったものである。

ここでは、私の「心に残っているスター」を四人取り上げる。それは、原節子（一九二〇年生）、高倉健（一九三一年生）、若尾文子（一九三三年生）、石原裕次郎（一九三四年生）の四人である。いずれも私にとって「お兄さん、お姉さん」だった。

このほかにも、時代を画した美男・美女の大スターはたくさん居る。男優なら、三船敏郎、中村錦之介、勝新太郎など、女優なら、山本富士子、吉永小百合、夏目雅子など。

ただ先ほどの四人は、私が中高生から成人し、社会人として中間管理職からさらに年を重ねていくのに伴い、彼らも「同時に年を重ね」、各々の年代で「年相応の魅力」を見せてくれた、いわば共に時代を歩んだスターたちだった。以下、四人の素顔と各時代の代表作を振り返る。

一、原節子、永遠の美女、が、どこかアンバランスな存在感

色白で彫りが深く、目鼻立ちがはっきりして華やか、そのうえ清潔感あふれる容貌が、当時の日本女性としては大柄（身長一六五センチ）で肉感的な体、でも、さっぱりとした「男まえ」、こうしたアンバランスな存在感が、不思議な魅力を醸し出していた。

彼女は一九三五年に十五歳で映画デビュー、戦争中は「戦意高揚映画」に数多く出演する。戦後の一九四六年、黒澤明監督の戦後初の作品『わが青春に悔なし』でヒロインに抜擢された。一九四九年には今井正監督の『青い山脈』で主演、同じ年に小津安二郎監督と初めて組んだ『晩春』に出演、それ以降一九六一年の『小早川家の秋』まで『麦秋』『東京物語』など計六本の小津作品に出演した。

映画の中では、どの役柄でも「素の原節子」がそこに居る、彼女の「素の存在自体」が絵になっているように見えた。そうした彼女に、我々も名匠といわれる監督も魅かれたのだろう。

一九六三年、小津監督の死にあわせるように現役を引退、それ以降「公式の場」にはいっさい姿を現さなかった。二〇〇〇年、キネマ旬報の著名人による「二十世紀の映画スター・日本女優編」で第一位に選ばれている。

『わが青春に悔なし』（一九四六年、黒澤明監督）

一九三三年、京都大学の法学部学生の八木原幸枝（原節子）は、父の教え子たち七人と京都大学に隣接する吉田山をハイキングしていた。幸枝は彼らのマドンナ、スカートを翻して小川を渉り林の中を駆ける姿が美しい。幸枝は、彼らのうち「男らしく行動的」な野毛（藤田進）に魅かれていた。突然、演習中の陸軍の機関銃音が鳴り響く、戦争の足音が迫っていた。

一九四一年、日米開戦、父の八木原教授は思想統制の波にのまれ大学を退任、幸枝は自由を求めて東京での自活にチャレンジする。三年後、彼女は野毛と東京で再会する。職を三回も代えるなど苦労した彼女は、「お嬢さまから激情の女」に変わっていた。一方の野毛も反戦運動に深くかかわり、官憲の眼を避ける身だった。が、野毛は「明日は知れぬが今日を悔いなく生きる」と言いきる。やがて二人は同棲する。

ところがある日、野毛がスパイ容疑で逮捕され、幸枝も警察の厳しい尋問を受ける。やがて彼女は野毛の獄死を知る。彼女は、野毛の遺骨をもって小作農の野毛の実家を訪ねた。彼女がそこで見たものは「スパイの家」とまわりから迫害される野毛の両親だった。

彼女は「私は野毛の妻です。一緒に住まわせて下さい」と言い、野毛の母（杉村春子）は「あなたのようなお嬢さんが」と拒むが、彼女は聞きいれず、（村人の目を避けるため）夜中に義母と共に田圃に出る。

汗にまみれて黙々と鍬を振り、また腰を折って田植えを続ける彼女の姿に「鬼気迫る」ものがあった。野毛を奪った「国への怒り」か、野毛への「一途な愛の形」なのか。

一九四五年終戦、父の八木原教授は教壇へ復帰、彼女は両親に野毛の実家で「大地に生きる」

ことを告げ、青春の思い出が残る吉田山にも別れを告げて去った。

戦前、戦中の暗い時代の中で、学生から職業婦人そして農婦と彼女の生活は激変するが、各時代を「悔いなく生きた原節子の姿・存在が全て」、という映画である。白いセーターの中で揺れる胸のアンバランスが悩ましい。

『青い山脈』（一九四九年、今井正監督）

ある片田舎の町の女学校、英語教師の島崎雪子（原節子）は、担任する組の寺沢新子（杉葉子）から「変なラブレター」を受けとったと相談を受ける。新子は、内容が「いつもクラスメートたちが話している事」なので、彼女たちが書いたものだと言う。

島崎先生はクラスで、「変（恋）しい変（恋）しい新子さま」などの誤字を正したうえで、「人を試す卑劣な行為」は慎むようにと諭す。しかし、彼女たちは「学校の名誉のためにやった」と抗弁、やがて父兄から町の有力者まで巻き込んだ騒動にひろがった。

島崎先生は、正義感が強い校医の沼田先生や彼に好意をよせる芸者の梅太郎らの助けをえて「父兄会の席上」で闘う。この事件の本質は、戦後という「新しい時代」の中で、片田舎の町に残る「古いしきたり、男女交際への偏見」との闘いだった。最後は父兄会の評決で勝つ。

島崎先生とそのシンパたちが、青空をバックに土手の上を颯爽とサイクリングする姿が、バックに流れる『青い山脈』のメロディーとともに「新しい時代」を強く印象づけた。戦後四年目、まだ「その日の食事」にさえ苦労する時代に「新時代への希望」を与えてくれた映画だった。

この映画の原節子は、まぶしいほど美しく、また知性的だった。

『青い山脈』は計五回映画化されたが、この作品を除き主人公は女校生の寺沢新子で、雪村いづみや吉永小百合ら当時の有望新人女優が演じた。時代を直視する社会派からアイドル主体の娯楽映画の時代への変化が現れている。本作は、名匠今井正監督の三時間におよぶ大作である。

『東京物語』（一九五三年、小津安二郎監督）

尾道から老夫婦（笠智衆と東山千栄子）が上京し、会社勤めの長男夫婦と美容院を営む長女夫婦を訪ねる。しかし二人とも忙しく「厄介者あつかい」され、熱海の温泉をとったからと送り出され、熱海から少し早めに帰宅すると、「もう帰ったの」といやみを言われる。

そんな中で、戦死した二男の嫁の紀子（原節子）だけが世話をやいてくれ、東京見物に連れていったり、狭いアパートに泊めてくれたりした。老夫婦は、寂しさを抱きながらも一応満足して尾道に帰った。

帰郷して数日後、老母が危篤になり、子供たちはかけつけたが間もなく亡くなる。葬儀のあと、あたふたと帰る長男と長女、あとに紀子と義父が残った。子供たちは時間が経つにつれ自立し、親子の絆はうすれる。両親は、「最後はどちらかが独りになり一人で死を迎える」という身につまされる場面である。

義父が紀子に「あなたは本当に良い人だ」と繰り返し、「昌二（戦死した次男）はもういいから早く幸せになりなさい」と言う。それに対し紀子は、「本当は私、昌二さんのことは忘れている日が多いんです。私、ずるいんです。ずるいんです」と言って号泣する。「私も（良い人なんかではなく）同じです。いつか（結婚して）去ります」という意味か。

小津監督の、ローアングルで長回しする静謐な画面の中で、「優しく清冽」に立ち居振る舞ってきた原節子が、唯一感情を爆発させる場面である。それだけに印象が強烈だった。なお原節子は、この『東京物語』のほか『晩春』『麦秋』という二つの小津作品でも「紀子という役」を演じ、いずれも最後の方で号泣する場面がある。小津監督は「どんな思い」をこめたのだろうか。

なお、この『東京物語』は二〇一二年、世界の映画監督が選ぶ映画ベストテンで世界第一位になった。「親と子の絆、老いと死」という人に共通のテーマを、静かに、冷徹に追求した点で、世界の監督たちの共感を呼んだのだろう。

二、高倉健、無口・武骨・哀感、男の中の男

高倉健は「男の中の男」、日本男子の代表だった。無口で武骨、直視した時の強い目力《めぢから》と、目を伏せた時の哀感が、男らしい情感を醸しだす。

映画デビューは一九五六年、最初の頃は美空ひばりや江利チエミとの青春映画の相手役が多かった。どちらかと言えば「コミック調」の役柄である。

しかし一九六三年、鶴田浩二主演の『人生劇場　飛車角』で、義侠のやくざ宮川役を好演したのを契機に、一九六四年から『日本侠客伝』シリーズ、一九六五年から『昭和残侠伝』シリーズなど「東映任侠路線」の主役に抜擢され、いずれも大ヒットする。

高倉健は、ほぼ年間十本のペースで一〇〇本近くの任侠映画に主演した。ところが一九七三年、菅原文太主演の『仁義なき戦い』が大ヒットし、このあと東映が「実録路線」にシフトしていく

のを機に一九七六年、フリーに転向する。

フリーに転向したあとはじっくり作品を選び、言葉少なくとも「情感と世界感」が分かちあえる女優たち、倍賞千恵子、いしだあゆみ、田中裕子らと多くの名作・名場面を残した。

倍賞千恵子とは『幸福の黄色いハンカチ（一九七七年）』、『遙かなる山の呼び声（一九八〇年）』『駅 STATION（一九八一年）』、いしだあゆみとは『夜叉（一九八五年）』『海へ（一九八八年）』、田中裕子とは『夜叉（一九八五年）』、『ホタル（二〇〇一年）』そして遺作となった『あなたへ（二〇一二年）』など。

ところで、今の中国の四十歳以上の人たちには、熱烈な高倉健のファンが多い。それは中国で一九七九年に上映された『君よ憤怒の河を渉れ』に魅かれたためで、当時八億人もの人が見たという。中国で初めて上映された日本映画であったことと、国家権力に単身で戦いを挑む高倉健に、中国の当時の実情を重ねたのだと思われる。彼の訃報に接して二〇一四年、中国の外務省が哀悼の意を表し、中国共産党系の新聞は追悼記事をのせた。

『昭和残侠伝』など任侠路線（一九六五～一九七〇年）

高倉健が扮するのは、花田秀次郎など昔気質のやくざ、かつての恩がある親分の所に、出獄してまたは長旅の途中で立ち寄ってみると、悪徳の新興やくざがのさばっていて親分が難儀をしている。ありとあらゆる嫌がらせ、我慢に我慢を重ねるが、親分と親分の片腕が殺され、ついに「堪忍袋の緒」が切れて、単身でなぐり込みをかける。

ここにもう一人、殺された親分への義理か男の筋を通すため、高倉健に助っ人する客人がいる。

池部良の場合が多い。雪がうっすら積もった夜の田舎道、ふたりは右手に傘をさし、左手に長どす、無言で並んで歩を進める。バックに『唐獅子牡丹』の曲が流れる。「待ってました、ご両人」と声が掛かる所。そして大殺陣、悪玉親分とその取り巻き連中を切り殺す。助っ人した客人は斬り死にすることが多い。これが定型パターンである。

この映画を観終わったあと観客は、「まるで自分が高倉健になったような気分」で、目つき鋭く肩をいからせ、少なくとも高揚した気分で映画館をあとにした。

花を添える女優は、親分の娘か近くの小料理屋の娘を演じる藤純子が多かった。彼女の初の映画出演が十七歳の時の『日本侠客伝』で、高倉健をほのかに慕う役だった。

彼女は一九六八年、『緋牡丹博徒』の緋牡丹のお竜で初めて主演に抜擢される。長身できりっとした姿、が、女の情感あふれる表情が人気を呼び、このシリーズは八本が作られた。緋牡丹シリーズで今度は、高倉健が客演することが多かった。二人の共演作は三十五本もある。

初共演から三十年近くたった一九八九年、二人は『あ・うん』で共演した。高倉健は、藤純子の旦那の親友の役で、今度は高倉健が彼女に「ほのかな思い」を寄せる役だった。

『駅 STATION』（一九八一年、降旗康男監督）

暮れも迫った十二月三十日、留萌から増毛線で三十分ほどの終着駅の増毛に、警察官三上英次（高倉健）が降り立った。久しぶりに母がいる雄冬への里帰りである。一面雪が積もっている。駅前の宿をとったあと、近くの「赤提灯、桐子」の暖簾をくぐった。中には桐子（倍賞千恵子）がひとり、「こんな日に来てくれるお客さんは神様よ」と迎える。

熱燗をコップ酒で飲みながら、桐子にもすすめ、カウンターをはさんで「増毛に何をしに、いつからこの店を、奥さんは」など、ポツリポツリと会話がすすむ。そして桐子が「明日はしけて船が出ないから（三上が帰る雄冬は陸の孤島で船便だけ）留萌に映画を観に行かない」と誘う。

翌日、映画を観て、お昼はカレーライスを食べて、自然な成り行きでホテルに入り、男女の情を通じた。腕を組んで嬉しそうに歩く桐子。その夜、寒々とした宿のベッドでテレビを観ている三上、そこに桐子から「お店にきて、一緒に紅白を観ない」と誘いの電話がくる。

桐子の店内は暖かそう、カウンターにはささやかな料理と徳利が並んでいる。桐子はカウンター側に座っていて隣に三上を座らせる。二人で飲みながら、ポツポツと会話がすすむ。テレビから八代亜紀の『舟歌』が流れ出す。桐子が「私、この唄大好きなの」と体の向きをかえて三上にもたれかかり「お酒はぬるめの燗がいい、女は無口な人がいい、私みたい」と言葉をはさんでハモる。桐子の体は、だんだんと三上の胸から腕の中に沈んでゆき、最後は頭も彼の胸にうずめる。「映画史に残る秀逸」のシーンだった。

三上が札幌に帰る日、雄冬から船着き場で桐子が待っていた。「私、勘がいいでしょう」と言う桐子、でも船が着くたびに来ていたのかもしれない。

増毛の駅で桐子が「このまま札幌に行こうかな、（一瞬の沈黙）うそよ」、しばらく間をおいて三上が「札幌に行くか」と、三上は一緒になるのを決心した。しかし、ややおいて「いいや、ここで待っている」と桐子、彼女は「もう帰るね」と駅をあとにした。三上と桐子の「思いが揺れて交錯」した場面だった。

このあと事情あって三上は、桐子のアパートで、彼女が匿っていた殺人犯の元愛人森岡を射殺する。部屋の奥で森岡がこたつに入っている。「森岡さん」と声をかける三上、桐子は「なんで知ってるの」と怪訝そうに三上を見る。「覚えてないか、十二年前、みゆき橋のたもとで」と三上、ゆっくりと拳銃をとりだす森岡、三上をかばうように両手を広げて森岡に突進する桐子、彼女は三上が警察官であることは知らない。

桐子の背中ごしに、三上の銃弾が森岡の心臓を打ち抜いた。元オリンピック射撃選手の腕である。なれた動作で「森岡の死」を確かめる三上、桐子は「そういうことか」とつぶやく。三上が「森岡を追って桐子に近づいた」と思ったのだろう。だが、森岡がいることを警察に通報したのは桐子だった。「なぜ通報したのか」と警察官に問われ、桐子はひと言「男と女ですから」と、この「男」は、三上かそれとも元愛人の森岡か。

三上が再度札幌に帰る日、彼は桐子の店を「やや躊躇」しながら訪れた。形どおり「箸とつきだし」を揃える桐子、だが表情は硬い。二〜三回、何か言おうとする三上、桐子の硬い横顔がそれを拒む。三上は立ち上がる。桐子の頬に涙が一筋。

無口な三上と桐子、高倉健と倍賞千恵子、二人の「心が揺れ、通い、離れる」が、桐子の心の奥の実相は、（監督もふくめ）誰も分からない。

『夜叉』（一九八五年、降旗康男監督）

大阪ミナミで「人斬り夜叉」と名を売った修治（高倉健）は、惚れた冬子（いしだあゆみ）のため「やくざの足を洗い」、北陸若狭の漁師町に住みついた。すでに十五年、二人の子供もいる。そこに螢子（田中裕子）が子連れで流れてきて、小さな居酒屋、「螢」をひらいた。

冬の雪で覆われた若狭の漁師町、灰色の海、そこに降りたった螢子の「赤いショール」が鮮やかに映えた。彼女の「女の妖しい魅力と都会の香り」に、素朴な漁師たちは夢中になり「螢」に夜な夜な通う。修治は螢子に「同じミナミの人間の臭い」を感じたのか、距離をおく。

そこに「螢子のひも」の矢島（ビートたけし）がやってきて居つく。矢島は毎晩、漁師相手に賭け麻雀で負けてやるが、その数倍を「しゃぶ（麻薬）」を売りつけて稼いだ。

ある夜更けの「螢」、修治と螢子がカウンターを挟んで飲んでいる。心配した修治の妻の冬子が店にくる。迎え入れる螢子、修治と並んで座った冬子に、修治が「自分の盃」を渡してついでやる。「私にもちょうだい」という螢子、徳利に手を伸ばした修治、その手から徳利を冬子がとり螢子の盃につぐ。螢子と冬子、田中裕子といしだあゆみの間に「ばちばちと火花」が飛んだ。

ある昼の「螢」、訪れた修治が螢子に「今日、ぶつ（麻薬）の取引があった。矢島が部屋のどこかに隠している、捨てた方がいい」と。しばらく考えた螢子は「そうするわ、修治さんおおきに、あんたはやっぱりミナミの男やね」と言って棄てる。

それを知った矢島は逆上、包丁を持って螢子を追い回す。急を聞いて店に駆け付けた修治、包丁を持って襲いかかる矢島をたたきふせ、店の奥の部屋の螢子に「大丈夫か」と声をかけた瞬間、矢島が修治の背中に切り付けた。

ぱっくりと切り裂かれた着物の間から顔を出した「女夜叉」の鮮烈な彫り物、「やはりという顔」の螢子、冬子があわてて飛び込んで半纏で修治の背中を隠す。

ホテルの一室、修治が大きな鏡を背に、ベッドに上半身半裸で座っている。螢子がそばの丸テーブルの上で、修治の大きな黒のセーターを羽織って胡坐で座り、「これが噂の夜叉」かというふうに眺めている。この日二人は結ばれた。

数カ月たって、螢子は大阪での「矢島の死」を知る。修治に「私、今夜大阪に帰るわ」と告げる。夜汽車の中、急に吐き気をもよおす螢子、息子を席にのこしたままあわてて洗面所に向かう。彼女はそこで「修治の子を身ごもった」ことを知った。「凄艶、が、嬉しそう」に微笑む螢子。圧巻のラストシーンだった。

この映画から二十数年後、高倉健は最後の映画『おまえに（二〇一二年、降旗監督）』で田中裕子と老夫婦を演じた。また降旗康男監督は、高倉健に惚れて二十本の映画を撮った。ここで紹介した二本のほかに『冬の華』『鉄道員』『ホタル』などの名作がある。

三、若尾文子、多様な女を内包する女優の中の女優

そらまめの皮を「つるっと剥いた」ような人なつっこい顔立ち。当時の大映には、当代一の美女といわれた山本富士子がいた。彼女は「高嶺の花」、私は「低嶺の花よ」と若尾文子は自分で言っていたらしい。

若尾文子には、「可愛い、おしとやか、キュート」という女性一般の褒め言葉が似合う。だがそれだけでなく、女性特有の「ドライさ、したたかさ」や女の「濃厚な情念、怖さ」など、実に多様な女の要素を内包している。ところが彼女は、それにまるで気づかない「無頓着、おっとり感」、最近の言葉では「天然《てんねん》」っぽさがあり、それが彼女の魅力を一層味わい深くしている。

一九五三年、若尾文子は刺激的なタイトルの『十代の性典』など十代シリーズ三部作で一挙に

注目を浴びた。「性典女優」と揶揄されもした。

ところが同じ年に彼女は、名匠溝口健二監督に抜擢され『祇園囃子』に出演、古い花街で生きる現代的な舞妓を可愛く演じ、さらに一九五六年、再び溝口監督の『赤線地帯』に出演し、したたかな娼婦をドライに演じた。この二作で「お嬢さん女優から大人の女優」へと脱皮を果たす。

彼女は一九六一年、『妻は告白する（増村保造監督）』と『女は二度生まれる（川島雄三監督）』でこの年のブルーリボン、キネマ旬報など「主演女優賞の五冠」を独占し、さらに一九六五年には二度目の五冠の独占を果たす。このように一九六〇年代の彼女は「各賞独占」を続け、日本の大女優の座を確かにした。

増村監督とは、『清作の妻』『妻は告白する』『赤い天使』『刺青』『卍』『千羽鶴』など、二十作にわたってコンビを組み「実に様々なタイプの女」を演じた。増村監督にとって、若尾文子という素材は、「汲めども尽きぬ魅力」がある素材だったのだろう。

原節子は、どの映画でも「原節子がそこに居る」という感じが強い。ところが若尾文子の場合は、「表情、しぐさ、声の抑揚」まで、まるで映画の主人公が彼女に乗り移ったかのように見える。名匠と言われる監督たちが、彼女の中に居る「いろんな女」を引き出して映像化した結果であろう。

一九七〇年頃から、彼女は映画から舞台とテレビに重点をうつした。一九八八年のNHK大河ドラマ『武田信玄』では、信玄の母、大井夫人を、二〇一一年の朝ドラ『おひさま』では「太陽の陽子（井上真央）」の現在役を、年を重ねても変わらない優雅な和服姿で演じた。

ところで彼女の声はすごく特徴があって、ワンフレーズ聞けば若尾文子だと分かる。ちょっと湿った甘い声、声は年をとっても変わらない。

『十代の性典』（一九五三年、島耕二監督）

高梨英子（若尾文子）は高校二年生、ひとつ上級の三谷かおる（沢村晶子）を「お姉さん、お姉さん」と慕っている。かおるの両親は牧師で、彼女も敬虔なクリスチャンである。

『十代の性典』というセンセーショナルなタイトルだが、「性」に関する話は、英子のかおるへの「ほのかな思慕」、かおるの大学生への「淡い恋」、他の二人の女子高生の「生理の悩み」と「奔放な行動」くらいで、ごく普通の女子高生の日常である。ただ、かおるは夜道で見知らぬ男に純潔を奪われた過去があるが、その場面も「隠喩的」な表現にすぎない。

この映画の主題は、なんと言っても「女子高生」の若尾文子・英子そのものである。

とはいっても、映画の中の彼女は「お姉さん、遊ぼう」とかおるにねだったり、手をつないで一緒に下校したり、板チョコを出して「お姉さん、先に食べて」と甘えたり、一緒にテニスをするなどだけで、特別な「英子のストーリー」はない。

しかし、彼女が画面に現れるだけで、スカートを翻して歩く姿、テニスや体操をする姿などが、「天真爛漫、純真無垢」でまぶしい。

この映画が封切られたのは私が中学生の頃だったが、ポスターの若尾文子のセーラー服姿と衝撃的なタイトルに「どぎまぎ」したものである。

この当時、若尾文子のアイドル的な人気はすさまじく、スター雑誌の人気投票で「三年連続一位」、またプロマイドの売れ行きも一位だった。

『赤線地帯』（一九五六年、溝口健二監督）

この映画は、「売春禁止法」が施行される一九五七年の少し前、吉原の娼家「夢の里」の娼婦たちを描いた群像劇である。敗戦後の十年余りを、様々な事情を背負って生きたあと、吉原に流れついた悲しい女たちを、名匠溝口健二がリアルに描いた。

「夢の里」の女将（沢村貞子）、娼婦のゆめ子（三益愛子）、ハナエ（木暮実千代）、ミッキー（京マチ子）、やすみ（若尾文子）の五人が主人公である。

錚々たるベテラン大女優たちの中、この時、若尾文子は二十一歳だった。

溝口監督は、細かい演技指導は一切せず「その役になりきれ」と何十回もテストを重ねる。娼婦についての知識が乏しい彼女には無理なこと。その間、相手役の大先輩は演技をつき合わされる。この辛い状況を乗りきって、彼女は「大人の女優」へと成長をとげた。

ゆめ子（三益愛子）は実家に一人息子を残し、仕送りをしながら息子の成長を夢見ている。ところが母の仕事が田舎で知れわたり、彼は居づらくなり上京、電気会社に勤める。彼を訪ねる母、息子は「来るな、汚い」とののしる。ゆめ子は夢を断たれ、ショックから精神を病んで去った。

ハナエ（木暮実千代）は、結核の夫と幼児をかかえている。治療薬のパスもいつもは買えない。冬の夜、夫婦でラーメンをすすり、ハナエが半分を残して夫にゆずり、夫がおいしそうに食べるシーンが哀しい。

ミッキー（京マチ子）は「洋風かぶれ」の派手でドライな女性。ある日父が訪ねてきて「実家へ帰れ」と言う。妹の縁談があって、姉が吉原で働いていては困るからだ。ミッキーは「私の極道はあなた父ゆずりの血、帰らないよ、それよりどう私を買っていかない」と追いかえす。

若尾文子が扮するやすみは、「結婚する気」があるふうに見せ「男の気」を引いてお金を巻き上げ、「騙された」と知って男が迫ってくると「女々しい男は嫌い、もう会いたくない」とはねつける。仲間たちへの高利貸しもしている。そして「ちゃっかり」と自力で布団店の女あるじに収まり、元の「夢の里」に布団などを収めるようになる。彼女だけが見事に苦界から脱した。

若尾文子と男たちとの「微妙な距離感」を保った演技、何かを求める時は「ある距離まで近づき」、求められると「ある距離を取る」ことをうまく演じていた。この辺りの演技を一番苦労したのだろう。このひどい女を「あっけらかん」と可愛らしく演じていた。

若尾文子が扮したやすみは、父が賄賂二十万円を受け取った罪のため、吉原に身を落とすことになった。「たったの二十万円ですよ」と彼女はつぶやいた。

『妻は告白する』（一九六一年、増村保造監督）

北穂高の滝谷の岸壁に三人のパーティーが取りついていた。ザイルの真ん中の女性が滝川彩子（若尾文子）、下が夫の滝川亮吉（小沢栄太郎）、薬学部の助教授である。ザイルの一番上は、彩子が好意を寄せる製薬会社の社員、幸田修（川口浩）である。幸田が時々滝川に薬を届けに来るので二人は知り合った。

突然、三番目の滝川が足をすべらせ宙づりになる。先頭の幸田が二人を必死に支える。滝川は体を振って岸壁に取りつこうとする、支える幸田のうめきと流れる血、彩子も体にザイルが食い込んで苦しい。彩子が突然、果物ナイフを取り出してザイルを切り始めた。それを下から見上げる滝川、ザイルは切れて滝川は数百メートルを落下、即死である。

彩子の殺人容疑の裁判が始まる。検事は、彩子が幸田に好意を持っていたこと（家政婦の証言）、夫に五百万円（当時では巨額）の生命保険をかけていたことなどで「有罪」を主張、弁護側は「緊急避難の措置」として「無罪」を主張する。

週刊誌などは彩子を「夫殺し」と興味本位にとりあげた。彩子は孤独に耐えかねて幸田に会いに行く。「裁判中なのに当事者同士が会うとは何ごとか」と弁護士に叱られる彩子。しかし彼女の心は、ますます幸田に傾いてゆく。

裁判の審議が終わって判決を待つ間、彩子は幸田に「どこかに連れて行って、思い切り私を楽しませて」とせがむ。幸田は結婚を決心し彼女を連れだす。海辺の砂浜で水着姿で戯れる二人、その夜二人は結ばれた。

裁判の判決は「無罪」。判決から数日後、幸田は彩子が、生命保険を使って「立派なアパート」に引っ越したことを知り「無神経ではないか」と怒る。ところが彩子が「ザイルを切った時、私は夫を憎んでいる、好きなのはあなた（幸田）だけだと分かったの」と口走った。それを聞いて幸田は「私を、裁判官を、みんなを騙したのか、もう会いたくない」と彼女から去っていった。

ある雨の日の午後、彩子が幸田の事務所を訪ねてくる。「不在だと言ってくれ」と言うが、彩子はすでに事務所の入り口に立っていた。

喪服のような黒い着物が雨にぬれ、白足袋も泥で汚れている。いく筋かの髪が、額と頬にはりついたまま「じっと幸田」を見つめている彩子。事務所にいた十数名の職員たちは凍りついた。我々観ている方も凍りついた。今まで見たこともない「鬼気迫る映像」だった。

最後、彼女は同じ建屋の洗面所で「服毒自殺」をして果てる。

若尾文子は、この映画の全編で彩子だった。自分勝手で刹那的、が、幸田を「女の情念」をさらけ出し「馬鹿な」と言えるほど、または「命をかける」ほどに愛していた。

四、石原裕次郎、太陽の子、最も愛された日本人男性

一メートル八十センチ近い長身、長い股下、若い獣のようなギラツキ、が、笑うと八重歯がのぞく人なつっこい笑顔、これがデビュー当時の石原裕次郎である。

裕次郎は一九五六年、兄石原慎太郎の芥川賞受賞作『太陽の季節』が映画化された時、当時の湘南海岸の「若者の風俗」のアドバイス役を兼ねて端役で出演した。ところが観客は、端役の若者裕次郎に熱く注目した。

その二カ月後には、石原裕次郎主演の第一作『狂った果実』が封切られる。共演は当時の日活トップ女優、北原三枝である。のちに奥さんになる人との運命の出会いだった。彼はそのあと、ほぼ月一本のペースで主演をつづけ、一九五七年の暮れに封切られた『嵐を呼ぶ男』が大ヒットし、名実ともに日本を代表するトップスターにのし上がった。

この当時の出演作には、『今日のいのち』『鷲と鷹』『俺は待ってるぜ』『錆びたナイフ』など、「男同志の友情・葛藤」を骨太く描いた社会派アクションと、『乳母車』『陽の当たる坂道』『若い川の流れ』など、上流層のちょっと不良っぽい青年（裕次郎）と、北原三枝、芦川いづみら理知的な女性との「歯に衣をきせぬ会話」が楽しい文芸作がある。

高度成長が勢いづく一九六〇年代になると、裕次郎は『青年の樹』『天下を取る』『喧嘩太郎』

『青年の椅子』『やくざ先生』など、痛快なサラリーマン像を演じて楽しませてくれた。この頃は歌の方でも大活躍で『銀座の恋の物語』『赤いハンカチ』『二人の世界』など、歌と映画の両方で大ヒットがつづく。

一九六八年裕次郎は三船プロと共同で、長年の夢だった『黒部の太陽』の映画化に取り組んだ。五社協定や資金不足など幾多の困難はあったが、周囲の人たちの「裕次郎への好意」がそれを克服させた。観客数は、史上最高の七百三十万人余、興行収入は十六億円を記録する。

一九七〇年代、カラーテレビの普及が五〇％をこえ映画が下火になると、裕次郎はテレビドラマに進出、一九七二年にスタートした東宝テレビの『太陽にほえろ！』は、十年以上続く大ヒットシリーズになった。

さらに一九七九年からは、テレビ朝日と石原プロの制作で『西部警察』の放映を開始、毎回「大がかりな爆破シーン」が話題になり、これも一九八四年まで続くヒットシリーズになる。

裕次郎はこのころ健康を害していたので、主な活動は弟分の渡哲也を中心とする石原軍団に移っていた。ドラマの中でも裕次郎は一歩うしろに下がり、渡哲也が中心になっていた。

この頃の裕次郎は、かつての「ぎらぎらした煌めき」は消え、包容力がある大人の男性、「良き父親、良き上司（ボス）、いい男の顔」になっていた。裕次郎の周りには、日活の後輩の男優、女優たちの「笑顔と笑い声」が絶えないイメージがある。

『狂った果実』（一九五六年、中平康監督）

滝島夏久（石原裕次郎）は、弟の春次（津川雅彦）と逗子の海で水上スキーをしていた時、遠泳中の天草恵梨（北原三枝）と会い、ボートに拾って彼女の自宅の埠頭まで送り届けた。太陽族とよばれる不良っぽい兄夏久と違い、純情な弟の春次は、恵梨に一目ぼれする。

春次は、兄の友人平沢（岡田真澄）が自宅で開いた「女性同伴パーティー」に恵梨を誘った。彼女は洒落たカクテルドレスで現れる。その夜二人は、海岸で抱き合って長いキスをした。砂上に投げ出された恵梨の足は「次」を求めているようだったが、この日はそこで終わった。

夏久と平沢はある日、横浜のナイトクラブで中年の外人と踊る恵梨を見かけた。彼は恵梨の夫だった。弟の気持ちをもてあそぶ恵梨を咎める夏久に、恵梨は「私は浮気を幾つかしたけど、春次さんとは本当、本当の愛を取り戻しているの」と言う。

それを聞いて夏久は「弟には黙っておくから、じゃあ俺と浮気をしないか」と、恵梨の手が夏久の頬に飛ぶ、恵梨を荒っぽく抱きしめてキスする夏久、夏久の唇に血が、血を手の甲で拭う夏久の「獣のような男の目」と恵梨の「妖しい女の目」がからみあう。

夏久は恵梨を押したおし長いキスをした。恵梨の手が夏久の背中に回る。二人は結ばれた。これを機に恵梨は、夏久の男っぽい魅力と逞しい肉体に魅かれていく。

初共演の石原裕次郎と北原三枝は、この場面で「運命的な出会い」を感じたのではないか。この画面にはそのような情感があった。二人は一九六〇年、当時の「トップスター同志の結婚」はタブーの掟に背いて米国に駆け落ちした。三枝は一歳上の「姉さん女房」である。

ある日、夏久はヨットで恵梨を連れ出し「夫も弟も捨てて自分について来るよう」にせまる。二人がヨットで海へ出たことを知った春次は、モーターボートで兄と恵梨をさがし、二人を見つけた。恵梨は海に飛び込み春次の方に泳いでいく。春次はモーターボートの向きをかえ、恵梨に突進して引き裂き、夏久もヨットごと吹っとばした。

狂った「傷だらけの青春」は終わった。この一作で裕次郎は一躍スターに躍り出た。この映画は、兄の石原慎太郎の原作・脚本である。

『黒部の太陽』(一九六八年、熊井啓監督)

世紀の難工事と言われた「黒部ダム建設」の、その中でも困難をきわめた「大町トンネル掘削工事」を取り上げた映画である。石原プロと三船プロが共同制作した。

映画のテーマと同じく、この映画の制作も困難をきわめた。しかし多くの関係者が、裕次郎の「壮大な夢と人柄」に魅かれ、手を貸した。

俳優とスタッフの面では、劇団民藝の主宰者、宇野重吉が民藝をあげて協力し、また資金面では、関西電力、熊谷組やその関係会社などが、百万枚を超える前売券の購入を約束した。

映像のほとんどを占めるトンネルのセットは、愛知県の熊谷組の工場の中に作られ、出水事故用の四百トンの水タンクも用意された。破砕帯での出水事故場面で、トンネルセット内にこの四百トンの水が一挙に放出され、三船も裕次郎も什器などと一緒に流され、カメラマンは水を浴びながらも必死に撮影を続けたという。まさに「死と隣り合わせ」の撮影だった。

三船敏郎が演ずるのは、関西電力黒四ダム建設事務所の北川次長で、関電側の責任者である。

北川は「自分の任ではない」と辞退するが、関電社長の太田垣に「電力のピークをカバーして安定に供給するために、調整能力が高い巨大なダムが欠かせない。それは日本では黒部しかない。だが、資本金百三十億の会社が四百億の事業を行うのだ。しかも相手は黒部、覚悟は決めている」と熱く説得され引き受ける。

石原裕次郎が扮するのは、熊谷組の下請け岩岡班の現場責任者である。岩岡も当初は慎重な立場をとる。日本列島が折れた大地溝帯（フォッサマグナ）に近い黒部には「大きな断層や破砕帯」があると警告する。が、「関電北川次長の覚悟」を知り、現場責任者として指揮をとる。

かくして大自然に対し、技術と知力を尽くして一歩ずつ前進する闘いが始まった。危惧したとおり破砕帯にぶつかり、破砕帯八十メートルを抜けるのに約半年かかった。平均すると一日四十センチほどの前進でしかない。このような苦労の結果、大町トンネル貫通の日がきた。

それからは、黒部峡谷への建機、資材の大量輸送が始まり、黒四ダムは完成した。

この映画のラストは、定年退職した北川（三船敏郎）が現地を訪れ、ダム脇の百十七名の犠牲者の碑に黙禱していると、岩岡（石原裕次郎）が「お父さん」と声をかけてきて（岩岡は北川の娘さんと結婚）、二人が歩き去るシーンで終わっている。

このラストシーンの撮影当時、三船、裕次郎の二人にとって、「完成した黒四ダム」と「完成した映画『黒部の太陽』」という二つの難事業が重なって「万感の思い」だっただろう。『黒部の太陽』の制作費は三億円であるが、関西電力や熊谷組とその関係会社の人たちは「無償に近い支援」をした。三船と裕次郎の「壮大な夢と人柄」に魅かれた面はあるだろうが、なによりも、黒部ダムを建設した彼らの「先輩たちへ敬意と誇り」が、撮影当時の後輩たちを突き動かしたに違いない。

『太陽にほえろ！』（一九七二～一九八七年、東宝テレビ部制作）

警視庁七曲警察署の捜査第一課第一係の刑事たちの活躍を描いた群像劇である。

このシリーズの特徴は、登場する刑事たちの人物像が「きちっと設定」されていることで、フルネームの氏名、愛称、生年月日から、学歴、職歴、家庭の事情、性格、特技などまでである。彼らの群像劇と、若い刑事たちが演じる「危険な激しいアクション」が見どころだった。

藤堂俊介（ボス、石原裕次郎）は警部で捜査第一係長、妥協を許さぬ捜査態度のためエリートコースをはずれ、所轄の一係長にとどまっている。両親はすでになくマンションに一人暮らし、独身である。婚約者はいたが「警察官の道」を歩むため自ら婚約解消した過去がある。部下思いで包容力がある「理想的な上司」。シリーズの中頃からはデスクで指揮をとることが多かった。

藤堂の周りを固めるのは、山村精一（山さん、露口茂）、警部補で捜査第一係長代理、藤堂の補佐役で若手刑事の信頼もあつい。石塚誠（ゴリさん、竜雷太）は九州男児、射撃の名手で警視庁の中で三指に入る名手、新人刑事の教育係兼ベテランとのパイプ役である。

女性では内田伸子（シンコ、関根恵子）、少年課の婦警が、少年事件より殺人や強盗の捜査に興味があるらしく捜査一係に入り浸っている。

若手刑事では先ず早見淳（マカロニ、萩原健一）、長髪にノーネクタイ、全て型破りだが犯罪に走った若者にしばしば共感する。通り魔に刺されて死亡。早見の後任で入ったのが柴田純（ジーパン、松田優作）、有段の空手を武器に暴れまわる。伸子と恋仲になって婚約するが守ってやった男に撃たれて殉職。さらに、柴田の後任の三上順（テキサス、勝野洋）も殉職する。

このように若手の俳優を抜擢し、育て、殉職などで去らすのが、このシリーズの「一つのパターン」になった。勝野洋のあとも、沖雅也、山下真司、神田正輝、渡辺徹、三田村邦彦などと続く。ほとんどが現在も活躍している「錚々たるメンバー」である。

藤堂ボスが病気で療養している間、係長代理として赴任してきたのが藤堂の後輩の橘兵庫（警部、渡哲也）で、積極的に現場に出る姿が、初期の藤堂に似ていた。

このシリーズの中の藤堂俊介は、当時の石原裕次郎の姿とダブる所が多い。病気を抱えながらボスとしての大きな包容力、若いものたちへの思いやりと育成、弟分の渡哲也への石原軍団の継承など、どちらにも年を重ねた「素晴らしい男の姿」がそこにあった。

石原裕次郎の最後の歌、『わが人生に悔いなし（なかにし礼作詞　加藤登紀子作曲）』の中の同じフレーズの言葉が心にしみた。ありがとう裕次郎さん。

歴史問題で卑屈にならない、安倍総理の戦後七十年談話から再出発

中国の江沢民国家主席は、在外大使ら外交当局者を一堂に集めた席上で「日本に対しては、歴史問題を永遠に言い続けなければならない」と指示し、歴史問題を対日外交圧力の重要カードと位置付けた。これが中国の「対日外交」の基本姿勢である。

しかし一九九五年、時の村山首相は戦後五十年にあたって次の談話を発表した。

「わが国は、遠くない過去の一時期、国策を誤り、戦争への道を歩んで国民を存亡の危機に陥れ、植民地支配と侵略によって、多くの国々、とりわけアジア諸国の人々に対して多大の損害と苦痛を与えました。

私は、未来に誤ち無からしめんとするが故に、疑うべくもないこの歴史の事実を謙虚に受け止め、ここにあらためて痛切な反省の意を表し、心からのお詫びの気持ちを表明いたします。また、この歴史がもたらした内外すべての犠牲者に深い哀悼の念を捧げます。」

村山首相は、ストレートに「戦前の日本＝悪」とし、ストレートに「反省・お詫び」をした。

これ以降の二十年間、この村山談話が中国と韓国との外交における「厄介な刺《とげ》」となって日本を縛ってきた。

さらに一部のマスコミや有識者は、この村山談話を「錦の御旗」の如く信奉し、新首相の就任記者会見では必ず、あたかも踏み絵を踏ますように「村山談話を踏襲する」と言わせる馬鹿なこ

とを繰り返してきた。

二〇一五年八月、安倍首相が戦後七十年にあたる談話を発表した。その半年も前から、一部のマスコミや有識者は、村山談話の四つのキーワード、「植民地支配、侵略、痛切な反省、お詫び」を入れろと社説などで執拗に迫っていた。

村山談話は、「概念的な文言」でストレートに謝罪した。

これに対し今回の安倍談話は、近代・現代史における「歴史の事実」を具体的に示し、関係国への配慮から表現は抑えた点はあるものの、近代・現代史において「日本が言いたい」ことを的確に発信した。

そうして安倍談話は、村山談話を否定し超えたのは勿論、わが国を永らく縛ってきた「東京裁判史観（GHQが植え付けた自虐史観）」をも克服するものだった。そのうえ「私たちの子や孫、その先の世代まで謝罪を続ける宿命を負わせてはならない」と言い切った。そう言い切れるスタンス・内容の談話だった。

以下は、安倍首相の戦後七十年談話の要旨である。安倍談話を引用（「」内）し、安倍談話が「言いたかったこと、真の意図」を、歴史の事実を踏まえて推測・補足する。

一、安倍談話が言いたかった事、真の意図

欧米列強による弱肉強食の植民地支配

冒頭で、十九世紀後半から日露戦争までの歴史的事実を簡潔に淡々と述べた。

「百年以上前の世界には、西洋諸国を中心とした国々の広大な植民地が、広がっていました。圧倒的な技術優位を背景に、植民地支配の波は、十九世紀、アジアにも押し寄せました。その危機感が、日本にとって、近代化の原動力となり、アジアで最初に立憲政治を打ち立て、独立を守り抜きました。日露戦争は、植民地支配のもとにあった、多くのアジアやアフリカの人々を勇気づけました。」

この間の歴史的な事実を少し補足すると、わが国にも欧米列強が南からは英国、フランス、朝鮮半島からはロシア、東からは米国が迫るなか、日本は独立を守り・近代化の道を歩んだ。そして「有色人種に対する白人優位」が確立しつつあった時、大国ロシアに勝利し、欧米の「植民地拡大にブレーキ」をかけた。この意義はきわめて大きい。

それにしても、欧米列強の技術優位を背景にした植民地支配は「本当にひどい」ものだったというのが歴史の事実である。

戦争への道程

つづいて第一次世界大戦後の国際情勢と、わが国が追い詰められていくさまを淡々と述べた。

「世界を巻き込んだ第一次世界大戦は、一千万人もの戦死者を出す、悲惨な戦争でありました。人々は平和を強く願い、国際連盟を創設し、不戦条約を生み出しました。戦争自体を違法化する、新たな国際社会の潮流が生まれました。

当初は、日本も足並みを揃えました。しかし、世界恐慌が発生し、欧米諸国が、植民地経済を巻き込んだ、経済のブロック化を進めると、日本経済は大きな打撃を受けました。その中で日本は、孤立感を深め、外交的、経済的な行き詰まりを、力の行使によって解決しようと試みました。国内の政治システムは、その歯止めたりえなかった。こうして、日本は、世界の大勢を見失っていきました。

満州事変、そして国際連盟からの脱退。日本は、次第に、国際社会が壮絶な犠牲の上に築こうとした新しい国際秩序への挑戦者となっていった。進むべき針路を誤り、戦争への道を進んで行きました。そして七十年前。日本は、敗戦しました。」

この間の歴史的な事実を少し補足すると、わが国も一九二〇年代は、「幣原外交（マスコミ、国民から弱腰外交と不人気）」と言われる「国際協調と中国への内政不干渉」の路線をとり世界に足並みをそろえていた。

ところが一九二七年に南京、一九二八年に済南において婦女子もふくむ日本人の虐殺・凌辱事件がおこり、国民は激昂し、日本は邦人保護のため出兵した。

一九二九年に世界大恐慌が発生すると、欧米列強は一九三〇年代、自国と自国の植民地・従属国で経済ブロックを形成し、「ブロック内で自給自足」する体制を築いた。

そのため「持たざる国」の日本は、資源や原料の輸入と、絹や綿製品の輸出の「輸出入の両面」で大きな打撃を受けた。

さらに、西太平洋を巡って日本と対峙するアメリカは、日本への経済制裁を強め、最後は「石油を全面禁輸」にした。このように日本は経済的に追い詰められ、ついに「力の行使」に至った。

こうした日本の行動を、国の自存・自衛のため「やむをえぬ事」と擁護してくれたのが、不戦条約の提案者の米国ケロッグ国務長官と占領軍総司令官だったマッカーサー元帥である。

ケロッグ長官は、アメリカ議会において「国境を越えて攻め込むだけが侵略ではない。他国に経済的な重大な影響を及ぼす行為も侵略に等しい」と述べ、マッカーサー元帥は、上院の軍事委員会で「日本が戦争に飛び込んだのは大部分が安全保障（自存・自衛）の必要に迫られての事だった」と証言している。

安倍談話は「経済ブロック化の進展、日本の孤立化、経済の行き詰まり、力の行使」とわが国が追い詰められていくさまを（日本の言い分は抑えて）淡々と述べた。

しかしながら実際は、日本は選択肢を徐々に狭められ、「国と民族の誇り」を守るうえでは、「誤ったと非難される進路、戦争への道」を歩むしかなかったというのが歴史の事実である。

反省と平和への尽力

日本は、戦争への道を進み、多くの犠牲者を出した。その反省が「戦後の日本の原点」であると表明した。

「先の大戦では、三百万余の同胞の命が失われました。祖国の行くすえを案じ、家族の幸せを願いながら戦陣に散った方々。戦火を交えた国々でも、将来ある若者たちの命が、かず知れず失われました。

これほどまでの尊い犠牲の上に、現在の平和がある。これが、戦後日本の原点であります。

七十年間に及ぶ平和国家としての歩みに、私たちは、静かな誇りを抱きながら、この不動の方針を、これからも貫いてまいります。

我が国は、先の大戦における行いについて、繰り返し、痛切な反省と心からのお詫びの気持ちを表明してきました。その思いを実際の行動で示すため、戦後一貫して、その平和と繁栄のために力を尽くしてきました。」

安倍談話は、多くの犠牲の上に現在の平和があるとしっかり認識し、わが国は戦後七十年、事実として（「行きすぎ」ともいえるほど）一貫して平和路線を歩んできたこと、これからも「不動の方針」としてそれを貫くことを表明した。

未来への四つの誓いの表明

国際紛争の解決、女性の人権の尊重、公正な経済システムの発展、民主主義の基本的価値の堅持の四分野で、わが国は「過去の反省の上に立って将来このように行動する」と表明した。日本の国際公約・誓いである。

これらの四分野を「ないがしろにした振る舞い」をする国への、警告メッセージでもある。

①力の行使でなく平和的、外交的に紛争を解決する

「私たちは、自らの行き詰まりを力によって打開しようとした過去を、この胸に刻み続けます。だからこそ、我が国は、いかなる紛争も、法の支配を尊重し、力の行使ではなく、平和的・外交的に解決すべきである。

この原則を、これからも堅く守り、世界の国々にも働きかけてまいります。唯一の戦争被爆国として、核兵器の不拡散と究極の廃絶を目指し、国際社会でその責任を果たしてまいります。」

これは「力の行使」で、地域の現状変更に挑む国々への「警告メッセージ」でもある。

②女性の人権を尊重する

「私たちは、二十世紀において、戦時下、多くの女性たちの尊厳や名誉が深く傷つけられた過去を、この胸に刻み続けます。だからこそ、我が国は、そうした女性たちの心に、常に寄り添う国でありたい。二十一世紀こそ、女性の人権が傷つけられることのない世紀とするため、世界をリードしてまいります。」

これは、韓国の「慰安婦問題」を、外形的に配慮した。

③自由で公正な経済システムを発展させる

「私たちは、経済のブロック化が紛争の芽を育てた過去を、この胸に刻み続けます。だからこそ、我が国は、いかなる国の恣意にも左右されない、自由で、公正で、開かれた国際経済システムを発展させ、途上国支援を強化し、世界の更なる繁栄を牽引してまいります。繁栄こそ、平和の礎です。暴力の温床ともなる貧困に立ち向かい、世界のあらゆる人々に、医療と教育、自立の機会を提供するため、一層、力を尽くしてまいります。」

これは自国ファースト、貿易の保護主義化の風潮への「警告のメッセージ」でもある。

④自由、民主主義、人権の基本的価値を堅持する

「私たちは、国際秩序への挑戦者となってしまった過去を、この胸に刻み続けます。だからこそ、我が国は、自由、民主主義、人権といった基本的価値を揺るぎないものとして堅持し、その価値を共有する国々と手を携えて、『積極的平和主義』の旗を高く掲げ、世界の平和と繁栄にこれま

で以上に貢献してまいります。」

このあとに「終戦八十年、九十年、さらには百年に向けて、そのような日本を、国民の皆様と共に創り上げていく。その決意であります。」と結んだ。

二、村山談話との決別

村山談話は過去二十数年にわたり、わが国の「対中・対韓行動」を縛ってきた。一部のマスコミや有識者は、村山談話のキーワードを「植民地支配、侵略、痛切な反省、お詫び」の四つだとして、早くからこれを談話に盛り込むべきと主張していた。

村山談話の骨子は「過去のある時期、わが国が国策を誤って**植民地支配**と**侵略**によりアジア諸国の人々に多大な損害と苦痛を与えたことを**痛切に反省**し**お詫び**する」である。

今回の安倍談話は、確かに四つのキーワードを使ったが、四つのキーワードを「歴史の事実で上書き」し、結果として村山談話を否定し決別した。

①植民地支配

安倍談話は、「日本が植民地支配をした」とは言わなかった。「植民地支配」という言葉を使ったのは、「西欧諸国が技術優位を背景にアジア諸国で『(ひどい) 植民地支配をした』」という文脈の中だけである。

確かに日本は、太平洋戦争で石油、鉄、ゴムなどの資源を求めて東南アジアの列強の植民地に侵攻した。しかしこれは「自国の存亡」をかけた進出で、欧米列強流の資源収奪目的の「いわゆる植民地支配」ではない。

歴史的意義という点では、日本の台湾、韓国、満州の四十年間の統治は、そこでの「まさに新国家建設」の行為であり、また東南アジアへの侵攻の四年間は、そこの人々を欧米列強の「植民地支配から解放」する行為だった。

②侵略

安倍談話は、「日本が侵略した」とも言わなかった。そもそも「侵略とはなにか」、内容があいまいで、中国にいる同胞の「生命・財産」を守る出兵も侵略なのか、というわけである。

安倍談話は、「事変、侵略、戦争、いかなる武力の威嚇や行使も国際紛争を解決する手段として、もう二度と用いてはならない。」と包括的に一段上位の概念で述べた。

その真意は、欧米列強流の「いわゆる植民地支配のための侵略」ではないという立場である。間接的で少し分かりにくい文脈は、関係諸国への配慮である。

③痛切な反省

安倍談話は、日本の「植民地支配や侵略を反省する」とも言わなかった。ここまでの文脈に沿えば当然そういう帰結になる。安倍談話は「植民地支配」という言葉には一線を画している。

そうではなく、「戦火の中で多くの若い命が失われ、中国、東南アジアなどの戦場となった地域では多くの無辜の民が犠牲となった。何も罪もない人々に多くの苦痛をわが国が与えた事実。

これらの事実に断腸の念を禁じ得ない。」とした。

これこそが、我々日本人が忘れてはいけない歴史の事実である。目的が何であれ、アジアの多くの国を日本軍が転戦し、戦場になった地域の人たちへ苦痛を与えたことは事実で、それに対し「軽い反省という文言に替えて、重く断腸の念を禁じ得ない」と表明した。

④お詫び

お詫びについて安倍談話は、「わが国は先の大戦における行いについて、繰り返し『痛切な反省』と『心からのお詫び』を表明してきた。その思いを行動に移すため東南アジアの国々、韓国、中国などの平和と繁栄のため戦後一貫して尽力してきた。こうした歴代内閣の立場は、今後も揺るぎないものである。」と表明した。

「お詫びは済んでいる」との立場である。しかも、村山談話が「植民地支配と侵略を反省・お詫び」をしたのは歴史認識が間違っているとの考えで、そうでなく「先の大戦の行い、多くの無辜の民に犠牲を強いたこと」を繰り返し「反省・謝罪」したと文脈を替えた。

それに加えて、将来おそらく語りつがれるだろう「私たちの子や孫、その先の世代まで謝罪を続ける宿命を負わせてはならない。しかしそれでもなお、私たちは世代を超えて、過去の歴史に真正面から向き合わないといけない。」と結んだ。

これは、安倍首相からの「自虐史観はリセットした。さあ、ここから再出発だ」という国民に向けてのメッセージである。

我々日本人は、歴史問題で卑屈になる事はない。中国や韓国が仕かけてくる「南京大虐殺や慰安婦問題」などは「歴史の捏造」と認識しておけばよい。

安倍首相が七十年談話で示した、近代・現代史の歴史の事実をしっかり踏まえ、そこでわが国は「どのように振る舞ったか」を認識し、そこから再出発しよう。

安倍談話は、ＧＨＱが日本人の「国家・歴史にかかわる意識」の改造計画で植え付けた「東京裁判史観（自虐史観）」から脱し、日本の正しい「近代・現代史観」を提示した。それを一国の総理が行った意義は大きい。世界への配慮から、表現は「抑え、間接的」にしたところはあるが、本質はしっかり認識しておこう。

財政健全化、経済成長への道

「国の借金が一千兆円を超え、国民一人当たりでも八百万円を超えた。このままではギリシャのように財政が破綻する。借金を子・孫の世代に残してはいけない」このような話を、マスコミや有識者から「耳にたこ」ができるほど聞かされている。

しかし、考えてみると「話のロジック」が少しおかしい。

国にお金を貸しているのは九五％が日本国民（銀行、生保など経由）で、我々国民がお金を借りているのではない。国民のお金の元手は、二〇一六年末で一千八百兆円（ただしローンなどの借金が三百兆円）ある我々個人の金融資産である。

そればかりか、我々国民は「国に対して借金の返済」を求めてはいないし、返してもらってもまた預けるだけである。しかも、我々の世代が持つ金融資産は、我々の死後は「子や孫に相続」されるはずで、逆に国の借金を「子や孫が背負う」というのはおかしい。

ギリシャの場合は貸し手の七〇％が外国資本で、わが国とは全く事情が異なる。

とはいっても、個人の金融資産も無限ではない。将来にわたって国が借金を増やしつづけ、もし個人の金融資産で足らなくなったら、国は予算を税収だけで組まないといけなくなる。すると国の予算の規模は、三割減とか一挙に小さくなる。

その結果は、とてつもなく悲惨である。まず公共事業と医療・行政などのサービスが落ちこみ、それに伴い関連する企業が倒産、失業者があふれ、その影響が全産業に波及して、さらに企業倒産と失業者が増える。結果として税収がさらに減るという「負のスパイラル」に落ちこむ。まるで終戦直後のような光景で、いわば「財政面での焦土化」である。

冒頭の「国の借金が一千兆円を超えた云々」は、増税推進派のプロパガンダの要素が濃いものの、「財政面の焦土化」を避けるために、プライマリーバランスの黒字化や無駄の削減による「財政健全化」と、税収を増やす「経済の成長」への取り組みは、やはり欠かせない。

一、財政の健全化、国の足腰を強くする

プライマリーバランスの黒字化、財政の根本

プライマリーバランス（PB）とは、毎年の「税収などの収入分」と、国債の利子と元本の返済を除いた「政策への純支出分」をバランスさせることで、「収入∨支出」なら借金の増加は阻止できる。このPB黒字化は「財政規律の根本」である。

グラフの縦棒はPBの赤字額であるが、小泉内閣の後半に十数兆円まで圧縮された。この間の名目経済成長率はプラス一〜二％台で、税収は五十兆円台の後半であった。経済が成長すると税収は増え、PB赤字額は改善する。

ところが、二〇〇七年から二〇一二年の間、東日本大震災という災禍はあったものの、総理がほぼ一年毎に替わるという「政治不在の状態」に陥った。結果は、「名目経済成長率」はマイナスに落ちこみ（図の二〇一〇年のピークは前年の震災での落ちこみの反動）、税収も四十兆円半

ば、その結果ＰＢ赤字額は四十兆円前後までひろがってしまった。

そのあと第二次安倍内閣になって、経済成長率、税収、ＰＢ赤字幅とも、小泉内閣時代まで回復してきている。

このように、ＰＢの黒字化には「経済成長と税収の増」が欠かせない。さらに「政治の強いリーダーシップ」が必要条件でもある。

第二次安倍政権と民主党政権時代の「税収の差」は十五兆円ほどある。消費税を五％上げても、食品などに軽減税率を適用すると「税収の増は七～八兆円」どまりで、悪くすると経済成長が落ち込み「税収の増は僅か」ということにも成りかねない。

消費税などの増税キャンペーンが盛んであるが、それよりも経済成長による税収の増の方が大きな効果があり、かつ健全である。

名目経済成長率は、とても重要な指標で「実質経済成長率＋インフレ率」で、これによりＧＤＰ、税収、ＰＢ赤字額が決まる。財政健全化に大切なことは、「名目経済成長率」を高める

施策を着実に講じていくことである。

やってはいけない削減、取り組むべき削減

国の財政とPBを改善するため、一方で無駄な支出を減らす取り組みも欠かせない。ただし、やってはいけない削減と取り組むべき削減がある。

国の予算規模は約百兆円で、そのうち、三十兆円弱が国債の利子と償還に当てられ、政策に使えるのは七十兆円ほどである。そのうちの半分、三十兆円近くが「社会保障関連」、約十五兆円が「地方交付金」で、公共事業、文部科学、防衛関係には各々五兆円ほどが割り当てられている。

ここで最大の問題は、社会保障関連の費用が年間三十兆円と巨額なうえ、高齢化の進行にともない毎年一兆円近く自然に増えることである。しかも、これは社会保障費の「国の負担分」だけで、「保険料を充てる分」も加えると、毎年の社会保障費は百兆円を超えている。

いままでは「サービスの漸減と国民負担の漸増」の微修正で対処してきた。しかしこれからは微修正では追いつかず、裕福な高齢者には負担の大幅の増をお願いするとか、一定以上の薬の投与は制限するなど、「抜本的な改革」に取り組むべき時がきている。

やってはいけない削減は、社会保障費が増えるからと言って、公共事業、文部科学、防衛関係の費用を減らすことである。

逆に、公共事業では、道路や橋の老朽化対策、大災害に備える国土の強靭化、文部科学では、教育の機会均等の拡大や戦略的な先端技術の研究、防衛面では自主防衛力の強化など、予算の増加が必要な状況にある。

メスを入れるべき所は、各省庁が保有している特別会計である。一般会計が百兆円の規模であるのに対し、特別会計は四百兆円もあり、しかも国会のチェックを受けない。かつて「塩爺」こと衆議院議員の塩川正十郎さんが「母屋（一般会計）ではお粥をすすって節約しているのに、離れ（特別会計）では子供（各省庁）がすきやきを食っておる」と言った。

特別会計は現在二十五ある。そのうち、国債の償還に当てる「国債整理基金特別会計」（約二百兆円）や、年金資金を管理する「年金特別会計」（約八十兆円）など、目的が明らかなものを除いて、それ以外は「一般会計に統合・会計を見える化」し、国の一般会計の「収入増と無駄の削減」に役立てるべきである。

しかしながら、ここにメスを入れるとなると各省庁の抵抗は激しい。総理大臣といえども「政治生命を賭ける覚悟」がいる。

二、経済の発展・成長、国の活力の源泉

国民の暮らしを「豊かで安心できる」ものとするとともに、国の「財政を健全化」するうえで、経済の発展・成長は欠かせない。それは、国の活力の源泉でもある。

ところがわが国は、世界で最も「少子高齢化」が進んでいるうえ、生産年齢人口（十五歳以上、六十五歳以下の働き手）は一九九七年をピークに、総人口も二〇一〇年の国勢調査をピークに減少に転じ、経済成長が「容易でない構造」になっている。

経済成長に最も寄与するのは人口の増加で、戦後のわが国の驚異的な経済発展は、戦後に人口

が八〇％近くも増えたことがいちばん効いている。

したがって、人口減少の中では「生半可な方法」では経済成長は難しい。経済成長の施策は、成長の余地がある「手つかずの分野」を見さだめ、そこに骨太の施策をメリハリを効かせて講じるしかない。逆に「成長の余地がない既得権分野」にお金を付けても無駄である。

安倍首相は、第二次政権発足にあたりアベノミクスと言われる「三本の矢」の経済政策を掲げた。第一の矢の「異次元の金融緩和（インフレ目標二％）」は、デフレを脱却し名目経済成長率を押し上げる一定の効果はあった。

しかしながら、第三の矢の「成長戦略」は未だ顕著な効果は出ていない。新たな成長分野の計画は、基本計画を定め、法制化して国会を通し、予算を付けて初めて動きだすので、時間がかかる。しかしようやく、安倍政権の成長戦略の全体像が見えてきた。ここでは、そうした成長戦略の「効果と課題」を考える。

外国人観光客と農産物の輸出でかせぐ

輸出は、GDPの構成要素で経済成長に貢献する。海外からの観光客が使うお金は、「輸出で稼いだお金」と同じあつかいで、GDPに加算される。

この「外国人観光客の増加」と「農産物の輸出」について、わが国は長いあいだ「無関心・無策」でありすぎた。だから「新たな経済成長」の分野として取り組む価値は大きい。

①観光資源豊かな日本、外国人観光客を増やす

政府は、東京オリンピックが開催される二〇二〇年に、外国人観光客を年間四千万人にする目標を立てた。二〇一三年は一千万人、二〇一五年は二千万人である。外国人観光客は、「一時的な人口の増」で経済に寄与する。

外国人観光客が使う「土産代、宿泊費、飲食代」に、それらの「原材料費（波及効果）」を加えると、外国人観光客一千万人あたり「二兆円強」のGDP押し上げ効果がある。四千万人だと十兆円（日本人の国内観光分は二十五兆円）の規模になる。ちなみに、農林水産業のGDPは約五兆円で、外国人観光客の経済効果がいかに大きいかがわかる。

日本は、変化に富んだ気候、豊かな自然、有形無形の文化財、おいしい料理など観光資源は豊かで、これらの四要素を備えた国は世界を見わたしてもフランスぐらいしかない。

にもかかわらず今までわが国は、外国人観光客を迎えることに「無関心・無策」すぎた。よく聞く「おもてなしの心、治安が良い、電車が正確」などは、日本人の視点での自己満足にすぎず、外国人が訪日する目的にはならない。

大切なことは、外人観光客が「長く逗留して楽しい時間」を過ごし「お金を使ってくれる場」を作ることである。今まで「ほとんど無策」に等しく、改善の余地は大きい。

フランスを訪れる外国人観光客は年間八千万人である。フランス並みも夢ではない。

②日本の農業は弱くない、これからは海外へ

わが国の農業については、従業者の高齢化と減少、それに伴う耕作放棄地の増加、専業農家が

少ない、零細であるなどマイナスのイメージが強い。

ところが、わが国の農林水産業の生産高は、世界の中で五位前後（為替レートで変わる）で、先進国では米国について二位で、年間約五兆円である。農業国といわれるブラジルやアルゼンチンよりも上にいる。主な産品は、米、野菜、果物、魚介類である。

ところが輸出については、世界の先進国が生産高の約半分を輸出（それとほぼ同額を輸入）しているのに対し、わが国の輸出は生産高の五％ほどでしかない。農産物の輸出についても今まで「無関心・無策」すぎた。

政府は農林水産物の輸出を、二〇二〇年に一兆円にする目標を立てた。二〇一三年は五千五百億円、二〇一五年は七千五百億円である。

わが国の農業技術は進んでいて「品種改良、栽培技術、品質・安全管理」などの面で世界のトップレベルにある。さらにＩＴを使った「温湿度、人工光の照度、投肥」などを管理する植物工場の技術も高い。

一兆円の輸出目標は低く、将来的には先進国並みの三兆円規模（生産高の約半分）も可能性がある。世界の農産物輸出の市場規模は百兆円もある。

さらに、農業生産の「海外展開」も有望である。製造業では多くの企業が東南アジアに進出した。タイのバンコクだけでも七千社の日本企業が進出している。農業は、本質的に日本が得意な「物づくりそのもの」なので、製造業と同じように海外進出ができる。

東南アジアは、気候が農業に適しているだけでなく、これから経済の発展に伴って所得が上がり高級品への需要が増える。また同じアジア人なので嗜好も近い。

ただ、海外生産は国内のGDPには寄与しない。が、「所得収支（投資利益）」を通して海外の活動にかかわる総合指標の「経常収支＝貿易収支（輸出入）＋所得収支（投資利益）＋サービス収支（観光客等）」に寄与する。農業法人もこれからは、製造業と同じように、「海外との連結決算」を見据えるべき時代にきている。

国内における農業には、「農政の岩盤規制」と少子高齢化で「国内の需要（食べる量）」が減りつづけるという制約がある。わが国の農業が、この二つの制約を脱して発展する方向は、立地を選ばない「植物工場」と、ほとんど手つかずの「海外展開」であることは間違いない。

働き方改革で生産性を向上する

安倍首相が「働き方改革で生産性を向上する」と打ち出した。生産性が上がれば、それだけでGDPは増え、さらに働く人の時間に余裕が生まれれば消費も増える。

EUの盟主ドイツは、わが国と同じ「製造業立国」の国であるが、「働き方と生産性」の面では日本より一歩も二歩も先を行っている。

例えば、二〇一四年の年間の一人当たりの労働時間は日本より二〇％少ないが、生産性（労働時間当たりのGDP）は、日本より五〇％以上も高い。さらにドイツは、人口が日本の六五％ほどしかないのにGDPは日本に次いで世界第四位にある。ドイツは一体どのような取り組みをしてきたのだろうか。

まず法律で「一日十時間以上の就業は禁止し、有給休暇は二十四日以上（ほとんどの企業で三十日）とることを義務化」した。そのため、数週間の長期休暇（最大の楽しみ）は当たり前で、さらにその間は「仕事から完全に離脱」できる社会になっている。

こうしてドイツでは、ライフワークバランス（仕事と生活の調和）をとる「文化が定着」し、これが「高い生産性の動機付け」にもなっている。

ところが日本では、仕事と生活のバランスとか生産性には無関心なうえ、上司が帰らない間は帰れないとか、残業代のため毎日四時間残業するなど「生産性を損なう習慣」さえある。

日本では現在、少子高齢化と生産労働人口の減少が進んでいる。今こそ「働き方の改革と生産性の向上」に取り組むべき時である。

政府が掲げる「働き方改革の施策」は、同一労働・同一賃金、裁量労働制と高度プロフェッショナル制度の拡大、罰則付き残業時間の上限設定、子育て・介護と仕事の両立などで、その狙いは「個々人の状況に応じた働き方」を勧める点にある。

個々人の働き方は、男女の違い、高齢者もふくめた年齢の違い、専門スキルの有無、子育ての状況、個々の生き方など、それぞれに異なる。それを前提に、国の労働力総体として「生産性が高い働き方が選べる」ようにする狙いである。

ところがこの「働き方改革法案」に対して、多くの野党は「残業代ゼロ法案」とか「過労死促進法案」などのレッテルを貼って批判し、一部のマスコミや有識者がそれを後押ししている。

かつて「物づくりが国の基幹産業」だった時代には「働いた時間が成果（ＧＤＰ）に直結」していた。ところが現在は、製造業で国内にあるのは「研究・開発拠点」が主であり、また「ＩＴや金融などのサービス業」がＧＤＰの大きな割合を占めるようになった。

これらの業種では、働いた時間が成果に直結しない。それなのに、働いた時間（残業時間）で給料を払え（給料を増やすためには残業しろ）というのは「時代錯誤」というほかない。

働き方改革の核心は「時間外労働と給料のリンク」を断つ事で、それを進めるのが「裁量労働制と高度プロフェッショナル制度」で、運用に難しい点はあるがチャレンジしないといけない。「働き方改革を実行」するのは、国ではなく企業である。経営者がみずから先頭に立ち、経営者が直轄するプロジェクトで、現状を数量的に把握して計画を立て、計画（P）、実行（D）、チェック（C）、修正アクション（A）のPDCAの管理サイクルをしっかり回して進めないと効果はでない。

生産性を国全体で毎年一％上げられれば、経済成長率を一％（少し論理が荒っぽいが）押し上げられる。ドイツの生産性は日本に比べて五〇％以上も高い。ドイツ人に出来たことが日本人に出来ないはずがない。ここに「経済成長と暮らしの改善」の余地がある。

着実に強い意志をもって進めるしかない。ライフワークバランスを「文化として定着」するまでの道は長いけれど。

規制は原則撤廃する

二〇一七〜一八年にかけての国会は、森友学園と加計学園など「国政・国益に全く関係ない議論」にあけくれた。

加計学園問題とは、文科省の「獣医学部の新設は一切認めない」という方針に対して、加計学園が「国家戦略特区」を使って「岩盤規制の突破」を図ろうとしたが、たまたま加計学園の理事長が安倍首相の親友であったことから、安倍首相が「口ききしたのではないか」と、野党と一部のマスコミが延々と追及した件である。

この件の本質はそこにあるのではなく、獣医学部の新設が五十年にもわたり禁止されていたことと、しかもそれを法律や条例で決めたのではなく、文科省内部の単なる告示で行っていた点にある。理由は「獣医学部のニーズ」がないということだが、それは一省庁が決めることではなく、民間企業が、自らリスクを負って判断することである。

地方に大学ができれば、学生による消費も増えるし、街も、街のお店も華やかになり、地方が活性化する。

幸か不幸かわが国には現在、こうした省庁と既得権勢力による規制で「蓋《ふた》をされた事業機会」が数多く残っている。そのような規制を原則撤廃すれば、新たな事業機会がオープンになり、経済の活性化とGDPにも資するし、国全体の生産性も上がる。

少子高齢化という国難に直面している今、国を預かる政治家と官僚の皆さんには「我が身を捨てる覚悟」で、規制撤廃に取り組んでもらいたい。

感動と勇気をくれる女子アスリートたち

スポーツは、定められたルールの下で行われる「人と人の闘い」が本質であり、「もうダメかという状況」を耐え、もり返し、逆転して勝利する姿に、我々は心を揺さぶられ勇気づけられる。最近の十年ほどを振り返り「大逆転の感動シーン」を思い出してみると、なぜか「ほとんどが女子アスリート」の場面だった。

ここではその中から、女子のサッカー、卓球、フィギュアスケート、レスリングの四つを振り返り、なぜ日本の女子アスリートたちは「世界の中でも強いのか」を考えてみる。

最近の日本の女子選手が、外国選手に対して大柄になったとは決して言えない。それなのに「なぜ」なのか。

一、感動の逆転劇を振り返る

なでしこジャパン、二〇一一年、女子サッカー世界選手権で優勝

サッカーの世界選手権で、日本もふくめアジア勢が優勝するなど「夢想さえできない」ことだった。サッカーは格闘技の要素が強く、体格のハンデを乗りこえるのは容易でない。日本の男子チームは、（二〇一八年まで）世界選手権で「ベスト8」にも入ったことはない。

ところが二〇一一年、FIFA女子ワールドカップで日本の「なでしこジャパン」が世界一に輝いた。日本中が驚き、感動し、賞賛と感謝の言葉を送った。日本サッカー草分けの第一人者、釜本邦茂さんは、今回のなでしこジャパンに「魂の戦い」を見たと称賛した。

実際、要所要所で「魂のゴール」を見せてもらった。準々決勝の丸山桂里奈の決勝ゴール、準決勝の川澄奈穂美の同点ゴール、そして極めつけは、世界一を決めた決勝戦のゴールである。

決勝戦の相手は、FIFAランキング一位（日本は四位）の米国で、過去六回の大会で全てメダルを取り、うち二回は優勝している。

この試合は終始、米国に押され気味で、立て続けにシュートを打たれる苦しい展開だった。前半はなんとかしのいだが後半二十一分、快速のモーガンにディフェンスを破られ先制点を奪われる。ゲームの流れは完全に米国のものだった。

しかし後半三十六分、高い位置でボールを奪った川澄が左サイドを深く切れ込み、永里にパス、永里のセンタリングに丸山が突っ込み、ゴール前の混戦になった所に、自陣から五十メートル駆け上がった宮間あやが体でワントラップ後、名ゴールキーパー、ソロの動きを読んで一瞬、甲のアウトサイドに切りかえて左コーナーに決めた。

全員で攻め上がり、最後は宮間が「美しく冷静」に決めた。

試合は延長戦へ、延長戦も米国の攻めはつづく。延長前半の十四分、米国は長いセンタリングにキャプテンのワンバックが飛び出し、最後はフリーの状態でゴールを決めた。このあと、日本はフォーメーションを変えて攻めるが得点に結びつかない。

延長後半の残り四分、近賀と澤が攻め上がって、左サイドのコーナーキックを得た。残り三分、宮間が低い短いボールを蹴る、それに飛びこんだ澤が右足外側であわせ、ボールのコースを三十度ほど曲げて、彼女の右後方のゴールポストに決めた。

宮間あやと澤穂希の「二人の執念の、魂のゴール」だった。そこに「最後に頼るのはこいつ」という二人の信頼の絆が見えた。最後はＰＫ戦になり、日本が初の優勝を果たす。

主将の澤は、得点王とＭＶＰを獲得。澤は、苦境にあってチームを励ましつづけ、残り四分で近賀と共にコーナーキックを奪い、最後は宮間と同点ゴールを決めた。絶対絶命のピンチでは「リーダー自身が活路を開く」という姿も見せてくれた。

今から振り返ると、この頃がなでしこジャパンのピークだった。

超ベテランだが運動量は衰えない澤主将を中心に、彼女の背中を見て育ち「技量、運動量」とも優れた中堅メンバーが、心と心が糸で結ばれているかのような「緻密な連携プレー」を展開し、また各々のポジションで「一瞬の切れ味や、爆発力」があるプレーを見せてくれた。

サイドをダイナミックに駆け上がる鮫島、コーナーに鋭く切れ込みセンタリングや直接シュートを打つ川澄、チャンスと見るやゴールに猛然と突進する丸山と大野、外国選手と競り負けしないディフェンスの岩清水、熊谷とフォワードの永里、正確無比なキックの宮間、そして全体を見渡し、最適な「位置取りと球出し」を常に探している主将澤、彼女たちの躍動する姿が今も目に焼き付いている。

二〇一四年、女子世界卓球選手権団体戦、大逆転で銀メダル

第五十二回世界卓球選手権は二〇一四年四月、東日本大震災への応援もあって震災の翌年、東

京で開かれた。

　この試合に福原愛は左足骨折で欠場、石川佳純と平野早矢香が主力だった。

　準決勝への出場国は、いずれも一次リーグをトップで勝ちあがった中国、シンガポール、香港、日本で、日本は香港と当たった。

　日本は、第一戦を石垣優香で落とし、第二戦は石川が取った。この試合のハイライトは平野早矢香の第三戦である。第四戦は石川だが第五戦は経験が少ない石垣なので、日本が勝つためには、第三戦、第四戦を平野と石川で連取したいところである。

　この試合、平野は第一ゲームを取られ、第二ゲームも十対八とリードしながら四点を連取されて十対十二で敗れた。そのあと第三ゲームも一対六と先行され、さらに四対九と追い込まれ「絶対絶命のピンチ」に立たされた。ここから平野は驚異的なねばりで九対九まで追いつく。一点先行されるがジュースに追いつき、二点を連取して第三ゲームを取った。

　この勢いで第四ゲームは簡単に取り、第五ゲームも優勢に進めて十対八のマッチポイントに追いこんだ。が、ここから二点を連取されてジュース、ゲームカウント二対二、スコアは十対十、しびれる瞬間である。しかし平野はここから二点を連取して第三戦を制した。

　卓球のラリーは、〇・四〜〇・五秒の高速で、しかも「球筋、球質」を変えて応酬する。そこで「わずかな弱気と強気」が勝敗を分ける。また運もつきまとう。平野は、よくも四対九の状況から九対九まで、連続してしのぎ得点を重ねたものである。

　石川佳純選手は、第二戦と第四戦を勝って香港戦の勝利に貢献した。彼女も、両戦ともゲームカウント一対二の劣勢から逆転した。日本は三十一年ぶりの決勝進出である。

決勝戦は中国に〇対三で敗れた。中国との距離は遠い。石川選手は三ゲーム共、七〜八対十一と善戦したが、三ゲーム共この差で勝ちきる中国との差はまだ大きい。まるで「サイボーグ相手」に戦っている感じだった。

ところが同じ二〇一四年、日本に伊藤美誠、平野美宇という同い年の天才少女が現れた。

二人は、ワールドカップのダブルスで史上最年少（二人の合計年齢でも最年少）で優勝した。二人は幼いころからペアを組み、「みうみま」の愛称で知られている。また二人は、今回の平野早矢香の激闘を会場の最前列に並んで観戦していた。学んだことはあっただろう。

伊藤美誠は、二〇一五年のワールドツアー・スーパーシリーズで、女子シングル史上最年少の十四歳で優勝し、二〇一六年のリオ・オリンピックの団体戦では、銅メダルを決めた最終戦を三対〇で圧勝した。

平野美宇は、二〇一六年のワールドカップの女子シングルで、これも史上最年少の十五歳で優勝し、さらにこの年の全日本で、三連覇中の石川佳純を破って優勝を果たした。さらに驚くべきことに二〇一七年には、中国で開催されたアジア選手権の女子シングルで、リオの金メダリスト丁寧ほか中国の№1、2、5を破って優勝した。

さらに伊藤美誠も二〇一八年、スウェーデンOPで№1、2の中国選手を破り優勝した。

中国選手といえども「鉄壁・無敵ではない」と判ったことは貴重である。それにしてもこの二人には「怖いもの知らずの感」がある。

伊藤美誠、平野美宇が中国選手を破った鍵は、二人に共通するが「反射神経とスピードの速さ」である。二人とも台の近くに立って打ち返すので「球の返り」が早い。前陣速攻、このスピードが中国選手をとまどわせた。

フィギュアスケートの浅田真央、悲運と涙のオリンピック

浅田真央ほど「真央ちゃん、真央ちゃん」と、老若男女を問わず多くの人に愛された日本人は今までにいない。

年配者は孫娘か娘のように、同世代は妹か姉のように、子供たちはお姉さんのように、みんなが家族のような気持ちで見守り応援した。その訳は、「愛らしくつつましやか」な人柄もあるが、トリプルアクセルという高いハードルに、失敗しても挫けず挑みつづける姿に、多くの人が魅かれたのだと思う。

真央ちゃんは、女子で世界でただ一人「3回転半」のジャンプにこだわった。オリンピックで男子でさえ失敗する難しい技である。演技がスタートして、彼女がバックで大きな弧を描いて滑り、さっと向きをかえて左足を踏み出す瞬間、我々は毎回、息を詰めて見守った。成功の確率は二五％程度というのに、それでも彼女は挑みつづけた。そこに我々は魅かれた。

真央ちゃんといえば「オリンピックでの悲運」が強く私たちの記憶に残っている。

最初は二〇〇六年、GPファイナルで優勝したが、その年のトリノオリンピックには「年齢が八十七日足らない」ため出場できなかった。トリノでは荒川静香が金メダルをとった。

次は二〇一〇年のバンクーバーオリンピック、彼女はトリプルアクセルを史上初、三回成功したにもかかわらず韓国のキムヨナに破れて銀メダルだった。キムヨナ側の「演技構成と出来栄え」の総合点で勝つという戦略に敗れた。銀メダルを首にしての大粒の涙が思い出される。

三度目の正直の二〇一四年ソチオリンピック、真央ちゃんは「高い難度の演技構成」を組み、ジャンプもゼロから立て直してのぞんだ。ところが「大きな悲運」がショートプログラムで待っていた。冒頭のトリプルアクセルで転倒し、それを引きずってSP十六位という過去最悪の結果になった。

彼女はこの時二十三歳、青春まっただ中の「四年間を練習一筋」にかけた労苦が「わずか三分」で水泡に帰した。勝負の世界は残酷である。「心が折れた」はずで、誰もが「明日、真央ちゃんは滑れるのか」と心配していた。

ところが、結果は「フリーの自己ベストを更新」する一四二・七点、六種類八つの三回転ジャンプを全て着氷した。演技を終えた瞬間の「天を仰いでの泣き顔」、一瞬後の「観客への笑顔」、それを我々は永遠に忘れない。彼女の演技を中継していた各国のアナウンサーと解説者も「これが真央だ」と驚嘆と賞賛の声をあげていた。

SPからフリーへの「一晩の心の葛藤」はいかばかりだったか、小さい胸の中に「悔しさ、後悔、不安」が渦まいていただろう。それらを乗りこえ、よくこの結果を出したものである。どんな絶望の淵に落ちても、「目標と気力」を強く持てば「事は成る」ことを教えてくれた。これは真央ちゃんの「自分自身への大逆転劇」だった。

二〇〇六年から二〇一六年の十年間、国際公認大会と全日本選手権における彼女の戦績は、金二十七個、銀十三個、銅六個、メダルなし十回である。悲運のイメージがつきまとう真央ちゃんだが、これを超えるのは至難と思えるほど素晴らしい戦績である。

ところが二〇一八年十二月に突然、トリプルアクセルの後継者が日本から世界の舞台に躍り出た。紀平梨花、十六歳である。GP（グランプリ）ファイナルで、トリプルアクセルを三回飛んで二回成功させ、しかも平昌五輪の女王ザギトワ（ロシア）を破って優勝した。

GP初出場での優勝は真央ちゃん以来、また平昌五輪には年齢が少し足らず出場できなかったのも真央ちゃんと同じ。彼女は真央ちゃんと「同じ定め」を歩んでいるように見える。真央ちゃんからのバトンをしっかり受け継いで輝いてほしい。

二〇一六年、リオ女子レスリング、衝撃のドラマ

リオ五輪の女子レスリングフリースタイルで、日本は六階級中の四つで金、一つで銀、また伊調馨選手が四連覇という大記録を成し遂げた。女子の個人四連覇は、夏冬の五輪を通して世界で初めての偉業である。

八月十七日の初日、三つの階級の全てで「最終盤の逆転で金三つ」を取り「はじける笑顔」があった。が、翌十八日、世界大会で十六連覇中の吉田沙保里が決勝で敗れ「止まらぬ悔し涙」という衝撃のドラマが展開した。

世界大会の準決勝、決勝クラスの選手の「力の差は紙一重」で、選手たちは「気力半分、運半分」というところで戦っているのだと痛感した。

①最終盤での逆転金メダル三つ
女子レスリング初日の先陣は、四十八キロ級の登坂絵莉だった。一対二とリードされ残り十五秒、片足タックルに行き逃げる相手を追って残り八秒で同点に、バックを取って逆転した時は

「残りは一秒」だった。

二戦目は五十八キロ級の伊調馨、彼女もまた一対二とリードされて残り三十秒、タックルにきた相手をつぶしてバックを取ったが、相手に足を取られて点にならない。必死に足を抜こうとする伊調と抜けたら負けと両腕で抱え込む相手選手、二十秒近い攻防の末やっと足が抜けたが相手はまた片腕で保持する、それを振りほどいて得点したのは「残り一秒」だった。「運があった」としか言いようがない。これで史上初の五輪の四連覇がなった。

彼女は、お母さんを二年ほど前に亡くしている。試合後のインタビューで「母が勝たせてくれた」と彼女は天を仰いで言った。

この両試合を早朝ライブで見ていたが、両試合とも「負けたか！」と思った直後の逆転だった。この日の最後の六十九キロ級土性沙羅も、一対二とリードを許していたが最終盤で同点に追いつき、同点の場合「追いついた方が勝ち」のルールによりラッキーな金メダルを貰った。

試合後のテレビインタビューで、金三つを称賛するアナウンサーに対し、三人ならんだ中央の伊調馨が、両側の若手を見やりながら、謙虚に「運が良かったわね」と言った言葉に実感がこもっていた。実際、三試合とも紙一重だった。

②吉田沙保里の止まらぬ悔し涙

吉田沙保里もまた一対二とリードを許して終盤に入ったが、彼女なら「当然追いつける」と安心して見ていた。ところが残り一分、「あれっ！」と見る間に（不運・不覚にも）場外に押し出されて相手に一点が入り、ややあってなぜか二点のスコアに変わった。

この一点違いの影響は大きく、一対三ならバックなど「技一つ」で逆転できるが、一対四だと「技二つ」が必要になる。ここから相手は逃げに入り、そのあと一分間、吉田選手は攻め続けるがチャンスらしきものを作れず負けてしまった。

歓喜する相手選手と泣き崩れる吉田沙保里、彼女の涙は表彰台に上がっても止まらなかった。彼女は二〇〇二年から、世界選手権とオリンピックで「無敵の十六連覇中」であり、今回勝てば伊調馨とならび五輪四連覇だった。最も金に近いと思われていた彼女の敗戦、勝負の世界は何が起こるか分からない。

この日は、続いて六十三キロ級の川井梨紗子が金メダルを取った。彼女は圧勝だった。今回の女子レスリング選手は、全員が至学館大学の在学生か卒業生で、吉田沙保里の背中を見て育ち、その五人のうち四人が金メダルを取った。これは「別の意味で衝撃的」なことである。吉田選手が負けた時、観戦していた最初の金の登坂絵莉が「ぼろぼろと流れる涙」をぬぐおうともせず、泣き伏す吉田選手を茫然と眺めていた。吉田選手の今回の悔しさは深く大きいが、その一方、彼女の功績は「言葉で尽くせない」ほど大きい。

登坂絵莉と伊調馨は、前半から後半にかけ各々数回不利な体勢になりながら「必至に守りを固め」て相手に点を与えなかった。吉田沙保里は、前半から後半に数回「タックルで足を取った」が、相手選手が「必死に頭を押さえ」て吉田沙保里の得点を阻んだ。

「攻めの気力」、それより重要な「守りの気力」それと「運」、これが「メダルの色」を分けた。

二、日本の女子アスリートたちの強さはどこから来るのか

日本女性は、大和撫子と言われるように「愛らしくつつましい」にもかかわらず、外国の女子選手や日本の男子選手に比べ、精神的にたくましく見える。それはどこからくるのか、あまり定かではないが、次の三つの理由が考えられる。

①個人として強さ、家を守る責任感

鎌倉時代「封建制の武家社会」になると、夫が出仕や戦などで家を留守にした際、残った妻が家と領地を守るようになる。「武家の妻」の責任が一挙に大きくなった。

江戸時代になって戦はなくなり、明治からは近代社会になったが、妻が家を守るという「気概と慣習」は、日本女性のＤＮＡとして受けつがれた。

戦後の高度成長期においても、企業戦士たちは「家庭より会社」に献身して猛烈に働いた。その間、財布の管理もふくめ家庭を守ったのは妻たちである。

日本女性の個人としての強さは、この「家を守る責任感」に根差していると思われる。米国や中国の女性も強いと言われるが、「自分を守る個人主義」に根差すもので質が異なる。

歴史上、米国も中国も「封建制の経験」をしていないので、家を守るという観念はうすい。

②グループとしての強さ、結束力

日本女性には「チームに根差」して力を発揮する強さがある。

女子の卓球やフィギュアスケート、レスリングなど個人プレーの競技でも、彼女たちは「チームジャパン」という言葉をごく自然に口にする。それを口にすることで、チームへの責任感が「力の源泉のひとつ」になっている。

日本人は元々、自己中心でなくチームを重視し、結束力が強い。さらに女性の場合は、近所付き合いやママ友、団体旅行などでも、女性同士が「ごく自然に親しく」なる。そのうえ「なにか共通の敵」のようなものが現れたら「一瞬のうちに結束」できる特質がある。会社でも、女性陣に嫌われたら仕事がしにくい。

女性の結束意識の底流には、長い歴史の中で、特に日本の場合は封建制の下で（男はいなくても）子供は「母親同士が結束」して守るという母性のDNAがありそうだ。

この結束への意識は、「日の丸」を背負って戦う国際競技の場で、「他国の旗」に面した時に一気に掻き立てられ、ごく自然に結束に向かうのだろう。

③女性リーダーの責任感の強さ

女性リーダーは自分の立場に敏感で、「リーダーの覚悟・責任感」が男性に比べ、より強いように見える。

宝塚における各組のトップスターや江戸時代の大奥のお部屋さま、さらに古くは、平安時代の清少納言や紫式部が仕えたサロンの主人の中宮定子や彰子、彼女たちの言動や振る舞いには、自分がトップであるという責任感が、しばしば垣間見える。ＡＫＢ48など女子アイドルグループのセンターの女の子にも似た雰囲気がある。

また、旅館や料亭の女将、クラブやスナックのママ、街のお店や料理屋の奥さんたち、彼女たちが「お客への笑顔の裏側」で、お店の商品やサービス、飾りや清潔さ、従業員の躾などに向ける「気配りと仕切り」は、組織で働く男性管理職に決して劣るものではない。

「地位が人を育てる」という言葉がある。最初は「役をこなすには力不足」と見えても、試行錯誤して学習を重ねるうちに、その「役に相応しく」なっていく事をいう。

女性の場合はそれに加えて「自意識と感受性が鋭い」ため、その地位への自覚が「自身を駆り立てる」というところがありそうだ。料亭の女将やクラブのママが、和服を着て「帯をキュッ」と締めたとたん、戦闘モードに変身するのと同じである。

こうした事から、リーダーとなった女性の責任感は、男性より強いように見える。

日本の女子アスリートの強さの源泉として、あまり定かではないが、「家を守る」ことからくる強さ、「チームに根差す」ことの強さ、「リーダーの責任感」の強さをあげた。が、いちばん根っ子には、目標を「こうと決めたら苦しくてもやりぬく」という、女性特有の「一途さとねばり強さ」が間違いなくある。

それにしても、「先輩の背中」を追って世界の舞台に登場してくる若者は、（男子よりも）女子アスリートの方が多いようである。これも「グループ意識の強さ」のためだろうか。

四十年単位で繰り返す興隆・衰退の歴史

わが国は明治維新のあと、ほぼ四十年単位で「興隆・衰退」の二つの山と谷を経験した。

一つ目は、一八六八年の明治維新から一九〇五年の日露戦争の勝利をピークとして一九四五年の太平洋戦争敗戦に至るもの。

二つ目は、その敗戦から「ジャパン・アズ・№1」と言われた頃の一九八五年のプラザ合意をピークとしてバブル崩壊から現在に至るものである。

二つの「興隆・衰退」には驚くほど共通点が多い。同じ日本人が行った事だから当然だが。

ただ、二つ目の衰退期の底は二〇二五年で、まだ時間は残っている。それが一回目と同じ「軍事的な焦土化」なのか、今回は「財政的な破綻」なのか、いずれであれそれを避けるために、二つの興隆と衰退に共通する要因を考えてみる。

一、わが国の二つの興隆期

一八六八年の明治維新から一九〇五年の日露戦争勝利まで

欧米列強がアジア進出を強めるなか、明治の新政府は、国の独立を保つため「体制の一新、産業の振興、富国強兵」に取り組んだ。それは、統治の仕組みから行政、法制、軍事、教育など

「政治、経済、社会の全般」にわたる、革命に近い大改革だった。

薩長などの雄藩や明治の新政府は、欧米に学ぶため有為な若者たちを留学生として送りだした。彼らは帰国したあと、政治家として、政府の官僚・軍人として、あるいは企業家として、「政官民一体となって国の近代化」に取り組んだ。

国体の面では、一八八九年に明治憲法を公布し、一八九〇年には国会を開設した。どちらもアジアの国では初めてのことである。

当時、外からの最大の脅威は、満州を拠点に朝鮮半島に勢力をのばすロシアだった。わが国は、国家予算のほぼ半分を国防費にあて、国民は我慢し、ロシアと戦う連合艦隊を作った。

ロシアが朝鮮半島全体を占拠する意志を明らかにした時点で、日本は日露開戦を決意する。世界の誰もがロシアの勝利を疑わなかった。ところが、「周到な準備」をして臨んだ「日本海海戦」で、日本はロシアのバルチック艦隊を全滅させ、「日本勝利の形」で講和条約を結んだ。

世界は驚愕し、欧米の植民地支配やロシアの圧政に苦しむ国々の愛国者たちは驚喜した。日本が「一等国の仲間入り」をし、司馬遼太郎がいう「坂の上の雲」に達した瞬間である。

こうした彼らには共有する「精神的なバックボーン」があった。それは討幕を共に戦ったという同志意識である。その中心に「維新の三傑」の西郷、木戸、大久保がおり、彼らの下で共に戦った伊藤、井上や日露戦争の立役者、陸の大山、海の東郷らがいた。

一九四五年の敗戦から一九八五年のプラザ合意まで

もう一つの興隆は、太平洋戦争敗戦の焦土からの復活である。東京、大阪をはじめ主要な地方都市のほとんどが「焼け野が原」になり、日本に残された財産は、「美しい自然と生き残った日本人（人材）」だけだった。

しかし当時、わが国の政治・経済・社会は、占領軍の最高司令官マッカーサー元帥が率いるGHQによって仕切られていた。GHQは「日本が二度と米国に戦いを挑まないよう、日本を四等国に留めおき、国民には徹底的に罪悪感を植え付け」ようとした。

ところが一九五〇年、朝鮮戦争が勃発して状況は一変する。日本列島は、ソビエト、中国、北朝鮮の共産圏に対する最前線になり、米国としては「この防波堤」の強化が必要になった。一九五一年九月、吉田茂首相の時、自由主義国家五十二カ国と「講和条約を締結」し、日本は主権を回復し独立国となるとともに「再軍備」にも着手した。

吉田首相の在職は約八年で、そのあとは岸首相ら「吉田学校門下生」と言われる人たちが首相になってわが国の復興・発展をおし進めた。

岸信介首相（在職期間：一九五七〜一九六〇年）は一九六〇年、日米安保条約の不平等な点（米軍は基地使用権を有するが日本防衛義務なし）を改め、「日本を防衛する義務あり」とした。

岸首相のあとをついだのは池田勇人首相（一九六〇〜一九六四年）で、「所得倍増計画」と「太平洋ベルト地帯開発構想」を打ちだし、経済重視に大きく舵を切った。一九六四年には、東京オリンピックと新幹線の開通があり、わが国は年率一〇％を超える高度成長期を迎える。「所得倍増計画」は、初めは誰も信じなかったが予定の十年を待たず達成した。

池田首相は「自由貿易主義者」でもあり、首相在任中に輸入自由化率を四三％から西欧並みの九三％にまで高めた。池田首相のあとは佐藤栄作首相（一九六四〜一九七二年）がつぎ、池田路線を引きついで経済を発展させ、一九七二年に沖縄返還を成し遂げて引退した。

佐藤首相のあとは田中角栄首相（一九七二～一九七四年）で、「日中の国交正常化」を図るとともに、内政では「日本列島改造計画」を掲げ、日本列島を高速道路、新幹線、本四連絡橋などで結んで地方の産業発展を促した。

こうして戦後の歴代首相は、国際社会における「日本の立場」の改善に努めるとともに、経済面で「復興から高度成長」へと強いリーダーシップで引っぱった。

それに応えて霞が関の官僚たち、特に産業を管轄する「通商産業省」は、時に池田首相らとは「市場の自由化」をめぐる葛藤もあったが、譲るところは譲り、守るところは体を張って守り、「日本経済の司令塔」としての役割を果たした。

また民間企業も、家電、自動車、コンピュータなど国の基幹産業の分野で果敢に米国に挑み、さらに戦前は町工場にすぎなかった松下、ホンダ、ソニーなどが大躍進して「世界のトップ企業」にまで成長した。

一方で国民も、アメリカ映画でみる「テレビ、洗濯機、冷蔵庫（三種の神器、一九五〇年代）」、「カラーテレビ、クーラー、カー（新三種の神器、一九六〇年代）」を豊かさの象徴として「いつか手に入れよう」と頑張った。

こうして日本は一九七〇年代の後半から、米国のテレビ、半導体、自動車などの基幹産業を次々と打ち破り、一九八〇年代の半ばには「ジャパン・アズ・No.1」と言われるまでになった。「ひとつの頂点」に立った時期である。

当時の政治家、官僚、企業人たちは「政官民が一体」になって働いた。こうした頑張りの精神的なバックボーンに「米国へのリベンジ意識」があったと考えられる。

日本の復興をリードしたのは、ほとんどが「戦争の生き残りか出征直前」の年代で、友や兄弟の死を身近に経験した人たちである。今は亡き「友や兄弟たち」のために、生き残った「自分たちがリベンジ」するとの思いがあったのは間違いない。

この「二つの興隆期」に共通する強みは、まず政治に強いリーダーシップがあったこと、それと同時に政治家、官僚、民間人が心をあわせて「国の近代化、国の復興・成長」という国家レベルの目標を（自己利益より）上位において取り組んだことである。

このような国家意識を支えたのは、「生死の境、修羅場」を共にくぐったという「個人の強さと同志的な連帯感」だった。「衰退期」にはこれらが全て無くなってしまう。

二、わが国の二つの衰退期

一九〇五年の対露戦勝から一九四五年の対米敗戦まで

一九〇五年の日露戦争の勝利は、立役者の東郷司令官が「奇跡の勝利」と言ったように、実際は「薄氷を踏む勝利」だった。

しかし日本は「一等国の仲間入り」したことに驕り、第一次世界大戦のどさくさに中国に対して帝国主義的な「対華二十一カ条」を突きつけた。これが中国での「抗日運動」に火をつける。

一九二〇年代、「日本締め付け」を強める米国や、「激しい抗日運動」を行う中国に対し、国際協調の名の下に、日本政府はなんら「国としての戦略や対策」をとらず、無為・無策のうちに状況を悪化させた。

やがて抗日運動の火の手は、日本が各種の権益を持つ満州でも激しくなる。

一九三一年九月十八日、関東軍は奉天郊外の柳条湖付近で南満州鉄道を爆破し、これを国民党の張学良の仕業だとして「中央政府の了解」なく兵をおこし、満州の要所を占領した。満州の利権と邦人の安全を守るためだったとはいえ、また国内世論の後押しがあったとはいえ、官僚の立場をわきまえぬ暴走である。

この暴挙の裏には、その前年一九三〇年におこった「統帥権干犯問題」があった。明治憲法では「天皇が陸海軍を統帥する」とし、その一方で「総理大臣や内閣の権限」は定めていない。一九三〇年にロンドンで「海軍の軍縮会議」が開かれ、交渉を経て政府は合意した。ところが、結果に不満を抱いた海軍が「政府（内閣）が勝手にこのような（軍縮の）条約を締結するのは、天皇の統帥権を犯すもので憲法違反である」と断じた。明治憲法の欠陥だった。

このあと軍の暴走は歯止めがきかなくなり、政府は実質、軍の行動を追認する機関になってしまう。その結果、中国の主要都市に居留する邦人保護のためではあるが、陸軍は徐々に戦線を拡大し、中国大陸の泥沼に引き込まれていった。

首都東京においても一九三六年二月二十六日、陸軍の青年将校を中心とする千五百人近い兵が、深夜「総理大臣ほか閣僚」を襲い、高橋是清など三名を殺害する事件がおきた。いわゆる二・二六事件である。

彼らは「君側の奸」を除いて政治腐敗を一掃し、天皇親政を実現するという趣旨を天皇に訴えた。しかし天皇は受け入れず、彼らを反乱軍とみなし鎮圧を命じ、首謀者十七名が銃殺刑に処された。国民の心には「彼らへの同情心」があった。それが軍暴走の一因でもある。

一九三〇年代の後半になると、米国を中心とする列強の対日経済制裁が厳しさを増し、一九四一年八月、「石油を全面禁輸」され、ついに同年十二月八日、対米開戦に至った。そして一九四五年に敗戦、主要都市は全て「焼け野が原」になった。

「焼け野が原」にまで至った原因は、第一に「議会民主制をないがしろ」にして軍を勝手に動かし、政治家の殺害まで行った軍の暴走がある。これでは「国の形」をなしていない。

加えて、軍の暴走を抑えられなかった「政治の見識とリーダーシップ」の無さがある。また米国のしたたかな対日政策に対して「司令塔なき無為」に近い対応もまずかった。

日露戦争後、明治の元勲だった伊藤博文、井上馨、山縣有朋らが相次いで亡くなった。彼らが存命だったら、明治憲法の欠陥があったとしても、「議員内閣制を無視」するような事はさせなかっただろう。

残念なのは戦争末期においても、政府・軍中枢の誰もが「本音は敗戦確実」と悟りながら、建前から誰も「終戦へのリーダーシップ」をとらなかった事である。この決定が遅れたため無駄に百万人近い命が失われた。

戦争の終結は、二・二六事件の時と同様、「昭和天皇の裁断」によって決まった。

最後に敢えて言えば、「国民とマスコミ」の責任も、軍官僚と同じほど大きい。

客観的に見て、また米国などの外国から見ても、当時の日本国民は「世界で最も好戦的」だった。満州事変から日米開戦にいたる過程を「国民とマスコミ」は熱烈に支持した。

そのうえ、一般国民まで「鬼畜米英」とか「一億玉砕」を叫び、反戦的な言動をすると「非国民、赤」と呼んで爪はじきにした。しかも十代の男子のほとんどは、本気で「国のために死ぬ」と考えていた。

そういう空気を醸成したのは「国民自身とマスコミ」である。

一九八五年のプラザ合意から現在まで

「ジャパン・アズ・№1」と言われた直後の一九八五年九月、先進五カ国の蔵相・中央銀行総裁会議がニューヨークのプラザホテルで開かれ、「協調的なドル安」を進めることを合意した。いわゆる「プラザ合意」である。

この合意の真の狙いは、為替レートを「円高ドル安」に誘導して、工業製品で世界を席巻する日本の競争力を削ぐことだった。一九二一年に日本の軍事力を削ぐため行われた「ワシントン軍縮会議」と同じ構図である。

この合意のあと為替レートは、一ドル二百四十円から一九八八年には百二十八円まで「ほぼ二〇〇％の円高」になった。海外向け製品はこの円高には抗しようがなく、日本を脱出して「海外

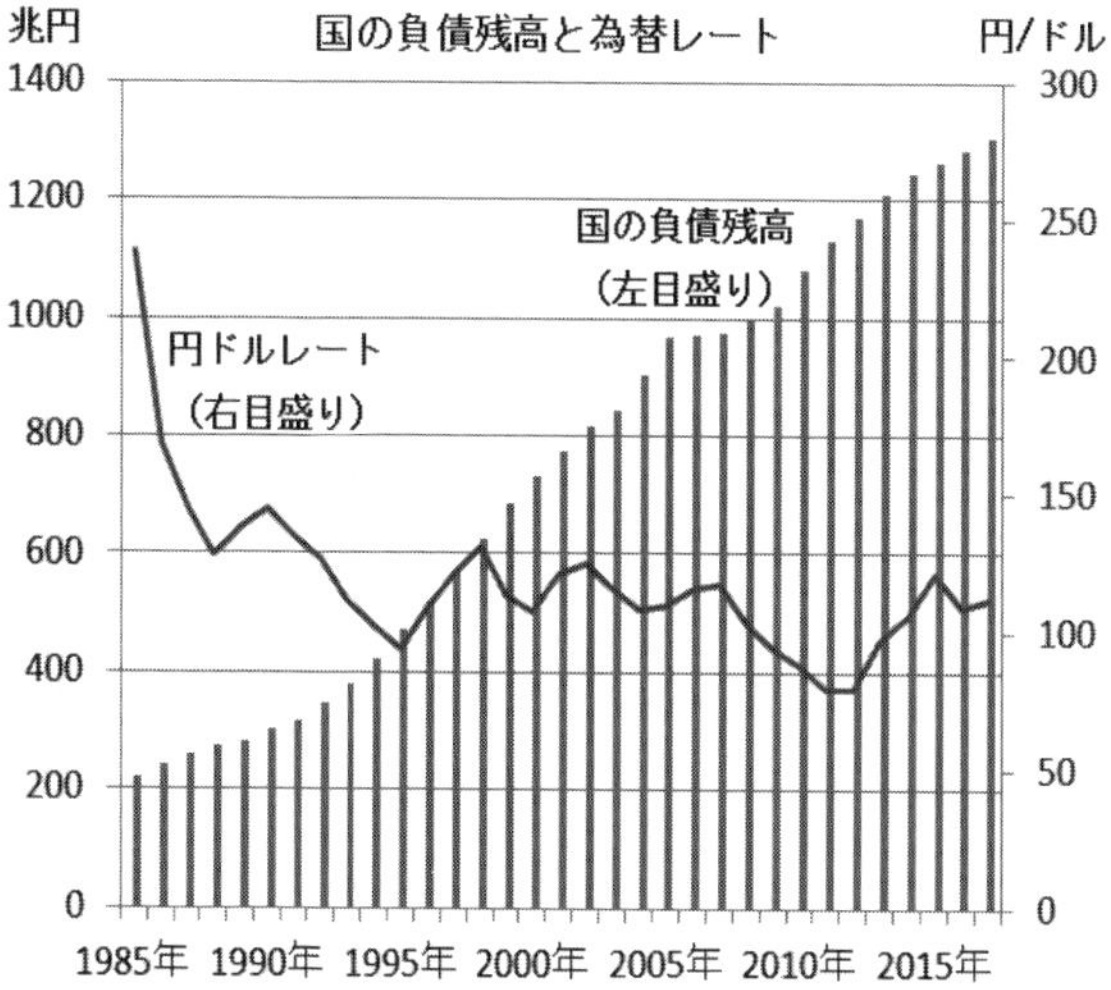

製造」に向かわざるをえなくなる。わが国の衰退は、実質一九八五年に始まっていた。米国がしかけた「罠」にまた嵌められた。

ところがその一方で、金融と不動産業界は「株と不動産のバブル」に浮かれていた。一九八九年十二月二十九日、日経平均が三万八千九百五十七円の史上最高値を付ける。

同じ年に三菱地所が、円高による「製造業の塗炭の苦しみ」をよそに、その円高を利用して「米国の魂」といわれるニューヨークのロックフェラーセンタービルを買収し（米国人は猛反発）、また「東京の土地で米国全土が買える」とうそぶくなど「驕りの絶頂」にあった。

バブルの実態は、狂気に近い「株や土地への投資」である。そして一九九〇年の金融引締め（政策金利二・五％を六％に引上げ）でバブルは崩壊し、融資していた金融業界は百数十兆円の不良債権を抱えこむことになった。

このバブル崩壊から「失われた十年、二十年」といわれる経済の低迷（デフレ）が始まった。その間、政府は景気対策をやり続けるが「二十年間、名目GDPはゼロ成長」と効果はなく、おまけに「国の借金を五倍に、一千兆円も増やす」という結果を残した。

これだけの巨額の歳出をしながら二十年間ゼロ成長というのは、「政治と官僚の怠慢」というほかない。

不良債権は、二〇〇一年に就任した小泉純一郎首相が大鉈を振るい、バブル崩壊から十年にしてようやく解決への道筋を付けた。

ところが、小泉首相が退任した二〇〇六年から二〇一二年の第二次安倍政権が始まるまでの六年間、民主党政権時代をはさんで毎年一年ごとに首相が代わるという「政治不在の悪夢」の期間が生じた。これが日本の国力の低下をさらに加速する。

国力を測る最も重要な指標「国民一人当たりのＧＤＰ」は、かつては世界トップだったが二〇一七年には世界二十二位に、そのほか生産性、技術、教育などの指標も低迷を続けている。世界での位置の云々もさることながら、このまま国の借金を増やし続けたら、国の「財政的な破綻・焦土化」もおこりうる。

この事態を招いた一番の原因は「政治のリーダーシップの欠如」にある。バブル崩壊後の失われた二十年、なんら「骨太の方針」を示さず、リーダーシップを発揮せず、一千兆円近い借金の増加分を「官僚たちに費消」させてしまった。

それと同時に、実際に国を動かす「司令塔たる官僚」が、省益、既得権、天下り先など自分たちの利益を優先し、これだけの金を使いながら、米国に次ぐ国力を持っていた日本を「ここまで落としてしまった罪」はとてつもなく大きい。

そのうえ現在の官僚は、戦前のように「銃による政治家の抹殺」はしないが、しばしばマスコミを操って「情報による政治家の失脚」を行う。

明治初期と戦後の二つの興隆期の政治家・官僚たちは、米英仏などと比べて「ほぼゼロの位置」から近代化と戦後復興をなしとげ、彼らに追いついた。

その一方、二つの衰退期の政治家・官僚たちは、国を「世界トップクラスの位置」から引きついだにもかかわらず、一回目は国を「軍事的に焦土化」し、二回目は国を「財政的な焦土化」のリスクに晒している。が、まかり間違うと再度わが国の「軍事的な焦土化」もないとは言えない。

日本を取り巻く「安全保障環境」は、中国の南シナ海や東シナ海・尖閣諸島への侵出、北朝鮮の核ミサイル装備など、危うさを増している。

本来なら二十一世紀の初頭、米国の「世界の警察力」がかげり始めた時点で、わが国は「自主防衛力の強化」と「憲法第九条改正」の議論を始めるべきだった。ところが誰も、政治家や閣僚も、防衛省幹部もそのような問題提起をしなかった。それを口にすると、多くのマスコミと国民から袋叩きにあうという「異常な空気」があった。その空気は現在も残っている。

戦前の日本人は、世界でまれなほど「好戦的」だった。現在の日本人は世界でまれなほど「反戦（平和幻想）的」である。「好戦と反戦」と立ち位置は対極にあるが「国民自身とマスコミ」がそういう状況・空気を作っている構造は同じである。

もし、近隣国がわが国に「弾道ミサイル」を打ち込んだら、本来は米軍が相手の基地を叩いてくれるはずである。が、米国の参戦には「米国議会の承認」が必要になる。その時、相手への攻撃力を持たず「敵のなすがままで何もできない日本」を、米国民が助けてくれる保証はない。

後世において「我々の先人は、二度同じ過ちを犯し、日本を二度焦土化した」と言われることがないことを願う。

三、第二の底までまだ時間は残っている

第二次安倍政権への期待

わが国の二つの衰退期の過程は驚くほど似ている。それは、政治のリーダーシップの欠如、軍・官僚の国益より自組織の利益優先、時として官僚の政治への背信、そして一部のマスコミと

国民自身の偏向が「衰退の主な原因」だった。

盛衰の山と谷がほぼ四十年で繰り返すとして、二つ目の山一九八五年のプラザ合意から、二つ目の底二〇二五年までには「まだ時間」がある。ここに至っては、二〇一二年からスタートした第二次安倍政権に望みを託すしかない。次の政権のリーダーが誰であろうと、残された時間が少なく、次の政権での「反転・再上昇」は難しい。

安倍首相には、明治の近代化や戦後の復興をリードした政治家たちと似た「国への思いと志」があり、「志があるから決断」ができる。

二〇一八年九月で安倍政権が発足して六年になる。日銀とともに掲げた「二%の消費者物価指数の伸び率」はまだ目標に届いていないが、マイナス成長（デフレ）はほぼ脱した。

さらにGDP成長率は一～二%を維持、株価は一万円から二万円前後までほぼ二倍に上昇し、雇用も正社員の求人倍率が一を超え、新卒者の採用は九〇年代の「就職氷河期の悲惨」がうそのように現在は「売り手市場」である。

安倍首相には今後、「骨太の成長戦略」とわが国の「自主防衛力の強化」を決断し、強いリーダーシップで「反転・発展」へ導いてもらいたい。

国を預かる政治家と中央官僚の責務

およそ世界中のどこの国であっても、国を預かる政治家と中央官僚の責務は、おおむね次の三つである。

まず「国の領土と国民の生命・財産を守る」こと、二つ目は「国の経済を発展させ、国民が安心して暮らせる社会をつくる」こと、三つ目は「世界平和への貢献と途上国の弱者支援に力を尽くす」ことの三つである。

①国の領土と国民の生命・財産を守る

「国の領土と国民を守る」ためには「自主防衛力」が欠かせない。ところが、わが国の自衛隊は「専守防衛の盾」の装備だけで「矛の敵基地への攻撃力＝抑止力」は持っていない。こちらは米軍に頼るという、いわば「片手・片足」で国を守る責任を負わされている姿である。

この原因は「現在の憲法」にある。現行憲法の草案をＧＨＱ（連合国軍最高司令部）が作った当時、米国の対日方針は「軍隊を持たすなどもってのほか」というものだった。

民主主義とは、「民が主」で自分たちの国は自分たちで守るのが大原則である。しかしＧＨＱは、憲法で日本に「（自国を守る）陸海空軍の戦力」を持たさず、「自国の安全と生存は諸国民の信義を信頼して守れ」とした。民主主義の根幹をないがしろにした憲法である。

ところが、一部のマスコミ、有識者、野党は、この憲法が国を守ってくれると考えている。それだけでなく、自国の安全を自分たちで守らなくても、米国が「米国の若者の血」で守ってくれると妄想している。

こうした「平和幻想と身勝手な考え」から、一日も早く目を醒まさないといけない。仮に目が醒めない人たちがいようとも、国を預かる政治家と防衛官僚は、国を自力で守る体制づくりを強いリーダーシップで進めてもらいたい。

②国の経済を発展させ、国民が安心して暮らせる社会をつくる

国の経済を発展させ、税収を増やし、財政基盤を安定させることは、国民が「安心して快適な生活」を過ごすうえで不可欠である。

人の体に譬えれば、「財政は足と腰、経済は血管と血流」で、強い足腰と健全な血行が、健康で活力ある生活に「いかに大切か」は言うまでもない。

前に「財政健全化、経済成長への道」の所で記した、「外国人観光客の増加と農産物の輸出」「働き方改革と生産性向上」、「規制の原則撤廃」を、国には着実に進めてもらいたい。

③世界平和への貢献と途上国の弱者支援に力を尽くす

世界を見渡すと、「民族・宗教の違い」による争いが絶えない。

日本は、世界のどの民族・宗教にも「中立の立場」にあるので、公平・公正な立場で「世界平和への貢献」に関われる。また途上国では現在も大勢の人が「戦乱、貧困と飢餓」に苦しんでいる。世界第三の経済大国の日本への期待は大きい。

そこで世界に向き合う政治家と外交官の皆さんには、世界から敬意を払われる（侮られない）よう「高い見識と毅然とした態度」で当たってもらいたい。

明治の政治家と外交官は、欧米列強の中で日本はまだ弱小国であったものの、情報を広く集め、国際法規を生真面目なほどに守り、戦略・戦術をねって、いざ動くときは毅然として実行した。日清戦争の陸奥宗光、日露戦争の小村寿太郎は「見習うべき外交官」である。

ところで、世界平和への貢献と弱者支援には「金銭面と人的面」がある。金銭面でわが国は、

ＯＤＡ（政府開発援助）で「世界一、二の金額」の支援をしてきた。しかしお金だけでの解決は国際社会では「軽侮の対象」でしかない。

かつて一九九一年の湾岸戦争の時、日本は多国籍軍のために一兆五千億円ものお金を出した。これは全戦費の約二〇％にあたる。ところが、戦後クウェート政府が支援国への感謝文を米国の新聞に掲載した時、そこに日本国の名前はなかった。事にあたっては「ショウ・ザ・フラッグ（日本国旗を見せろ）」というのが国際社会での感覚である。この心情は、男同士のつき合いでも同様で、当然のことだろう。

人的支援の面では一九九二年以来、わが国もＰＫＯ（平和維持）活動に人を派遣している。しかしながら、「ＰＫＯ参加五原則」というのがあって、派遣地域は戦場ではないこと、携行できるのは小火器だけ、しかも使えるのは正当防衛のときだけなど「きつい縛り」がかかっている。

ＰＫＯの隊員が現地で人を殺した場合、国内法の「殺人罪」で裁かれる。そのため彼らは「これは正当防衛か」と自問しながら任務にあたらないといけない。

このＰＫＯ五原則がかえって、自衛隊員の「手足と心」を縛り、その生命を危険にさらしている。これも、憲法九条から来る制約である。

自衛隊の皆さんは「事に臨んでは危険を顧みず、身をもって責務の完遂に務める」と宣誓して服務している。彼らが「誇りを持って目的に専心」できる環境を整えることは、政治家と官僚、そして我々国民の責務である。

我々国民の冷静な対処が求められている

わが国は現在、国内外ともに国難ともいえる厳しい状況に直面している。それなのに最近、国の重要政策を論じる国会が不健全である。

一部のマスコミが「反政権の立場」で些細な問題を取り上げ、それを野党が国会で追及、それに一部のマスコミや有識者が同調・喧伝し、マスコミが世論調査で七〇％の国民が「納得しない」と言っていると報道、そしてまた野党が国会で追及するという「不毛のサイクル」を、半年とか一年にわたって続けることがある。

しかも論点は、一部のマスコミや有識者の「思いこみ（イデオロギー）に拠る」ものか、行政の「プロセス上の瑕疵」についてがほとんどで、そこに「国策・国益という視点」は全くない。

この事態の責任は、我々国民にある。我々が「国策・国益」の視点でそのような報道を無視し、さらに世論調査でも無視を表明すれば「不毛なサイクル」は一挙に終息する。

ところで安倍首相が、二〇一七年五月三日の憲法記念日に、自民党総裁の立場で、憲法九条を改正して「自衛隊の存在を明記」すると表明した。

この日から、一部の反体制メディアが猛烈な「反安倍キャンペーン」を始めた。

彼らは、憲法九条は絶対変えさせない、そのために「内閣支持率を下げ」て安倍首相を降板させる、これを至上命題とするキャンペーンである。マスコミの公平・公正さなど眼中にない。

ところがこのキャンペーンに二〇％近くの国民が動かされた。

ＮＨＫの世論調査で、安倍内閣を支持する人が四月の五三％から七月には三五％と一八％減り、支持しない人が二七％から四八％に二一％増えた（動かされたのは「五人に一人しか」とも言えるが、二〇%の出入りの支持率への影響は大きい)。

我々日本人は、美しく移ろう自然の中で「豊かで繊細な感性」を身につけた。それが、精緻な物づくりや料理、アニメなどに活かされている。しかし、その裏返しとして日本人は情緒に流されやすく、もの事を「構造的に把握」して、その背景、意図、本質、リスクなどを「分析的に考える」のが苦手である。

これが良くも悪くも日本人の特性なので、我々はそれを自覚して冷静に対処しないといけない。

一方で「明るい兆し」もある。ここ数年、マスコミが行う世論調査の中で、年輩者より「若い人たちの考え方の方が健全」という傾向がはっきりしてきた。

例えば、時の政権が進める重要法案の世論調査で、それに「賛成か反対か」を問うた時、二十代、三十代の回答が「70対30」で賛成が多いのに対し、年齢が上がるにつれて差が縮まり、六十代以上では逆転して「30対70」で反対が上まわる傾向がある(60対40、40対60の場合もある)。

若い人たちは、「反政権の立場」の一部のマスコミ、有識者、野党とは反対側に立っている。

「なぜ、このような事」が起こっているのか。ひとつ事実として「新聞の購読率の違い」が考えられる。世代別の新聞購読率は二〇一七年で、七十歳以上が八九%なのに対し、三十代では四一%と半分以下である。それで若い人たちは、新聞から「偏った情報」をインプットされ続ける割合が少なく、また昼間不在なのでテレビの同じ傾向のワイドショーの影響も受けていない。

そのうえ若い人たちは、必要な情報はインターネットに自分から取りに行っているし、新聞もネットで見ることが多く、その場合、自然に「複数紙の読み比べ」をしている。

この傾向が続けば、将来の日本に「健全な言論界」が戻ってきそうである。

わが国の「物づくりのＤＮＡ」を明日へ

わが国の製造業は、世界の「物づくり」のさまざまな分野で重要な役割を担っている。「材料」では、強くて軽く加工し易い炭素繊維や有機材料、「部品」では、超小型・精密な電子・機構部品、それらの「材料や部品」を自動で加工・組立・検査するマザーマシーンという「工作機械群」など、物づくりの基幹分野で世界の最先端にある。

中国や東南アジアの多くは、日本から「材料や部品」を輸入し、日本製の「工作機械」でスマホやパソコンを作っている。

もし日本が大災害にあったら世界の工場の生産は大混乱するだろう。

わが国は、敗戦の廃墟からこのような高みまで来た。が、これは我々世代だけの力ではなく、先人から受けついだ伝統、文化、技術などに裏打ちされた「物づくりのＤＮＡ」があってはじめて成しえた事と考えられる。

ここでは、さまざまな視点から「物づくりのＤＮＡ」を訪ね、それを「明日へ繋げられるか」を考える。「物づくりという作業」は、時代が変わっても社会・経済・文化の根本である。

一、わが国の「物づくりのＤＮＡ」を育んだ日本固有の要因

伝統、文化、技術が途切れることなく伝承された

わが国は、一度も異民族の侵略を受けたことがなく、また大陸から渡来してきた人たちも先住の人たちと同化し、民族の断絶はおこらなかった。

二千年来、一系の天皇家王朝のもとで、時代時代で政権の担い手はかわっても、同じ日本人として先人が築いた伝統、文化、技術を受けつぎ発展させてきた。これが、わが国の「物づくりのＤＮＡの高さ」の根底にある。

世界に目を向けると、西ヨーロッパでは紀元前にはケルト人（ガリア人）が勢力を誇っていたが、やがてイタリア半島の都市国家連合が西ヨーロッパ全域に勢力をひろげ、紀元前二七年に帝政ローマ帝国へと発展する。しかし五世紀、フン族西侵の玉突き現象でゲルマン人が大挙してローマ領に侵入し、四七六年に長年繁栄を誇った（西）ローマ帝国は亡びた。

ここまでに登場したケルト人、ローマ人、ゲルマン人の混血が現在のヨーロッパ人の祖である。

九〜十一世紀には、ノルマン人（スカンディナビア半島のゲルマン人）が英国、フランスに侵攻し、一〇六六年に英国にノルマン王朝を開いた。彼らが現在の英国人の先祖である。

十四世紀になって、地中海貿易で栄えたフィレンツェ、ミラノ、ベネチアなど都市国家の財力を背景に、ルネッサンス（文芸復興）が興る。ここにきて、西ヨーロッパは「暗黒の中世」と言われた文明の停滞から脱することができた。

十五〜十六世紀になってようやく、フランス、ドイツ、イタリアなど西ヨーロッパの国境

が、現在のように定まり、西ヨーロッパに初めて「近代的な国家」が、英国のエリザベス一世（一五五八年即位）、フランスのルイ十四世（一六四三年即位）の世に姿を現した。

ここから、ルネッサンスを取りこんだ西ヨーロッパの文化の興隆が始まる。だから、現在につながる歴史はまだ五百〜六百年にすぎない。日本と比べて一千年の遅れである。

次に中国の場合は、二二〇年に後漢が亡んで六一八年に唐王朝が開くまでの約三百年間、三国時代から五胡十六国、南北朝時代、隋の統一と滅亡と、「国の興亡と戦乱」がつづいた。データは乏しいが「人口が大幅に減少（九割減）」したと言われている。

唐は北方遊牧民（鮮卑族）の王朝で、唐王朝のもとで人口は回復するが、「北方遊牧民の血」が濃くなったと考えられる。唐王朝は約三百年つづいて九〇七年に亡びた。

そのあと、五代十国の興亡を経て契丹、金、宋が三百年近くあい争い、唐の末裔、モンゴル系、トルコ系の人たちが入り乱れ「民族の血」は出自不明になるが、この人たちが「現在の漢人（中国人）」の先祖である。

このあと、モンゴル人が建国した元（一二七九〜一三六八年）、漢人が建国した明（一三六八〜一六四四年）、再び北方の満州族が開いた清（一六四四〜一九一二年）、現在の中国共産党が一九四九年に開いた中華人民共和国とつづき、現在に至っている。

中国文明の開花はわが国より一千年以上も早い。

とはいえその間、秦、漢、唐、元、明、清、共産党と王朝が繰り返し交代し、しかも王朝の滅亡は、黄巾の乱（この乱で後漢が滅亡、以下同じ）、黄巣の乱（唐）、紅巾の乱（元）、太平天国の乱（清）など「民衆の暴動」をきっかけに起こるので、王朝交代前後の社会経済は大混乱に陥り、その間に「文化や技術の伝承」は途切れてしまう。

最近の近い例で、一九六六年から一九七六年に起こった「文化大革命」がある。これは「封建的文化と資本主義的文化」を撲滅して新しい「社会主義的文化」を創ろうという事だったが、この中で寺社、仏像、絵画など「多くの文化遺産」が失われ、また定かではないが一千万人単位の知識人が殺害されたという。

中国の歴史は四千年と誇っているが、「異民族に何回も征服され混血」してきた歴史が「自国の歴史」と言えるのだろうか。

我々の日本は、西欧、中国と比べて世界でも奇跡ともいえる平安な国だった。

ただ、十三世紀末に一度だけ、蒙古の来襲という大ピンチがあった。もしこの時の政権が、坂東武者の北条政権でなかったら、おそらく日本は蒙古の植民地になっていただろう。そのあと数百年間、蒙古人とその混血が社会の支配層になり、天皇家と日本の伝統、技術、文化は断絶していたと考えられる。

農耕文化が勤勉さや創意工夫の精神、協調性を育んだ

農業は、土づくりから始まり、植え付け、施肥（肥料やり）、草取り、収穫と「単調な作業」の繰り返しである。が、それと同時に、生育状態を注意深くチェックし、その時々の水やりや追肥、整枝・摘芯、病害虫対策が欠かせない。

また農業では、新田の開発や灌漑など集落や地域で協調して行う作業も多い。とりわけ田圃のまわりの里山は、大切な水、野草や木の実、小動物などを恵んでくれる所なので、村人が一斉に

水路の管理、間伐や下草刈りなどを行った。さらに地崩れや洪水、火山の噴火など災害の場合は、地域ぐるみで復旧に当たったただろう。

そして無事に秋の収穫が終わると、集落総出で鎮守の森の神社に集まって感謝し、また来年の豊作を祈った。

こうした農耕を、先人たちは二千年以上にわたって営んできた。これが日本人の「我慢強さ、勤勉さ、創意工夫に富む精神、協調性、チームワークの良さ」を育んだ。これらは、製造業の物づくりに欠かせない資質である。別の言い方をすると「農業は物づくりそのもの」で、二千年来の農耕生活を通して「物づくりの精神」は、我々日本人のDNAになったと言える。

これに対して、西欧人、中国人は「狩猟民族のDNA」を受けついでいる。

古代の狩猟に求められる資質は、「弓や槍の技量、腕力・体力、勇敢さ」など個人として熊などの大型動物に立ち向かえる力である。時代がくだって羊や牛を遊牧する時代になっても、自分たちの羊や牛と部族を、他部族の襲撃から守る武力がいちばん求められた。狩猟民族のDNAの根本は「個人の腕力・武力」で、それは同時に「男（優位の）社会」でもある。

自然に対する接し方も、農耕民族と狩猟民族は対照的である。我々日本人は、自然を敬い里山に感謝し、乱獲を自制し共生してきた。狩猟民族は、森林や雑木林を一斉に伐採し「牧草地や農地、果樹園」に変えてしまう。「自然を征服」する態度である。

ユリウス・カエサルが『ガリア戦記』を書いた紀元前後は、西ヨーロッパはまだ「鬱蒼とした森」に覆われていたと記している。が、今はそうした森の面影はなく、見渡すかぎり平原である。

同じ田園でも、今も日本各地の山あいに残る「美しい棚田」の、勤勉さ、創意工夫、チームワークが結晶したような姿とは対極的な風景である。

我々日本人だけが二千年にわたり、食を支える農業を通して「物づくりの精神」に大切な多くのことを学んできた。

美しい四季がある風土が繊細な感性を磨いた

日本の四季は美しく多彩に変化する。新年を迎えると「梅」が一輪一輪と、春は「桜」、続いて「目に染みるような新緑」、夏は「濃い緑と青い空」、秋は「紅葉と果実」、冬は「雪景色」と「劇的に変化」する。ハイライトは何と言っても「春の桜と秋の紅葉」である。

桜の蕾が膨らみ「薄紅色」になったのを見て「明日は咲くか」と語りあう、こんなことを嬉々と話題にする民族は日本人だけだろう。そして満開、「そめいよしの」を下から見上げると、数千の花が「今年もまた咲いたよ」と一斉に微笑んでいるように見える。

盛りを過ぎて「花吹雪」となって乱れ散る姿や、川面に落ちて「花筏」になる光景、最後に「新緑の葉桜」に遅咲きの花が少し残っているのも風情がある。

一方の紅葉は、公園やお寺の境内、近くの雑木林などで楽しめる。まず桜の葉が薄紅色になり、ケヤキが薄黄色になる。ハイライトは、もみじの真紅とイチョウの目のさめるような黄色、満天星《どうだんつつじ》の赤も良い。

山全体の紅葉は、なだらかな山容の東北の山が良い。ナナカマドの赤、ダケカンバやブナの黄、針葉樹の緑のグラデーションは「息をのむ」ばかりで、女性なら山肌の一部を切り取って帯にでもしたいところだろう。

雑木林の全体が、色がだんだん褪せて薄黄色になり、全て落葉して「冬景色」に変わる姿に「変わりゆく季節」を感じる。「かさかさ」と落ち葉を踏んで小道を歩くのもいい。

わが国は山国で、家屋の近くまで自然が迫り、さらに「変化に富む四季」がある。そうした風土で長年暮らす間に、繊細で鋭い感性（眼力）が備わったと考えても不思議はない。

繊細で鋭い感性は、わが国が得意とする超小型化、超精密な加工、微妙な調整（摺合せ）などの分野で「物づくりのＤＮＡ」として生きている。これらは、グランドキャニオンや万里の長城から身につく感性ではない。

一千年前に清少納言は、『枕草子』の出だしで「春・夏・秋・冬」について、次のような時が良いと書いている。「春は曙、ようよう白くなりゆく、山際すこし明かりて、紫立たる雲が細くたなびく。夏は夜、月のころはさらなり、闇もなお、蛍の多く飛び違いたる。雨が降るもをかし。秋は夕暮れ、夕日のさして、山の端に近こうなりたる。日入り果てて、風の音、虫の音など。冬は早朝、雪の降りたるは言うべきにもあらず。霜のいと白きも」

一千年前の彼女に、「自然に繊細に反応する日本人」の象徴的な姿が見られる。

表情豊かな日本語が意思疎通を円滑にした

「物づくりの現場」では、チームの中またはお客との間で繊細で感性的なコミュニケーションが求められる場合がある。車などの「工業デザイン」はその典型である。

また、性能や品質の面で「感覚的な目標達成」が求められる場合も少なくない。例えば、高速道路への入り口のカーブに入った時、アクセルの踏込み量とハンドル操作を、走行の「加速性と安定性」にいかに一体化させるかという場合である。これを数値で測定することはできない。

このような現場では、繊細な感覚レベルの「評価や改善方法」の議論が繰り返される。そこでは間違いなく「表現力と表情が豊かな日本語」が役立っている。

「ミカ、ミキ、ミク」という三人の姉妹がいたとする。我々日本人は、ミカちゃんは、明るく活発な長女、ミキちゃんは、おきゃんで個性的な次女、ミクちゃんは、やさしくちょっと内気な末娘というイメージを描く。我々は、カ（あ行）、キ（い行）、ク（う行）に対して「異なる表情」を感じ取ることができる。

これは「あかさたなの列」についても同じで、か列は固い、さ列は気体のような、た列は液体のような、な列には粘液質な語感を感じている。「カラカラ、クルクル、サラサラ、スルスル、タラタラ、ツルツル、ヌルヌル、ネバネバ」などの擬態語がその典型である。

このように、日本語は「語感と情景が一致」している世界でもまれな言語で、先人は、擬態語のほかにも、多彩な「形容詞と副詞」を日本語の中に創った。「カッチリ、キッパリ、サッサと、シッポリ、タオヤカ、チンマリ」など、外国語にはない単語が多い。

怪我で出血している場合、「血がタラタラと流れている」なら包帯をすれば済むが、「血がダラダラと流れている」のだと直ちに救急車を呼ばないといけない。日本語では「タラタラとダラダラ」の一語で状況を的確に伝えられる。

この日本語の「表現力と表情の豊かさ」が、高度な文化活動や技術活動における「意識の共有」に役立ち、物づくりにおける強みの一因になっている。

日本語の対極にあるのが中国語で、大雑把に言えば「日本語から仮名を全て除去」したのが中国語と考えて良い。新聞の漢字だけを拾っても意味は大体理解できる。「大体」である。先人は、表情豊かな日本語をつくり、それを「仮名の創造」によって日本語文に落とし込み、日本語として完成させてくれた。

次では、現在のわが国を支えている主要な「物づくり技術の源流」を、時間をさかのぼって訪ね、それがどのように受けつがれてきたかを考える。

二、日本を支える主要な物づくり技術の源流を訪ねる

寺社建築、自動車など加工・組立産業の源流

一千四百年近く前に建てられた日本最古の木造建築の法隆寺や、東大寺、薬師寺などの「天平の甍群」、その優美なシルエットもさることながら技術面では、数万点の部品を「加工・組立」した建造物である。法隆寺の五重の塔だけでも、部品の種類は七五〇、部品の数は二万近い。

しかも材料は「生き物」の木、木は種類により堅さが異なる。堅い順に、樫、欅、栗、ブナ、檜、松、杉、桐であるが、それらを用途により使い分けている。

また同じ種類の木でも、育った地域や斜面の向きにより、成長が遅い場所（年輪が密）ほど堅い。また組み上げたあと、時間による撓《たわ》みなどの変化で、意図する姿に落ち着くまで三〇〇年近くかかるという。

一千四百年前にすでに、こうした「生き物の木」を使い、数万点の部品に展開し、組み立て方を決め、釘も使わず組み上げる技術と、棟梁のもと大勢の職人が整然とプロジェクトを進める技

術があった。

神社やお寺の前に立った時、最初に目に入るのは「軒反り」と言われる屋根の線だろう。屋根の両端が空に向かって「力強く凛」と反り上がっている。これは、「地垂木」の上に少しずつ形がちがう「飛燕垂木」を何十にも積み上げてつくる。反りがない屋根に比べて数倍の労力がかかったはずだが、先人はその「空にはばたくような美」にこだわった。

ところで、一千年以上前の西欧・中近東の建造物の世界遺産は「全て廃墟」である。ところがわが国のそれは、木造建築であるにもかかわらず「全て現役」である。現在も神事や祈禱が行われ、折にふれ人々が参詣する。

現役を維持するため先人は、一千年以上も昔の姿を維持する改修技術も伝承してきた。伊勢神宮のように、二十年毎に調度品も含め全て新装する場合もあるし、数万点の部品を全て解体して改修する場合もある。凄いことである。

寺社建築の加工・組立技術は現在、自動車などの加工・組立型の製造業が受けついだ。さらに先人の「感性の高い技術」も、車の操舵性や走行性などに引きついだ。

乗用車は約三万点の部品を使い、部品の種類も多く、産業の裾野が広い。自動車産業は、わが国のGDPの約一〇%を占め、全製造業のGDPの約二〇%を占める基幹産業になっている。

日本刀、素材産業の源流

日本刀は、鋭い切れ味・強度と共に崇高な美しさを備えた、世界に類がない武器である。だが技術的には、鉄の素材の選択から始まり、焼き入れ、焼き鈍し、鍛造など、鉄の特性を知り抜いた「プロセスと温度管理の技術」によっている。

日本刀は、炭素が少なく柔らかい「心鉄《しんがね》」を、炭素が多く硬い「皮鉄《かわがね》」で包んだ構造で、これが「軽く、よく切れるが折れない」という理想の刀を実現した。

「心鉄と皮鉄」は、まず各々を「コンニャク状」にして、一千三百度程度に熱した状態で「二つ折り」し、槌で打ってまたコンニャク状に戻す。これを心鉄では十回、皮鉄では十五回ほど繰り返す。十五回繰り返すと「二の十五乗」で三万二千七百六十八層の強靭な素材にかわる。

次にその心鉄を、二つ折りにした皮鉄で挟んで熱し、槌で「刀の形状」に鍛造（整形）していく。刀の形になったら、刃先を残して両面に「焼刃土（泥と炭など）」を厚く塗り、熱したあと一瞬、水に浸けて「焼き入れ」をする。

この焼き入れで刃先の部分は硬くなり、みねの部分は焼きが入らず刀身にねばりが残る。刃先の焼きが入った部分が「美しい刀紋」になる。焼き入れの時の刀身の温度（赤色の度合い）、水の温度、水に浸ける時間（十数秒）で成否が決まる。熟練が要る所である。

焼き入れをした刃先には「応力の歪み」が残って脆くなっているので、百数十度で「焼き戻し」をして粘り気を適度に戻す。そのあと「研ぎ」をかける。

平安時代末期から鎌倉時代にかけて登場した武士が、馬上で片手で相手の鎧に切りつけるという戦い方をするため、鎧を切り裂くが、軽く折れない刀を求めた。

先人は「冶金理論」もない時代に、鉄の特性を調べ尽くし、よく武士たちの求めに応えた。その「あくなき探究心と創意工夫」には頭がさがる。

こうした素材の特性を知り尽くして高いニーズに応える取り組みは、現在も素材産業と完成品メーカーの間に生きている。

例えば、自動車に使う軽量・高硬度の「高張力鋼板」や航空機用の「炭素繊維」、電子部品や電池に使う「特殊プラスティックや有機化合物」、下着用の「ヒートテック」などである。

これらは日本独自の技術で、国際競争力が高く日本勢が世界シェアの五〇%近くを占める。素材に対する先人の「あくなき探究心」は受けつがれている。

カラクリの技術、ロボット産業の源流

西欧にも、時計台から人形が飛び出すとか、人形が太鼓をたたくようなカラクリはある。しかし日本には「ものを運ぶ」など、人のように細やかに動くカラクリ人形がある。

江戸からくりの「茶運（茶くみ）人形」は、茶碗を盆に置くと歩きだし、茶碗を受け取ると止まり、また茶碗を盆に置くとくるっと回って元に戻ってくる。「鯨の髭《ひげ》のゼンマイ」を動力にして歯車を回し、動輪で畳の上を歩く。発進と停止は茶碗の重さをテコで伝え、首や足の上下動作は、歯車の回転運動を直線運動にかえる機構を使っている。

動力に「水銀や砂の重力」を使うものもあり、また高山の「山車からくり」は遠隔操作で動作させ、桐生の「芝居からくり」は水車を動力とする。

高山の「山車からくり」は、恵比寿様が縁起のいい字を筆で書いたり、京の五条の橋で牛若丸と弁慶が立ち回ったりする。桐生の「芝居からくり」は、曽我兄弟や助六などの歌舞伎演目をからくり人形が演ずる。

カラクリの技術は、意図するように動く「人形の構造（メカ）」を、動力から糸や歯車を通し

て「動きを制御（ソフト）」する驚くほど精密な構造である。江戸時代の先人は、「動かぬ人形」に命を吹き込み「生きているが如く」ふる舞わせることを追い求めた。

我々日本人は、本質的にロボットが好きなようだ。戦後間もなく、子供たちは『鉄腕アトム』や『マジンガーZ』に熱狂した。また企業でも、初期の産業用ロボットは「片腕型の単機能（物を運ぶ、ネジ止め・溶接をするなど）」だったが、その動きを「可愛い」と、太郎とか花子とか名前を付けたものである。

カラクリの技術は、現在の日本を製造面、利用面の双方で「ロボット大国」とした。

ロボットの生産において、日本勢は世界シェアの半分近くを占める。

ロボットの利用においては、例えば自動車の組立ラインは一千メートル近くもあるが、そこで働いているのはほとんどがロボットで、人影は少ない。また金属の「切削、穴あけ、研磨」など行うマシニングセンターは、機械が工具を自分で交換して異なる作業を自動で進めてくれる。

こうした物づくり現場の「産業用ロボット」だけでなく、少子・高齢化が進むわが国では、サービス業でお客と対応をする「人型ロボット」や、重量物の運搬や障害者の歩行などを援ける「生活支援ロボット」の利用も広がるだろう。

ロボットの利用でもわが国が先進国になるのは間違いない。欧米の人たちには「人間対ロボット」という対立意識、「仕事が奪われる心配」があるようだが、反対に日本人にはロボットに親近感がある。先人から受けついだＤＮＡである。

絵巻物、アニメ産業の源流

絵巻物は、幅三十センチ、長さ十メートルほどの紙に、物語や戦記、寺社の縁起や高僧の伝記などを、絵と詞《ことば》で描いたものである。

『源氏物語絵巻』、『信貴山縁起絵巻』、『伴大納言絵巻』、『鳥獣人物戯画』が四大絵巻物とされ、いずれも平安時代の末期に描かれた。その後も室町時代の『御伽草紙』など、絵巻物は江戸時代まで描き続けられた。

『源氏物語絵巻』は、各帖の代表的な場面を一~三枚の絵にし、美しい仮名交じり文の詞書《ことばがき》が添えてある。絵の描写は、「吹き抜き屋台」という寝殿造りの屋根と天井を取り去って俯瞰した構図で描き、また人物の顔は、全て「引目鈎鼻《ひきめかぎばな》」という手法で、一見単調に見えるが、極彩色の画面のなかでかえって「静謐な情感」を醸している。

『信貴山縁起絵巻』と『伴大納言絵巻』には、大勢の市井の男女が描かれ、その「顔と体の表情」は躍動感に溢れた「アニメ風」のタッチである。

『鳥獣人物戯画』は、擬人化した猿、兎、蛙などが、相撲や賭け事、喧嘩や法要をしている姿を「軽妙でユーモラス」なタッチで描き、時に世相への風刺を込めている。

いずれの絵巻物も、巻物の右から左へ「物語が展開（時間が推移）」する。これは、イラスト風な描画とあわせてアニメそのものである。

当時の西欧の絵画は、おもに神話の一場面や宗教画、王侯貴族の肖像画（写真代わり）で、いずれも「写実的な一枚の絵」にすぎない。

わが国で、一千年も昔にこのような分野が花ひらいたのは、わが国の文化・技術の熟成度の高さと心の平安によるものだろう。当時の貴族たちは女性もふくめ、絵巻物を囲んで楽しんだはずである。彼ら彼女たちの嬌声が聞こえるようである。

日本製アニメは現在、欧米からアジア、中近東まで世界中の子供から大人まで、漫画本、映画・テレビ、ゲーム、関連グッズなど、さまざまな媒体を通して楽しまれている。これは尋常なことではなく、日本製アニメが高い文化レベルと多彩な魅力を備えている証拠だろう。そこには一千年来、絵巻物から受けついできた「先人のＤＮＡと感性」がある。

ところで最近の映画・テレビの原作は、アニメが多く年間で二十〜三十本もある。テーマが「斬新で鋭い感性」に溢れているためで、日本のアニメの「レベルの高さの証し」でもある。

三、日本は将来も世界の物づくりを牽引できるか

わが国は一九八〇年代半ば、強い物づくり力で「ジャパン・アズ・№１」と言われた。しかし、一九九〇年初頭のバブル崩壊を境に経済成長は止まり、ＧＤＰ、生産性、学力など「国力を表す指標」の世界ランキングは下がり続けている。

しかも最近、製造業の名門大企業で「不正経理や品質データの改竄」などの不祥事が相つぎ、大企業の「技術とモラルの低下」が懸念されている。

大企業はバブル崩壊後の「失われた二十年」の間に、「デフレと円高」に対処するためリストラを進めた。それが「技術と人材の空洞化」を招き、製造業、特に大企業の「物づくり力」を弱めた面はある。

さらに、少子化で企業が新卒者を奪いあい「勤勉さと辛抱強さ」が求められる製造業は、人の採用の面でも厳しい。特に中小製造業は一層そうである。

このように問題は少なくないものの、「わが国の物づくり」における将来の「明るい兆し」を、地域力、若者力、女性力の点から訪ね、「物づくりのDNA」が明日も受けつがれるか考える。

地域力、多様な物づくり拠点が全国に分布

わが国を空から俯瞰すると、国土のほとんどは山に覆われ、山は樹木に覆われて海にせまり、所々の平地、すなわち三角州、扇状地、盆地、山あいの少し広い谷間などに、家屋と田畑とともに、「高い技術力をもつ地場産業」が点在する。

小樽や薩摩のガラス、盛岡の南部鉄器、燕三条の金属洋食器、関や堺の刃物、鯖江の眼鏡フレーム、川口の鋳物、西陣や桐生の織物、瀬戸、備前、伊万里などの陶磁器、会津や輪島の漆器、浜松の楽器、岡山のデニム、美濃や土佐の和紙など数えきれないほどの地場産業がある。

地場産業の伝統技術がハイテク産業に発展した例も多い。

千年の都、日本の伝統文化の中心地の京都には、村田製作所、ローム、オムロン、日本電産、京セラなど「世界屈指のハイテク企業」が輩出した。彼らの技術のベースには、京焼の伝統を受けつぐセラミックと古都の幅広く分厚い伝統技術がある。

さらに、金沢の金箔を一万分の一ミリ厚まで延ばす技術は「スマホなどの導電部」に活かされ、切れ味鋭い日本刀の技術は「剃刀の刃」に、薄くて強い和紙の技術は「電解コンデンサーや電池の隔離材」に利用されている。

こうした伝統技術は、実に多様で独自性に富み、その多くが江戸時代以前に源流がある。この技術の多彩さと長い時間の蓄積が、わが国の「物づくりの根幹」にある。

再度日本全体を「物づくりの視点」で眺めると、自動車や工作機械などの親工場の周りには部品を供給するメーカーが「企業城下町」を作っており、また物流の便が良い高速道路沿いには大きな工場や物流センターが集まっている。

東京の大田区と東大阪には、板金プレスや金属加工など「物づくりの技術」が全て揃った中小企業のネットワークがあって、ここに持ち込めば「どんな難しい物」でも短期間で作ってくれる。その中には、高い技術力で「オンリーワン」と言われる企業や「独自ブランド」を持っている企業もある。長野県の諏訪や伊那谷の地域もこれに近い。

日本列島にはこのように、伝統技術からハイテク技術まで「数多くの物づくり企業」が集積している。この物づくり基盤の「多彩さ、層の厚さ、歴史の長さ」は、将来とも失われる事はない貴重な財産である。

世界第二位のＧＤＰを誇る中国を「物づくりの視点」で俯瞰すると、荒涼とした広大な大地がひろがり、海に近い大・中都市の郊外に、大きな敷地を持つ近代的な工場群がある。これらの工場の多くは「外資系か国有企業」で、外資系の工場は、基幹部品を日本などから輸入し、それを製品に組み立てて世界に輸出している。

一方、中国には高い技術を持つ中小企業は少ない。

中国大陸を世界第二位の「ＧＤＰの視点」から眺めると、張り巡らされた長大な高速道路と鉄道、大都市の高層建築群、内陸の都市周辺の高層マンション（一部ゴーストタウン化）など、主に「土木・建設」とその「建築資材の生産」、すなわち鉄、セメントなどの生産（過剰）が、中国のGDPを支えている。

わが国の豊かな物づくり基盤に比べ、実に「荒涼とした風景」である。

若者力、世界のトップ相手に伍す活躍

最近、世界のトップレベルで活躍するスポーツ選手が多い。

その魁《さきがけ》は、米国球界にわたった投の野茂英雄（一九九五年）と打のイチロー（二〇〇〇年）である。二人とも本場の選手も成し遂げたことがない記録を持っている。

野茂は、独特のトルネード（竜巻）投法のフォークボールで三振をバッタバッタと取り「ドクターK」と称され、二回のノーヒットノーランを記録した。

その一つが、一九九六年デンバーでのロッキーズ戦である。この球場は、高地にあって他の球場より球が一〇%ほど遠く飛ぶのでホームランが出やすく、そのため外野守備が深いので単打も多く、この球場でのノーヒットノーランは不可能と言われていた。

それを野茂は成し遂げた。ロッキーズ最後の攻撃の九回裏、ロッキーズの選手は必死だったが、観客はホームにもかかわらずスタンディングオベーションで野茂を応援した。米国の観客は偉業に対してフェアである。

イチローは、「攻走守」ともメジャーリーガーの中でも抜きんでていて、特に外野からの本塁送球は「レーザービーム」と称された。彼は二〇〇四年に、シーズン最多安打二六二本の新記録を成し遂げ、また日米通算の安打数も、ピート・ローズが持つメジャー通算の最多安打数

四二五六本をこえ、世界記録としてギネスに記録されている。

二人の活躍は、体格が劣る日本人でも世界に伍してやれることを示し、日本人を元気づけた。世界でメダル級（トップ三）の地位をある期間保持した若者たちを振り返ると、澤穂希、宮間あや時代のなでしこジャパン、上野由岐子が投手時代のソフトボール、レスリングの吉田沙保里、伊調馨、卓球の福原愛、石川佳純、水泳の北島康介、ゴルフの宮里藍、フィギュアスケートの羽生結弦、浅田真央、体操の内村航平、スキージャンプの高梨沙羅、バドミントンの高橋礼華、松友美佐紀の高松コンビ、スピードスケートの高木美帆、小平奈緒などと思いのほか大勢いる。さらに彼ら彼女たちに肩を並べる若手も育っている。

今では外国選手への「体格差による劣等感」がうすらぎ、そのうえ最近は「怖いもの知らず」の感がある若者も出てきた。が、それだけでなく彼らには、日本人固有の「繊細な感性、職人的なこだわり、求道精神」が垣間見える。それは「物づくりのＤＮＡ」とも相通じる。

「技能五輪国際大会」というのが二年に一度開かれている。「職人たちのオリンピック」で、板金加工や機械組立て、建築や石工、さらには洋菓子や西洋料理など、四十七種目で「世界一」を競う。選手は二十二歳以下の若者に限られる。

毎回わが国は五十人近い選手を送り込み、メダル数でつねに上位を占めている。表彰式で号泣する若者も多く「汗（汗まみれで作業）と涙の青春ドラマ」が繰り広げられる。

もうひとつ、大学と高専に参加資格がある「ＮＨＫ学生ロボコン」というコンテストが毎年開かれている。ボールを入れるとか、ピンを倒す、風船を割るなどの課題に対して、それを行うロボットを作り、遠隔操縦して対戦相手と得点と時間を競う。

どういう方法（アイディア）で課題に挑むかがポイントであるが、それが各校で全く異なっているのが面白い。創意工夫のかたまりである。

ところで「食」は物づくりの原点であるが、日本の食事は安いランチメニューでもとても美味しい。うどん、そば、寿司などの日本料理はもちろん、外国由来のラーメン、パスタ、パン、カレーなども、本場に比べ味もメニューの幅も「一～二ランク上」と言っても過言ではない。そこには「味に妥協しない職人魂」がある。勿論、若い料理人たちも大勢いる。

こうした「若者たちは国の宝」である。彼らは、先人から受けついだ「物づくりのDNA」に若い感性」を重ねて、日々チャレンジし、日々新しい技術や商品を生み出している。世界に伍して戦える新しい時代の彼らに、日本の物づくりの将来を託したい。

私は退職後に、長く勤めていた会社の新人教育に関わったことがある。「当社のDNAを先輩と語る」というコーナーで、私と七～八人の新人が三十分間ほど、いろいろと質疑を交わす場である。黒のスーツ姿の彼ら彼女たちの「若い肌ときらきらした眼」が眩しかった。日本の将来も期待できると感じさせられた時間だった。

女子力、将来の大きな可能性と強み

製造業の「物づくり力」を評価する指標として、Q（品質）、C（コスト）、D（物やサービスの提供時間）がある。このQCDの管理は、小売業やサービス業でも役立っている。

女性の中心は「主婦層」であるが、日本の主婦層は、世界で「最も厳しい消費者」だと言われてきた。日々の買い物において、（無意識のうちにも）商品とサービスの「QCDを見る目」は並大抵ではない。買い物エリア内の店舗で、「生鮮三品」はどの店の品質が良いかは勿論、個々の野菜や肉、調味料など繰り返して買うものは、どれはどの店で、何曜日に、月何回のセール時に、幾らで買えるかが頭に入っている。

彼女たちのＱＣＤへの（本能的な）厳しさは、ＱＣＤの現場を預かる男性たちに決してひけをとらない。その背景には、わが国の「高い文化・技術レベル」があって、それに女性特有の「感性の鋭さ」が加わり、お粗末なＱＣＤは許さないという「体内のＤＮＡ」が働くのだろう。

女性のもう一つの中心は、「女子高生」たち若い女子層である。この年代は「箸が転んでもおかしい年頃」と言われるように、何に対しても「好奇心と鋭い感性」を発揮し、ユニークな流行やブームを生んできた。

一九九〇年代、女子高生の間でポケベルを使ってコミュニケーションすることが流行した。ポケベルは一つの電話番号を持っていて、本来は「電話番号などの数字」を送って「折り返し電話」をさせるものだった。ところが彼女たちは、数字を使って「三九（サンキュー）」とか三四七〇（さよなら）、〇八四〇（おはよう）、一四一〇六（あいしてる）」などを伝えあい、さらには「一一＝あ、一二＝い、二一＝か」という入力方式さえも考案した。

携帯電話が「高嶺の花」の時代における「凄い創意工夫」だった。これがのちに携帯電話のメールに発展する。

二〇〇〇年ごろ、女子中高生を中心に大きなブームになったものに「プリクラ（プリント倶楽部）」があった。これは「カメラとプリンター」を内蔵したプリクラ機の前で、友だちと一緒に写真をとり、それに落書きやフレーム、イラストなどをいれ、印刷・共有して楽しむものである。

これが後に携帯電話のカメラに発展する。

一九九〇年代後半から二〇〇〇年代前半、「女子高生を象徴」するファッションに「ルーズソックス」があった。少々だらしなくルーズに履いた白い靴下に「顔をしかめる大人」もいたが、当時すでに短めになっていたスカートと細い脚の線とのコントラストが、どことなく「江戸の粋《いき》と艶っぽさ」を感じさせた。この洒落た感性が、全国的な大流行した理由である。

卒業式で女性に人気がある「袴すがた」は、明治の女学生が流行らせた。

当時の女性の正装の「和服」は、テニスなどのスポーツや自転車に乗るには不向きだった。そこで、武士が着ていた袴を女性向けにデザインし、上着は「明るい色」の和服スタイル、その上に「えんじ色か濃い紫」の袴をはく。袴の紐は腰高に胸のすぐ下で結び、袴の裾はふくらはぎの下半分ほど露出させ革のブーツを履く。「雅な中にも凛と」した装いである。当時彼女たちは「ハイカラさん」と呼ばれ、若い男女の憧れのまとだった。

女子高生たちは、その年代を卒業すると大人の女性に「がらりと変身」し、やがて「たくましい主婦」になる。

このようにわが国の「女子力」は、ＱＣＤの面でも感性の面でもとても高い。しかし現在、女性が力を発揮できる社会になっていない。ここに、日本の将来の可能性がある。

ここまで、日本の「物づくりのＤＮＡ」を様々な角度から見てきた。

日本の「物づくり技術」は、世界で抜きんでて高い。それには、幾つかの「日本固有の要因」があった。その「固有の要因」は、将来とも変わらずあり続ける。

現在わが国を支えている「自動車、素材、ロボット、アニメ」などの産業には、五百年とか千年さかのぼった所に「技術の源流」があった。その源流から受けついだ「物づくりの感性」も、将来とも引きつがれる。

日本列島に集積している伝統技術からハイテク技術までの「物づくり基盤」は、その「多彩さ、層の厚さ、歴史の長さ」とともに、将来ともわが国の財産であり、そこで働く人たちに「物づくりのＤＮＡ」は受けつがれていく。

こうした日本の「物づくりの特質・強み」は将来とも変わりない。

ただ将来、若者層の人口が減少するという「負の側面」はある。だが先端技術は「頭かず」ではなく「物づくりの感性、ＤＮＡ」である。加えて、人手不足は日本が得意なロボットやＩＴ・ＡＩで補うことができる。

そのうえわが国には、女性が活躍できる余地が残っている。

日本の女性の就業率は（子育て世代を除き）欧米とほぼ同じだが、非正規社員が多いので「就業時間が短く、価値が低い仕事」が多い。それで力が十分発揮できていない。

女性も、先人から「物づくりのＤＮＡ」を受けついでいる。そのうえ「我慢強さと感性の良さ」では男性を上まわる。ここに大きな可能性が残っている。

二〇一七年に安倍首相は、国策として（女性の活躍社会を含む）「働き方改革と生産性革命」を掲げた。この問題意識を全ての国民が共有して取り組めば、日本の物づくりは将来も、世界の最先端にあり続けられる。日本の「物づくりのＤＮＡ」を明日へつなげられそうである。

おわりに

本書は歴史書ではありません。ですので恐らく「いわゆる伝聞」を多く含んでいます。伝聞は、史実かどうかは分かりませんが「あの人なら、きっとこのようにした」と、その人に時間的に近かった人が伝えたエピソードです。ですから「その人らしさ」をよく表しているはずですので、特に吟味せずに取り上げました。

私たちが教科書で触れた歴史は、「学ぶ、楽しむ」というより受験のため「年表形式で出来事」を覚える作業でした。そこには、歴史の醍醐味の「魅力ある人たち」に接する楽しみは、ほとんどありませんでした。

もうひとつ、学生時代に学んだ日本史では「明治以降の近代・現代史」にあまり時間が割かれませんでした。でも、近代・現代史は現在に直結していますので、現在に生きる私たちには最も重要な歴史のはずです。

ですから本書では、日本の歴史の転換点で重要な役割を果たした人との「出会いを楽しむ」という視点と、「近代・現代史の真実」を、歴史の事実を踏まえて、当時を生きた人の立場で考える視点を重視しました。

結果として、近代・現代史にページ数のほぼ半分を割く事になりました。

また本書は、日本史上で重要な役割を果たした「有名・無名の先輩たち」を訪ねる旅のはずでしたが、内容的には「縄文以来の日本の通史」の形になり、同時に断片的ですが「日本の文化史・女性史」の側面も見られる結果になりました。

ところで本書では、書いている時から「女性の登場が多いな」と感じていました。そこで、書き終えて「一つの独立した項をとった人物」を男女別に数えてみたところ、男性二十二名、女性二十五名で、わずかですが女性の方が多い結果でした。

これは、わが国では古代から中世、近世のはじめ頃までは「女性の社会的認知度」が高く、女性にも、男性同様の活躍の場があった事をあらわしています。

古代は「婿取り婚」ですし、中世からは「嫁入り婚」に移りますが、武家の妻は家と土地を守り、庶民の妻は重要な働き手として、夫婦は「同志のような間柄」でした。それで女性の立場が認知されていたのでしょう。

夫婦が「同志的な間柄」のＤＮＡは、社会環境が変わった現在も、外見はすこし変化しているかもしれませんが受けつがれています。

最後に、私の日本史観の形成において、教えていただいた、また楽しませていただいた主な「著者と書籍名」を挙げます。

参考図書

徳川恒孝『日本人の遺伝子』 PHP研究所
佐藤美智代／岩淵匡監修『日本語の源流』 青春出版社
歴史読本編集部『ここまでわかった！「古代」謎の4世紀』 角川書店新人物文庫
八木荘司『古代からの伝言 日本建国編、悠久の大和編』 角川書店
新野直吉『秋田美人の謎』 中公文庫
黒岩重吾『聖徳太子 一～四』 文春文庫
黒岩重吾『天の川の太陽 上下』（大海人皇子） 中公文庫
黒岩重吾『天風の彩王 上下——藤原不比等』 講談社
橋本 治『日本の女帝の物語』 集英社新書
直木孝次郎『額田王』 吉川弘文館
直木孝次郎『持統天皇』 吉川弘文館
葉室 麟『緋の天空』（光明子） 集英社
山本淳子『紫式部日記』 角川ソフィア文庫
瀬戸内寂聴『源氏に愛された女たち』 講談社＋α文庫
瀬戸内寂聴『幻花 上下』（日野富子） 集英社文庫
永井路子『美貌の女帝』（元正天皇） 文春文庫

永井路子『流星――お市の方　上下』文春文庫
渡部昇一『日本史から見た日本人　古代編、鎌倉編、昭和編　上下』祥伝社
渡部昇一『決定版　日本人論』扶桑社新書
渡辺利夫『新　脱亜論』文春新書
石井威望『日本人の技術はどこから来たか』PHP新書
志村幸雄『技術立国・日本の原点』アスペクト
志村幸雄『世界を制した「日本的技術発想」』講談社
中村彰彦『保科正之』中公文庫
上念　司『経済で読み解く明治維新』KKベストセラーズ
上念　司『経済で読み解く大東亜戦争』KKベストセラーズ
西尾幹二『国民の歴史』産経新聞社
中西輝政『日本の「実力」』海竜社
中西輝政『日本人として知っておきたい近代史』PHP新書
中西輝政『国民の文明史』PHP文庫
黄　文雄『大日本帝国の真実』扶桑社
中村　粲『大東亜戦争への道』展転社
東郷和彦『歴史と外交　靖国・アジア・東京裁判』講談社現代新書
ビル・エモット／伏見威蕃訳『アジア三国志　中国・インド・日本の大戦略』日本経済新聞出版社

デービッド・アトキンソン『新・観光立国論』東洋経済新報社
浅川芳裕『日本は世界5位の農業大国』講談社+α新書
藤原正彦『国家の品格』新潮新書
藤原正彦『日本人の誇り』文藝春秋
櫻井よしこ『日本の未来』新潮社
櫻井よしこ『異形の大国　中国』新潮文庫
NHK放映『プロジェクトX　挑戦者たち』二〇〇〇年三月〜二〇〇五年十二月
TBS放映『官僚たちの夏』二〇〇九年七〜九月

馬場　賢（ばば　まさる）

1940年、岡山県生まれ。1963年、京都大学電気工学科卒業後、㈱富士通に入社、主に流通業向けのPOS（Point of Sale）システムの企画・開発に従事。1980年代後半の円高局面において、POS端末の米国製造を立ち上げ、引き続き約3年間、POSシステムを販売する米国小会社の経営に参画。2000年、富士通を退職後、㈲シグマアイを創業、中小型生産管理システムの導入に携わる。2010年同社を廃業し現在に至る。

明日へ、歴史と先人に学ぶ

2019年3月28日　初版第1刷発行

著　者　馬場　賢
発行者　中田典昭
発行所　東京図書出版
発売元　株式会社 リフレ出版
〒113-0021　東京都文京区本駒込 3-10-4
電話 (03)3823-9171　FAX 0120-41-8080
印　刷　株式会社 ブレイン

ISBN978-4-86641-212-2 C0021
Printed in Japan 2019
落丁・乱丁はお取替えいたします。

ご意見、ご感想をお寄せ下さい。

［宛先］〒113-0021　東京都文京区本駒込 3-10-4
東京図書出版